本成果得到北京大学公共治理研究所学术团队建设项目资金支持

重庆"大城三管"理论与实践研究

翟宝辉　沈体雁　张　超　编著

中国城市出版社

图书在版编目（CIP）数据

重庆"大城三管"理论与实践研究 / 翟宝辉，沈体雁，张超编著. —北京：中国城市出版社，2022.12
ISBN 978-7-5074-3557-3

Ⅰ.①重… Ⅱ.①翟… ②沈… ③张… Ⅲ.①城市管理—研究—重庆 Ⅳ.①F299.277.19

中国版本图书馆CIP数据核字（2022）第238408号

责任编辑：宋　凯　张智芊
责任校对：张惠雯

重庆"大城三管"理论与实践研究
翟宝辉　沈体雁　张　超　编著

*

中国城市出版社出版、发行（北京海淀三里河路9号）
各地新华书店、建筑书店经销
华之逸品书装设计制版
北京建筑工业印刷厂印刷

*

开本：787毫米×1092毫米　1/16　印张：20　字数：315千字
2023年1月第一版　　2023年1月第一次印刷
定价：**68.00**元
ISBN 978-7-5074-3557-3
（904534）

版权所有　翻印必究
如有印装质量问题，可寄本社图书出版中心退换
（邮政编码 100037）

课题组主要成员

课题总顾问：翟宝辉
课题组长：沈体雁
课题副组长：余池明　温峰华　张　超
课题组成员：徐振强　曾永光　王慧娟　杨明瀚　黎江峰　张婧琳
　　　　　　　孙雪梅　韩　旭　姚心宜　王　茜　马　琳　张　栋
　　　　　　　张新月　谢　凌

序 言

我国城市发展已步入城市管理新时代。"三分建设、七分管理"的城市发展理念已经逐步具备落实的条件。党的十八大以来，习近平总书记就城市管理工作发表了一系列重要讲话，并创建性地提出"一流城市要有一流治理，要注重在科学化、精细化、智能化上下功夫。既要善于运用现代科技手段实现智能化，又要通过绣花般的细心、耐心、巧心提高精细化水平，绣出城市的品质品牌。""要运用大数据、云计算、区块链、人工智能等前沿技术推动城市管理手段、管理模式、管理理念创新，从数字化到智能化再到智慧化，让城市更聪明一些、更智慧一些。""要树立全周期管理意识，加快推动城市治理体系和治理能力现代化，努力走出一条符合超大型城市特点和规律的治理新路子。"等全新的城市治理理念，同时也为中国特色的城市管理和城市治理现代化指明了前进的方向，提供了根本遵循。

城市管理具有系统工程、发展工程和民生工程三大属性，以提升城市整洁度、美誉度和满意度为终极目标。首先，城市管理是一项系统工程。城市管理包括道路交通运输、电力能源供应、给水排水污水、垃圾收运处置、邮政邮电通信和公园园林绿化等城市基础功能维护和城市公共空间活动管理，涉及领域众多。城市管理系统工程属性要求强化各职能部门间协调合作，企业、社会与政府间协调合作。其次，城市管理是一项发展工程。城市发展质量是由城市管理质量和效率所决定的。目前，各城市竞争已经不再是政策竞争、区位竞争，而是管理竞争，哪里环境更优，资源就在哪里集聚，哪里管理好，人才就向哪里汇集。城市管理已经在很大程度上成为一个城市的名片、品牌，成为一个城市的辐射源、动力源。城市管理水平的高低直接决定了城市品质和城市吸引力，高质量的工作环境和宜居的生活环境直接决定了城市吸纳人口、人才等生产要素的活力及持续能力。最后，城市管理更是一项民生工程。城市的核心是人，人的活动涉及衣食住行、生老病死、安居乐业。安全、方便、效率、舒适是城市管理和服务水平重要评判标准。伴随市民对城市基础设施、公共空间及城市服务需求水平的不断提升，传统的、粗放的、落后的城市管理模式已经难以适应当前城市发展需要。聚焦市民日益增长的美好生活的需要，以城市管理精细化、智能化带动城市服务质量提升成为当前城市管理的核心命题。

城市管理的属性和目标均要求必须强化城市综合管理。目前，上海、北京、武汉等多地在城市综合管理方面均展开了积极探索。"大城三管"是"大城细管""大城众管""大城智管"的统称，是重庆市在贯彻落实习近平总书记对重庆市"两高""两地"战略要求和习近平总书记对新时代城市管理工作要求过程中，基于重庆多山丘陵、山水分割和多中心组团的城市特点和城市管理实际提出的创新性城市管理理念和实践。在"大城三管"推进过程中，重庆市不断创新举措，开展了一系列卓有成效的实践探索，践行了习近平总书记关于"人民城市人民建，人民城市为人民""城市管理应该像绣花一样精细""善于运用现代科技手段实现智能化"等重要城市管理理念，是重庆由城市管理迈向城市治理的有益尝试，形成了宝贵的"重庆经验"，具有典型的示范意义。

本书在对"大城三管"实践进行调查研究的基础上，系统总结了重庆"大城三管"的基本经验，深入挖掘了"大城三管"的理论内涵，论证了"大城三管"创新实践的合理性、可行性和合法性，并提出了进一步深化"大城三管"的模式体系、实施步骤和对策建议，从而为打造可复制、可推广的城市治理重庆样板提供了理论依据。

本书主要内容包括十一个章节，从"大城三管"的理论基础、诞生背景、发展历程到取得的成效，从"大城三管"理论及实践贡献到面临的新形势和新愿景，重构重庆城市管理体系"四梁八柱"，最后提出重庆"大城三管"未来行动计划和保障措施等。

第一章为绪论。主要阐述重庆"大城三管"的研究背景和意义，对

"大城三管"的相关概念进行了梳理，并提出研究目标和方法。

第二章是"大城三管"的理论基础。"大城三管"创新模式充分借鉴和吸纳了世界城市管理理论发展的最新成果，是既有城市治理理论的综合集成，代表了世界城市管理理论发展演变的新方向。具体而言，"大城三管"充分吸收城市综合管理理论有关"协同治理"的理念，设立"城综组"，以行政管理统筹化有效带动了城市综合治理。借鉴新公共管理理论、多中心城市治理理论、新自由主义城市管理理论、城市公共服务外包理论等，在城市治理事务中积极培育市场主体并引入竞争机制，鼓励城市管理多元主体参与、城市管理服务外包。"大城三管"还吸收借鉴了新公共管理理论关于城市管理权力向基层下放、减少管理层级的理念，以"马路办公"和"五长制"等举措推进城管执法向基层下沉和组织机构扁平化。此外，"大城三管"还分别吸收了数字治理、智慧城市和整体性治理理论中的城市管理数字化转型理念，以及柔胜化治理理论中城市人文关怀的理论。强调以数字化转型带动横向职能部门整合的同时，注重治理者与市民之间的情感联结，并鼓励市民互动式参与城市管理。

第三章是"大城三管"诞生的背景、特征及发展历程。党中央关于推进城市治理能力与治理体系现代化建设的重大决定和习近平总书记以高水平城市治理带动城市高质量发展的理念对重庆城市管理工作提出了全新要求。在此背景下，重庆市委市政府经过长期探索，结合自身多山地丘陵、山水分割、多中心组团的地理空间特征和城市管理实际创新性地提出"大城三管"的城市管理理念。"大城三管"是"大城细管""大城众管""大城智管"的统称，"大城三管"创新实践作为一种创新型城市治理实践方式，其探索从2017年开始酝酿，大致经历理论的缘起期、实践探索期和模式形成与总结提升期三个阶段。从"大城三管"的特征看，"大城三管"具有系统性、综合性、时代性、创新性和地域性等特征，其中"时代性"主要体现在"大城三管"顺应了当前城市管理逐渐迈向综合管理时代趋势，是重庆迈向城市综合管理的具体实践。"系统性""综合性"主要指"大城三管"强调城市管理领域涉及道路交通运输、电力能源供应、给水排水污水、垃圾收运处置、邮政邮电通信和公园园林绿化等多个城市基础功能系统和城市公共空间，涉及城市众多其他部门。"创新性"主要体现在"大城三管"在城市管理中强调以人为本、精细化管理和多元共治的理念,在管理手段上注重新技术的应用,倡导智能化管理。"地域性"主要体现在"大城三管"是基于重庆多山地丘陵、山水分割、多中心组团的地理空间特征和城市管理经费投入相对不足、政府财政压力较大的城市管理特征做出的现实选择。从"大城三管"内在逻辑看,"细管"是城市管理的目标,"众管"和"智管"是手段,城市管理需要依托"众管"和"智管"才能达到"细管"的效果。

第四章为"大城三管"的实践探索、逻辑与理论方位。重庆"大城三管"创新实践集中体现在十个方面,即导向化的党建引领、统筹化的行政管理、扁平化的组织架构、顺畅化的管理流程、民生化的项目建设、人文化的情感联结、精细化的标准法规、智慧化的管理手段、多元化的社会参与和科学化的绩效考核。而"大城三管"的实践探索也集中体现了城市治理体系和治理能力现代化的逻辑体系。从治理理念上看,"大城三管"集中体现人本治理、系统治理和依法治理理念。从治理体系上看,"大城三管"是重庆城市治理体系现代化的积极探索。从治理能力上看,"大城三管"是重庆城市治理能力现代化的有效尝试。从城市治理实践的现实需要出发,"大城三管"有效提升了城市动员能力、城市统筹能力、城市发展能力和精细治理能力。

第五章为"大城三管"取得的成效。"大城三管"有效带动了城市"整洁度""美誉度"和市民"满意度"的提升。首先,通过积极推进"大城细管",重庆市容市貌和城市品质得到有效提升。其次,通过积极推进"大城众管",重庆城市活力和市民满意度显著提升,城市管理服务更加人性化、有"温度"。最后,通过积极推进"大城智管",有效提升了城市运行效率。重庆强化社会治理的"数字化思维",以智慧城市管理平台统筹推进城市管理的智能化应用,让城市运行更加稳定,社会治理更加有序,生产流通更加高效,人民生活更加方便。"大城三管"是重庆由城市管理迈向城市治理的实践探索,基本达到了"干干净净、规规矩矩、漂漂亮亮、舒舒服服"的城市管理目标,重庆城市整洁度、美誉度、满意度得到较大提升,形成了宝贵的城市管理经验。

第六章系统总结"大城三管"的理论及实践贡献。"大城三管"是习近平总书记城市管理重要论述在重庆的实践和延续，凸显了重庆城市管理的本质特征与核心价值，奠定了新时代重庆城市管理模式的基石。"大城三管"是重庆践行习近平生态文明思想的实践探索，在城市管理过程中取得良好成效，形成了重庆特色的管理经验，同时丰富了世界城市管理的理论成果和实践案例体系。

第七章分析了重庆"大城三管"面临的新形势与新挑战。当前，重庆面临全新的发展环境和时代趋势。一方面，国家治理能力与治理体系现代化，要求重庆市加快由城市管理向城市治理转型。从发展趋势看，国内外城市治理逐渐呈现出治理领域综合化、治理方式法治化、治理体系标准化、治理重心基层化、治理主体多元化、治理理念人性化、治理手段智慧化的趋势，以城市综合管理带动城市治理体系和能力现代化迫在眉睫。另一方面，重庆作为西部大开发的重要战略支点和"一带一路"、长江经济带的联接点，承担着带动西部大开发和努力推动高质量发展、创造高品质生活的重要历史使命。在成渝双城经济圈战略背景下，如何更好地提高"山城"的管理水平，是当前重庆上下迫切需要破解的时代问题。从城市内部看，目前的城市管理仍然面临诸如法律法规不健全、管理标准相对滞后、部门权责关系不清晰、规管部门衔接不顺畅、马路办公、五长制等经验做法须进一步制度化、社会力量参与城市管理仍需强化等一系列挑战。

第八章为"大城三管"的新愿景。城市管理永远在路上。未来重庆"大城三管"应以习近平总书记"两高""两地"战略目标为引领，立足于重庆山水分割、组团式发展等特殊的市情区情，顺应城市治理综合化、法制化、标准化、基层化、多元化、人本化、智能化等发展趋势，坚持以人民为中心，以新一代信息技术为支撑，以精细化管理为理念，努力将重庆城市管理推向新高度，逐步实现城市管理高精度、高场景、高响应、高效率和高质量发展的目标，着力打造"干净整洁有序、山清水秀城美、宜居宜业宜游"城市环境，将重庆建设为"干干净净、规规矩矩、漂漂亮亮、舒舒服服"的现代化城市，并使其成为中国城市治理体系及治理能力现代化的典型示范，重庆人才集聚和城市高质量发展的重要支撑，"近悦远来"美好城市建设的关键推手，解决重庆山地组团城市"大城市病"的有效良方，最终实现人民群众幸福感、获得感与安全感的进一步提升。

第九章为"大城三管"的四梁八柱：五级六类七步六体系。为推进重庆城市治理体系和治理能力现代化，重庆城市管理应着力构建"五级六类七步六体系"的城市管理体系。其中，"五级"即从管理范围上，实现城市管理从成渝双城经济圈协作区、重庆市、主城各区、街乡直至社区的多尺度全域管理。按照三级平台（市、区、街镇）、五级应用（市、区、街镇、网格、社区）的基本架构，升级形成覆盖市、区、镇街三级的以"1+3+N"网格化管理为核心的城市运行管理系统。"六类"即从管理内容上，实现城市管理在道路交通运输、电力能源供应、给水排水污水、垃圾收运处置、邮政邮电通信和公园园林绿化等支撑城市运行的六大基础功能板块，及以道路为鱼骨骨架所串联起的包括电线杆、信号灯、树木、停车场、绿化带、井盖在内等设施的全要素城市综合管理。"七步"即从管理流程上以标准化工作流程为切入点，实现城市管理从问题发现、业务分析、分流交办、任务处理、情况反馈、核实结案、结果评价全过程管理。根据各城市管理事件和部件的属性和特点，划分管理流程及各流程控制目标，并抓好环节控制和细节监控，确保环环紧扣，无缝衔接。各环节形成一个有机闭环，协调有机发展，做到正向易推进，逆向可溯源。在精细化管理目标与预算计划范围内，把握各业务领域的关键管理环节或维护管理质量控制点，做到精细化作业、精细化控制、精细化核算、精细化分析和精细化考核等，全方位实施城市精细化管理。"六体系"即包括思想体系、领导体系、运管体系、法规体系、标准体系和协同体系在内的"大城三管"支撑体系。

第十章为"大城三管"的未来行动计划。本章提出未来"十四五"期间重庆应围绕"大城三管"的新任务，重点推进包括"坡坎崖"众创共治、中国城管大学建设、国宝级环卫工匠工程、全龄友好型公园绿地、"城管机器人"视频智能分析应用系统、"园长制""三小"认领、老旧街区场景营造、城市综合管理服务平台、智慧街道示范、基于数字孪生的城市精细化共治示范区等在内的十大工程，助推重庆城市管理效能提升。

第十一章为"大城三管"的保障措施。

本书付梓之际，特别感谢重庆市委市政府和重庆市城市管理局各位领导和工作人员，他们在实地调研和资料搜集过程中付出了大量心血和劳动，在书稿讨论过程中也提出了许多真知灼见，在此我们表示衷心感谢。此外，由衷地感谢各位评审专家对本书提出的宝贵意见和建议。本书的出版得到了中国城市出版社的大力支持，出版社多次不辞辛劳地协调此书出版事宜，而且为全书各章节修改和定稿提供了无私的帮助。其实，对这本书贡献最大的是重庆"大城三管"的实践者们，他们才是真正的作者。

我们希望本书的出版有助于我国的城市治理现代化事业，但限于我们的水平和实际经验，书中难免存在一些不足或值得商榷之处，我们诚恳欢迎广大读者批评指正。

翟宝辉

2022 年 8 月

目 录

序言

第一章　绪　论 ... **001**
第一节　研究背景与意义 ... 001
第二节　概念界定 ... 004
第三节　研究目标 ... 009
第四节　研究内容、技术路线与研究方法 ... 010

第二章　"大城三管"的理论基础 ... **012**
第一节　城市综合管理理论及其启示 ... 014
第二节　新公共管理学理论及其启示 ... 015
第三节　新城市主义管理理论及其启示 ... 017
第四节　新自由主义城市管理理论及其启示 ... 017
第五节　多中心城市治理理论及其启示 ... 020
第六节　城市增长机器理论及其启示 ... 021
第七节　城市政体理论及其启示 ... 021
第八节　数字治理与智慧城市理论及其启示 ... 022
第九节　整体性治理理论及其启示 ... 024
第十节　无缝隙政府理论及其启示 ... 027
第十一节　柔性化治理理论及其启示 ... 029

第三章　"大城三管"诞生的背景、特征及发展历程 ... **031**
第一节　"大城三管"诞生的背景 ... 032

| 第二节 | "大城三管"的核心特征 | 037 |
| 第三节 | "大城三管"的发展历程 | 041 |

第四章 "大城三管"的实践探索、逻辑与理论方位 ········· 050
第一节 "大城三管"的实践探索 ········· 051
第二节 城市治理体系和治理能力现代化视域下"大城三管"的
实践逻辑 ········· 073
第三节 "大城三管"的理论方位 ········· 091

第五章 "大城三管"取得的成效 ········· 096
第一节 市容环境得到极大提升，改善了城市精神面貌 ········· 096
第二节 智能化的管理手段，提升了城市运行效率 ········· 100
第三节 以人为本的管理理念，提高了市民满意度 ········· 103
第四节 形成多元共治模式，激发了城市活力 ········· 110

第六章 "大城三管"的理论及实践贡献 ········· 113
第一节 "大城三管"是重庆落实习近平总书记关于城市管理
重要论述的积极探索 ········· 113
第二节 "大城三管"是重庆践行习近平生态文明思想的创新实践 ········· 119
第三节 "大城三管"是重庆由城市管理迈向城市治理的有效尝试 ········· 127
第四节 "大城三管"奠定了新时代重庆城市管理体系的基石 ········· 129
第五节 "大城三管"突出了重庆城市管理的本质特征与核心优势 ········· 130
第六节 "大城三管"破解了山地城市管理难题，提供了"两高"
城市样本 ········· 132
第七节 "大城三管"丰富了城市管理理论成果 ········· 134

第七章 "大城三管"面临的新形势与新挑战 ········· 138
第一节 "大城三管"面临的新环境 ········· 138
第二节 国内外城市治理的新趋势 ········· 144

第三节 "大城三管"面临的新挑战 ………………………… 179

第八章 "大城三管"的新愿景 …………………………… 185
第一节 "大城三管"的发展原则 …………………………… 185
第二节 "大城三管"的发展愿景与定位 …………………… 186
第三节 "大城三管"的发展目标 …………………………… 186

第九章 "大城三管"的四梁八柱：五级六类七步六体系 … 198
第一节 思想体系 ……………………………………………… 201
第二节 领导体系 ……………………………………………… 202
第三节 运管体系 ……………………………………………… 204
第四节 法规体系 ……………………………………………… 206
第五节 标准体系 ……………………………………………… 210
第六节 协同体系 ……………………………………………… 213

第十章 "大城三管"的未来行动计划 …………………… 217
第一节 "坡坎崖"众创共治工程 …………………………… 217
第二节 中国城管大学建设工程 ……………………………… 224
第三节 国宝级环卫工匠工程 ………………………………… 224
第四节 重点街道、社区、网格城市服务升级工程 ………… 225
第五节 "城管机器人"视频智能分析应用系统全覆盖工程 … 225
第六节 "园长制""三小"认领工程 ………………………… 226
第七节 老旧街区场景营造工程 ……………………………… 227
第八节 "重庆市综合管理服务平台"建设工程 …………… 228
第九节 智慧街道示范工程 …………………………………… 228
第十节 基于数字孪生的城市精细化示范区建设工程 ……… 229

第十一章 "大城三管"的保障措施 ……………………… 231
第一节 强化经费保障 ………………………………………… 231

第二节　加强人才队伍建设 ………………………………………… 231
第三节　加强监督评价机制 ………………………………………… 233
第四节　强化组织领导 ……………………………………………… 233

附录一　"大城三管"与中外城市理论的关系 …………………… 235
附录二　重庆"大城三管"管理模式满意度问卷调查分析报告 … 261
附录三　调查问卷 …………………………………………………… 281

参考文献 ……………………………………………………………… 291

第一章

绪 论

第一节 研究背景与意义

一、研究背景

中国经历了前所未有的快速城镇化进程，城市人口规模急剧扩张，一方面推动了经济的发展，另一方面也为城市治理带来诸多难题，城市发展面临着一系列严峻挑战，城市治理已经成为当前城市发展的关键。党的十八大以来，习近平总书记就城市管理工作发表了一系列重要讲话，并创新性地提出了"一流城市要有一流治理""城市管理应该像绣花一样精细""既要善于运用现代科技手段实现智能化，又要通过绣花般的细心、耐心、巧心提高精细化水平，绣出城市的品质品牌""城市是人民的城市，人民城市为人民"等全新的城市治理理念，这也为中国特色的城市管理和城市治理现代化指明了前进的方向，提供了根本遵循。

重庆是中国著名的历史文化名城，中西部唯一的直辖市。中央对重庆的发展十分关心，寄予厚望。2016年1月，习近平总书记视察重庆并发表重要讲话，对重庆提出"两点"定位和"四个扎实"要求，为进一步做好重庆工作指明了方向。2018年3月10日，习近平总书记在参加全国人大重庆代表团审议时再次强调，希望重庆加快建设内陆开放高地、山清水秀美丽之地，努力推动高质量发展、创造高品质生活（"两地""两高"），让重庆各项工作迈上新台阶。为探索城市治理体系和治理能力现代化实施路径，进一步提高城市综合管理水平，全面提升重庆市城市品质，充分展现国家中心城市、现代化大都市形象，重庆市委市政府在深刻领会习近平总书记关于城市治理重要论述的基础上，结合自身多山地丘陵、山水分割、多中心组团的地理空间特征和城市管理实际提出"大城三管"的城市管理新理念。2017年8月，陈敏尔书记在主城片区各区县工作座谈会上提出："优化城市管理体系，加快转变粗放型管理方式，进一步理顺体制、创新方式，加强规划、建设等各个环节管理，提高城市管理精细化、智能化、人性化水平。"唐良智市长紧接着多次强调：提升城市管理水平，推进大城智管、大城细管。2018年4月，在城市综合管理工作领导小组第一次会议上，唐良智市长首次提出：推进大城智管、大城细管、大城众管。之后对应陈敏尔书记指示，唐良智市长在2018年12月全市城市综合管理工作会议上，调整为"大城细管、大城智管、大城众管"，简称为"大城三管"。在市委市政府的带领和广大干部群众的积极参与下，重庆市结合自身特殊的市情、区情开展了"大城三管"实践探索，取得了显著成绩，有效推动了城市综合管理的发展，在全国具有典型的示范意义。同时，还涌现出了"马路办公""五长制+门前三包""智慧城市综合管理系统""坡坎崖绿化美化""建渣全链条管理"等一批在全国较有影响力的城市管理典型案例，城市管理更有"温度""标度"和"高度"，城市品质不断提升，人民群众满意度也持续提升。

如何在重庆"大城三管"城市治理创新实践基础上，进一步总结重庆"大城三管"的基本经验，构建"大城三管"概念模型，挖掘"大城三管"的理论内涵，提炼可复制、可推广的重庆模式和山地城市管理样板，成为当前重庆市城市管理工作的重要任务。在此背景下，重庆市委市政府组织北京大学、中央财经大学、全国市长研修学院和重庆市社会科学院以"重庆'大城三管'理论与实践研究"为题开展调查研究，对重庆"大城三管"理论与实践进行系统而深入的总结、提炼与挖掘，尝试提出城市治理创新的重庆模式，为全国山地城市治理提供新理念、新经验和新理论。

二、研究意义

在国家大力推进治理体系与治理能力现代化建设的时代背景下，基于既有的实践经验，全面回顾"大城三管"推进情况，将重庆城市管理经验做法，尤其是"大城三管"理念做法进行系统提炼，具有重要的历史意义，表现在以下几方面。

1.落实中央关于城市治理现代化工作的必要手段

十八届三中全会首次提出"推进国家治理体系和治理能力现代化"这个重大命题，并将"完善和发展中国特色社会主义制度、推进国家治理体系和治理能力现代化"确立为全面深化改革的总目标。城市治理是推进国家治理体系和治理能力现代化的重要内容，是城市高质量发展的"牛鼻子"。习近平总书记在2015年中央城市工作会议上的讲话指出，"城市高质量发展，一定要抓住城市管理和服务这个重点，不断完善城市管理和服务，彻底改变粗放型管理方式，让人民群众在城市生活得更方便、更舒心、更美好。"重庆"大城三管"的实践不仅凸显了法治化、精细化和智慧化的治理方式，更完美体现了城市治理现代化中的人本治理、系统治理、依法治理理念和政府主导下的多元主体协同共治思维。同时，"大城三管"实践还体现了城市治理能力现代化中城市动员能力、城市管理能力、城市发展能力和精细化治理能力建设。

2.创新新时代城市治理模式的有益探索

"大城三管"既是重庆结合自身多山地丘陵、山水分割、多中心组团的地理空间特征和城市管理实际提出的城市管理新理念，其从诞生之初就带有鲜明的重庆地域根植性，又是习近平总书记城市管理重要论述在重庆的实践和延续，凸显了重庆城市管理的本质特征与核心价值，奠定了新时代重庆城市管理模式的基石。"大城三管"契合了山地城市的特点，是山地城市管理的典范，为山地城市打造"高质量发展、高品质生活"提供了样本。"大城三管"也是当代城市管理思想在重庆的探索和实践，丰富了世界城市管理理论的成果和实践。

3.重庆"两高""两地"战略定位的重要支撑

重庆经过直辖以来的快速发展，主城区已成长为一个常住人口达920万的特大型城市，并已进入城市转型的战略机遇期和关键攻坚期。城市综合管理迫切需要适应新时代、应对新挑战、迈向新目标，迫切需要立足国家使命,承担区域责任,回应市民期盼,迫切需要坚持以人民为中心,坚持现代化理念和国际化视野,坚持顶层设计、依法治市、多元共治的原则,着力解决城市综合管理中的突出问题和薄弱环节,着力健全完善城市管理体制机制,着力推动城市治理体系和治理能力现代化,不断提升城市综合管理精细化、智能化、人性化水平,努力创造"国内一流、国际知名"的城市环境,持续增强城市吸引力、竞争力和创新力,推动高质量发展、创造高品质生活。

党的十八大以来,重庆市城市管理部门深入贯彻落实中央城市工作会议精神和市委、市政府的工作部署,抢抓机遇,主动作为,持续开展市容环境综合整治,大力提升城市精细化管理水平,重庆城市环境有了较大改观。但对照习近平总书记对重庆提出的"两点"定位、"两地""两高"目标,对标重庆市城市发展目标定位,对比国内先进城市,对应市民群众期盼,目前重庆城市管理工作仍然存在一些短板弱项:一是城市环境及秩序管理仍有待改善,城市秩序管理和环境管理始终是市民投诉的重点;二是城市管理标准制定相对滞后,标准制定没有同步技术发展,现行的一些标准操作性不强、参照性不足,存在"缺、低、粗、散"等问题;三是数字城管功能发挥有待提升,市级部门(单位)、区县在协同配合上还有待进一步加强,"数据壁垒""数据孤岛"现象比较突出,城市智能化管理水平还需进一步提高;四是城市共治共管氛围不浓,重庆城市管理还是以政府为主导,缺乏社会组织、企业和市民的多方参与,还没有形成比较完善的城市共治共管机制。为此,对重庆"大城三管"实践举措和未来重庆城市管理的愿景目标及发展思路的研究将为重庆"十四五"乃至今后更长一段时间的城市综合管理指明发展思路和发展路径。

第二节 概念界定

一、城市管理

城市管理是指以城市这个开放的复杂巨系统为对象,以城市基本信息流为基础，运用决策、计划、组织、指挥等一系列机制，采用法律、经济、行政、技术等手段，通过政府、市场与社会的互动，围绕城市运行和发展进行的决策引导、规范协调、服务和经营行为，是城市治理的基础性内容。

广义的城市管理是指对城市一切活动进行管理，包括政治的、经济的、社会的和市政的管理。狭义的城市管理通常是指市政管理，即与城市规划、城市建设及城市运行相关联的城市基础设施、公共服务设施和社会公共事务的管理。一般城市管理所研究的对象主要针对狭义的城市管理，即市政管理。

在城市管理从面向生产空间的规划建设到面向运营空间的运行管理演进中，参照客户关系管理（CRM）的思想，站在城市综合运行服务最终提供角度，"以人民为中心"，以市民感受为导向反溯整个公共产品的生产与管理过程，实现规划、建设、运行一体化的全流程城市管理。城管执法监察作为巡查的第一线和管理的最末端，将在城市管理的服务转型中扮演重要作用，这也是2015年城市工作会专门就推进城市管理和执法体制改革提出明确要求的原因。城市管理三维结构视野下的城管执法监察研究将有助于推动形成从综合规划决策到专业运行管理（行业发展的专业规划、建设、运行服务与管理），到综合执法监察（城管综合执法及相关综合执法巡查监察力量、网格巡查员及协管员等辅助巡查监察力量、广大的社会监督力量）的橄榄形城市综合管理现代治理结构（图1-1）。

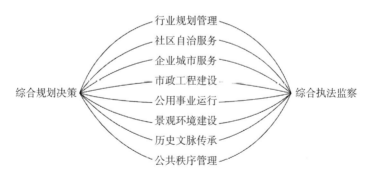

图1-1　橄榄形城市综合管理治理结构

（资料来源：宋刚，王毅，王旭.城市管理三维结构视野下的城管综合执法与监察[J].城市发展研究，2018（12））

二、城市运营

城市运营是指政府及其授权企业在充分认识城市资源的基础上，充分利用公共经济学原理，运用政策、市场和法律的手段对城市资源进行整合、优化、创新而取得城市资源的增值和城市发展最大化的过程。

对于城市来说，城市资源不仅包括如土地、山水、植被、矿藏、物产、道路、建筑物等自然资源，还包含涉及的历史文化遗产、社会文化习俗、城市主流时尚、居民文化素质、精神面貌等人文资源。

增强一个城市的综合竞争能力，既要有效增加城市的物质财富，又要增加城市的精神内涵。通过城市运营，把城市的自然资源和精神资源有效地推向市场，使城市的综合竞争力得到提高。城市的财富增加，城市居民的生活质量和幸福感得到提升，这是城市运营问题的关键，也是城市运营的终极目的。

城市运营的经济学依据在于城市物品的公私分类，基于物品的竞争性和排他性，同时兼具两者特性的属于私益物品，这类物品完全由市场提供；具有排他性和非竞争性的物品是收费物品，这类物品由政府收费提供；非竞争性和非排他性的物品属于公益物品，由政府无偿提供。具有竞争性和非排他性的物品是城市的公共资源，这类物品是城市运营的关键。城市的土地、水面、空间以及道路桥梁上的广告位等，都是城市的公共资源。政府本应以受全社会之托的代理者的身份出让这些"场域"使用权而获得租金。但是以往这些资源或是被浪费了，或是被低价寻租了，造成了公共资源的利用效率低下。城市运营的目的是将这些被忽视的公共资源有效利用起来，提高公共资源的价值（表1-1）。

城市经营的经济学依据　　　　表1-1

	竞争性	非竞争性
排他性	私益物品：食品、服装、汽车、钢铁、电子产品等	收费物品：水务、燃气、收费公路、有线电视、公共交通、污水处理等

续表

	竞争性	非竞争性
非排他性	公共资源： 土地、水资源、地下空间、电磁空间、地下水等	公益物品： 公共空间、公共安全、公共卫生、公共行政、生态环境、消防、街道、法律政策等

三、城市治理

不同的学者和机构从不同的视角出发对"治理"的定义有多种。1995年全球治理委员会发表了题为《我们的全球伙伴关系》的研究报告，其中对治理作出了如下界定："治理是各种公共的或私人的个人和机构管理其共同事务的诸多方式的总和。它是使相互冲突的或不同的利益得以调和并且采取联合行动的持续的过程。这既包括有权迫使人们服从的正式制度和规则，也包括各种人们同意或以为符合其利益的非正式的制度安排。"

将"治理"理念引入到城市研究与实践领域，既改变了人们对城市规划与管理的理解，也通过城市规划的作用机制，使大家对城市规划的作用的理解发生了转变。这种新的理解和观念的转变也要求我们改变对城市规划及其哲学基础的理解。我们应该看到，城市规划不仅仅是政府行为，更是政治行为，在认识治理概念的同时，我们有必要分清政治的谋略与技术策略。

城市治理体系与治理能力的现代化是当前中国城市工作尤其是城市治理工作的基本任务。城市治理理念、体系与治理能力是一个相互支撑的系统，城市治理的理念是城市治理体系的核心要素，城市治理体系是城市治理能力的基础与来源，城市治理能力是应对"城市病"和促进城市可持续发展的必要条件。城市治理理念主要是指人本治理理念，这是城市治理的目标层理念，人本治理由依法治理理念、系统治理理念及智慧治理理念所构成，这三者构成城市治理理念的手段层理念，这三种理念又界定了城市治理的主体、客体和方法，城市治理理念决定了城市治理的体系。城市治理体系的治理主体、治理客体和治理方法分别解决了谁来治理、治理什么和如何治理的问题。

城市动员能力、城市管理能力、城市发展能力和精细治理能力组成了城市治理能力。城市治理能力既对应城市治理体系的理论构成，又回应城市治理实践的现实需要。

四、"大城三管"

"大城三管"是"大城细管""大城众管""大城智管"的统称，其中"大城细管"是指对城市管理工作所涉及的范围、职责、标准、流程和法律责任等作出全面详细的规定，建立城市管理对象的精细化、管理职责的精细化、管理标准的精细化、管理流程的精细化、考核评价的精细化、社会动员的精细化等标准体系，不断提高城市管理的针对性、可操作性和有效性，促进城市运行更有序、更规范、更科学、更高效。其中，"精"就是切中要点，抓住运营管理中的关键环节；"细"就是管理标准的具体量化、考核、督促和执行。精细化管理的核心在于，实行刚性的制度，规范人的行为，强化责任的落实，以形成优良的执行文化。城市管理精细化是一个覆盖全体市民、全时段、全要素、全过程的科学管理状态。

"大城众管"是坚持"以人民为中心"的管理理念，突出城市管理的人性化。首先，城市管理人性化是在满足基本功能性需要的基础上，关注管理细节，提升品质要求，提升城市环境的舒适度和人性化张力，达到管理与建设并重、经济效益与社会效益并存、政府主导与群众参与并进的目的。实现城市管理人性化，要坚持以民为本，立足市民期待，关注市民需求，以人民满意为唯一标准，以市民幸福为根本追求，着力宜居宜业宜游城市品质打造，不断提升城市综合承载力、包容度和宜居性，做到"有温度的管理"，让市民有更多的参与感、获得感、幸福感。其次，城市管理人性化还体现在调动政府、市民、社会三大主体推进城市治理的积极性、主动性、创造性，充分发挥各方在城市治理中的作用，推动形成政府、市民、社会同心同向行动和共建共治共享的城市治理格局，促使城市治理水平不断提高。

"大城智管"是指城市管理的智慧化，即依托地理信息、物联网、云计算、大数据、人工智能等现代信息新技术，提升、拓展和延伸城市管理能力，以实现城市资源配置最优化、城市功能完善化、城市服务人性化的一种新型的城市管理模式。实现管理城市智慧化应持续推进智慧市政、智慧环卫、智慧水务、智慧照明、智慧停车、智慧园林等智慧城管建设水平，提升统筹整合公安、城乡建设、规划、城管、环保等部门数据资源，形成市、区两级上下联通、左右互通、内外融通的城市管理大平台。建立用数据说话、用数据决策、用数据管理、用数据创新的管理新机制，全面实现城市管理由被动式管理向主动式响应的转型。

"大城三管"可以定义为：是基于重庆地理空间的立体性、战略位置的重要性、历史文化的多元性和市情区情的特殊性，坚持以党建为引领，以多部门协同、多主体参与为路径，以新一代信息技术为支撑，以精细化的管理理念，推动城市标准化、规范化、智能化、法治化的治理，不断满足人民群众对美好生活追求的柔性城市治理创新实践。

第三节 研究目标

本书旨在通过梳理国内外相关城市治理理论和具有代表性的经验案例，总结出重庆"大城三管"的内涵、特征、现状、问题，论证了其在国内实践的合理性、可行性和合法性，提出"大城三管"模式体系、实施步骤和对策建议，为打造可复制、可推广的共建共享共治社会治理格局重庆样板，提供政策建议和决策依据。具体研究内容和目标包括：

（1）在系统梳理既有城市治理主要理论的基础上，重点概括并梳理相关城市治理方法及相关城市治理案例，对"大城三管"模式提供理论支撑及合法性论证。

（2）在系统梳理重庆"大城三管"实践举措的基础上，因循城市治理体系和治理能力现代化的逻辑框架，总结凝练重庆城市管理创新模式和实践贡献，明确"大城三管"模式上存在的优势及问题。

（3）通过案例分析、对比分析等研究方法，明确当前重庆城市管理面临的新环境和新趋势，提出重庆未来城市管理的愿景目标及发展思路。

（4）提出未来重庆深化"大城三管"的治理体系和近期可行的重大行动计划，打造可复制的城市治理"重庆模式"和"山地城市样板"。

第四节 研究内容、技术路线与研究方法

本研究内容主要是从重庆"大城三管"的试点实践中，梳理相关理论，进行理论挖掘和深化，总结凝练重庆"大城三管"实践创新模式，梳理现有城市公共空间管理及公共资源服务与运营现状，建立"大城三管"城市治理指标体系和标准化体系，为打造可复制、可推广的共建共享共治社会治理格局重庆样板，提供政策建议和决策依据。主要内容包括十一个章节，主要包括绪论，"大城三管"的理论基础，"大城三管"诞生的背景、特征和发展历程，"大城三管"的实践探索、逻辑与理论方位，"大城三管"取得的成效，"大城三管"的理论及实践贡献，"大城三管"面临的新形势与新挑战，"大城三管"的新愿景，"大城三管"的"四梁八柱"：五级六类七步六体系，"大城三管"未来行动计划，"大城三管"的保障措施。

本书按照"提出问题—分析问题—解决问题"的总体思路，采取实地调研、访谈、文献分析、研讨会等研究方法。主要采取工作方法包括：

（1）文献分析法：查阅、收集和研究城市管理相关内容的文献资料、数据等，提炼和概括其中具有实用意义的部分，以明确课题研究开展的前提和基础。

（2）实地调研法：通过调研各大城市的城市管理工作情况，对部分具有代表性城市管理部门进行访谈、座谈、调研，收集第一手资料。

（3）比较研究法：通过对国内外先进城市的城市管理情况进行比较、分析，寻找各管理模式的异同，探索可复制、借鉴的先进经验。

基于"理论研究—实践总结—经验借鉴—构建体系—应用实施"的总体思路框架，本研究的技术路线如图1-2所示。

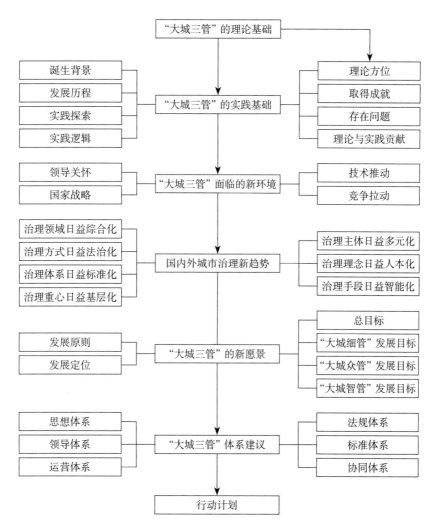

图1-2 课题研究技术路线图

第二章

"大城三管"的理论基础

城市治理是治理概念在城市公共事务管理方面的应用。在复杂的环境中,政府需要与其他组织和市民共同管理城市公共事务,必须协调政府与市场间、政府间、政府与跨国公司间、政府与市民社会及其他组织间的关系,合力促进城市的发展和城市竞争力的提高。20世纪五六十年代以来,伴随着城市化和城市发展进程,先后出现了新公共管理学理论、新城市主义管理理论、新自由主义城市管理理论、多中心城市治理理论、城市增长机器理论、城市公共服务外包理论、数字治理与智慧城市理论、无缝隙政府理论、整体性治理理论、柔性化治理理论等诸多城市治理理论,这些理论模式为中国城市治理体系与治理能力现代化实践创新奠定了理论基础,提供了理论支撑(表2-1)。

城市治理理论演变　　　　　表2-1

理论名称	理论主要思想	理论强调的重点
城市综合管理理论	以城市这个开放的复杂巨系统为对象,以城市基本信息流为基础,运用决策、计划、组织、指挥、协调、控制等一系列机制,运用法律、经济、行政等手段,通过政府、市场和社会互动,围绕城市运行、发展进行的决策引导和管理	未来更多地依靠政府、市场和社会的互动来提供城市公共产品与服务,城市管理的核心工作要转到综合研究、综合管理与综合协调上来。与此同时,在信息技术的推动下,"小政府、大部门"的城市管理趋势推动着由若干近领域管理部门之间的推诿扯皮向大部门内的协同与合作转变
新公共管理学理论	政府职能由"划桨"转为"掌舵",主张政府在公共行政中应该只是制定政策而不是执行政策,管理和实行应该严格分开。同时通过塑造新的市场,向私营部门施加有利影响使其按照"划桨"方式进行	在公共管理中引入竞争机制,让更多的私营部门参与到公共服务的提供中来,提高服务供给的质量和效率

续表

理论名称	理论主要思想	理论强调的重点
新城市主义管理理论	强调传统、邻里感、社区性、场所精神、全面、整体、有机、持续发展,把多样性、社区感、俭朴性和人性尺度等传统价值标准与当今的现实生活环境结合起来	城市建设以人和环境为本,力求营造一个生活便捷、步行为主、俭朴、自律、居住环境与生态环境怡人的社区;重视培养城市的宜居性和舒适性,提升城市对人的吸引力,通过对人的聚集与合理配置来保持城市的发展活力
新自由主义城市管理理论	央地关系、政府与市场关系和区域关系是其研究的主要维度,反对国家和政府对经济的不必要干预,强调自由市场的重要性,提倡市场经济,政府只对经济起调节作用。在国际政策上,强调开放国际市场,支持全球性的自由贸易和国际分工	政府对城市管理的干预大大减弱,引入市场化、PPP等手段,提高公共服务供给效率,减少成本
多中心城市治理理论	多个权力中心和组织治理公共事务,提供公共服务。多中心治理体制中的治理以自主治理为基础,强调自发秩序和自主治理的基础性和重要性,反对政府权力的垄断与盲目扩张	发挥政府、私营部门、公众等多元主体作用,强调合作过程与方式的民主性与灵活性,构建一个由多个权力主体均衡组成的城市治理网络体系
城市增长机器理论	在政治经济力量的塑造和政商联盟的控制下,城市便成为一台巨大的"增长机器"	提出市场化、政商联盟、PPP模式等市场主体介入的理论支撑
城市政体理论	政府(公共部门)与私人部门之间签订购买协议,由政府出资,将涉及公共服务的具体事项承包给私人部门的行为	公众把公共服务委托给政府提供,而政府把部分公共服务委托给私人部门来生产
数字治理与智慧城市理论	在政府与市民社会、政府与以企业为代表的经济社会的互动和政府内部的运行中运用信息技术,易化政府行政,简化公共事务的处理程序,并提高其民主化程度	在人、物理空间、人工智能方面发挥组合效应,带动政府各部门、城市居民、社会力量共同参与,有助于打造共建共治共享的社会治理格局
无缝隙政府理论	以跨职能团队代替目前公务员仅在一个职能领域内服务的孤立组织,强调以通才取代专才,强调部门间的流动,目的是创建服务公众的创新型政府,在满足民众的无缝隙需要中,提升政府的绩效和服务质量,将政府部门的流程再造的结果表现为以民众导向、竞争导向、结果导向为特征的无缝隙政府	形成扁平化的城市管理组织架构,促进部门间的沟通协调,打破部门间壁垒,加强协同合作,为民众提供更好的服务
整体性治理理论	以政府内部机构和部门的整体性运作为出发点,以公民需求为治理导向,以信息技术为治理手段,以协调、整合、责任为治理机制,对治理层级、功能、公私部门关系及信息系统等碎片化问题进行有机协调与整合	在城市管理工程中形成政府主导、企业服务、居民参与的城市治理新模式

续表

理论名称	理论主要思想	理论强调的重点
柔性化治理理论	政府、社会组织和公众等治理主体，秉持以人为本、平等自主、公平正义的基本理念，采取理性沟通、协同合作等非强制性手段，共同应对城市生活中的公共事务	坚持以人为本的核心理念，推动政府部门间协作，促进政府、市场主体和市民共同参与城市管理的多元共治模式；强调执法的柔性化，避免刚性执法

20世纪60年代开始，受公共选择理论影响，多中心城市治理理论开始兴起；20世纪70年代中期开始，为节约政府开支，增进公共物品提供的效率，新公共管理学理论、城市政体理论、城市增长机器理论逐渐在城市治理中流行；20世纪80年代末，学者们开始以城市政体理论，审视城市发展战略的制定；20世纪90年代，伴随城市的碎片化，以及电子信息技术的进步，数字治理与智慧城市理论、网络化治理、整体性治理理论逐渐被人们接纳；在"以人为本"的新时代，为回应国家治理体系与能力现代化的要求，新城市主义管理理论应运而生。整体来看，城市治理理论的发展变化，回应了不同的时代背景，推动了城市的治理工作。

第一节 城市综合管理理论及其启示

所谓城市综合管理，是指对城市这个开放的复杂巨系统中众多子系统以及功能要素的综合，不仅是城市自身管理规律的客观要求，也有着一定的理论依据，它反映了现代管理学理论中的系统观、优化观、权变观在现代城市管理过程中的具体应用（丁轶鸣，1994）。维护城市基础功能和保障公共空间有序使用的工作是城市综合管理的内涵（翟宝辉，2011）。

1. 综合管理的系统观

所谓系统的观点，就是要求人们按照客观事物所具有的普遍联系的特征，从事物的整体出发，探究整体与部分、整体与层次、整体与结构、整体与环境的相互联系和相互作用。我们把系统理论用于城市管理的目的，就是要使城市管理系统中诸要素的功能统一地联系起来，使整体功能大于部分功能之和。从城市管理工作的实际来看，综合管理能够切中要害地解决过去城市管理工作中带有普遍性的几个薄弱环节的问题，保证整体管理的有效性。

2.综合管理的优化观

所谓优化，就是管理的整体效应处于良好的状态，使管理工作系统的整体具有其组成部分在孤立状态中没有的新质。综合管理能够充分发挥管理整体的群体效应，有效地统一和协调城市发展过程中所带来的各种矛盾和问题；能够按照功能互补的原则，使管理结构趋于合理，形成最佳管理状态，实现整体效应和管理目标。

3.综合管理的权变观

按权变管理理论，管理是否有效主要取决于管理是否符合所处的具体环境，是否能够随内外环境和条件的变化，不断调整管理要素和管理行为，使管理始终保持最佳状态。综合管理不是固定不变的静态管理，而主要是随环境条件、管理目标、管理职责变化而变化的动态管理。其综合管理过程同样也是一个动态演化的管理过程。

城市综合管理理论强调未来更多地需要依靠政府、市场和社会的互动来提供城市公共产品与服务，城市管理的核心工作要转到综合研究、综合管理与综合协调上来。与此同时，在信息技术的推动下，"小政府、大部门"的城市管理趋势推动着由若干近领域管理部门之间的推诿扯皮向大部门内的协同与合作转变。

第二节 新公共管理学理论及其启示

该理论起源于20世纪70年代西方社会对官僚制政府无能低效的批判，迫使西方各国的公共行政走上了变革之路。该理论以现代经济学和私营企业管理理论及方法作为自身的理论基础，将竞争和私营部门管理视为管理市场取向中两个最具普遍性的问题，并认为改善这两个问题，一方面在公共部门内部创立市场竞争机制，通过竞争实现高效率和低成本以改进政府绩效，另一方面，将私人部门的管理理念和管理技术应用于公共部门。新公共管理理论重新界定了政府和公众角色,政府变成了不以营利为目的、负责任的"企业家",由"划桨人"变为"掌舵人",政府将做不了、做不好的事交还于市场;公众变成了尊贵的"顾客"。新公共管理是当代社会发展与公共部门改革的必然产物,因其理论在一定程度上反映了公共行政发展的规律和趋势,因而对西方国家行政改革起到了十分重要的推动和指导作用(图2-1)。

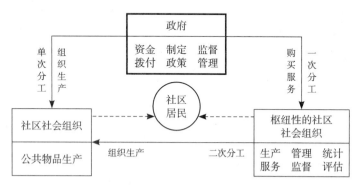

图2-1 新公共管理学理论模型

新公共管理理论主张用企业家精神改造公共部门,具体表现体现在四个方面:其一,集权与授权。新公共管理主张权力下放,减少公共组织的层级,提倡组织结构的扁平化。其二,责任与效率。新公共管理注重责任意识,组织中各个机构都要为自己确定的目标负责任。其三,顾客与回应。将公民视为"顾客"并注重回应性,根据"顾客"对公共产品的需求和消费的反馈情况改进公共服务质量和效率。其四,竞争与合作。新公共管理要求引入竞争机制,对公共产品的供给进行市场化管理,借鉴企业管理办法,实行政府的合同外包等,以期在竞争模式中提高公共产品的质量和效率。

新公共管理理论对重庆"大城三管"的启示在于,未来城市管理应积极引入市场主体和竞争机制,节约政府施政成本,解决复杂社会事务。政府通过授予市场组织经营权、政府参股、经济资助、BOT、BOOT、BOO等方式,降低城市治理成本,提高城市治理效率。

第三节　新城市主义管理理论及其启示

第二次世界大战以后，美国、英国等一些西方国家经历了以低密度郊区化蔓延为主要外在特征的增长阶段，城市空心化日益严重。20世纪80年代以后，在经历了几十年的"郊区疯长"后，这种发展模式带来的不经济性、生态与环境的不可持续性以及对城市结构的瓦解作用等问题，让越来越多的人开始提出批评与质疑（王慧，2020）。鉴于此背景，西方学者提出了"新城市主义"的新思想。

新城市主义的特点在于强调传统、邻里感、社区性、场所精神、全面、整体、有机、持续发展，主张恢复城市人文价值以提高城市生活品质的设计观念。其设计思想内涵和原则主要体现在：尊重自然——构建完整的城市生态系统；尊重社区与个人——建设充满人情味的生态社区；保持"多样性"——维持城市生态系统的稳定；节约资源——实现城市生态系统的稳定及可持续发展。

尽管新城市主义管理理论的本质是城市规划理论，但它对城市管理工作同样有着重要启示。基于新城市主义的城市思想强调在城市管理中要体现对人的尊重，注重人的感受，以人为本，注重回应与满足公众的需求，重视培养城市的宜居性和舒适性，提升城市对人的吸引力，通过对人的聚集与合理配置来保持城市的发展活力。这种管理思想一方面实现了城市环境对人的关怀，另一方面也提升了城市本身的魅力。

第四节　新自由主义城市管理理论及其启示

自20世纪70年代末起，新自由主义强势影响着各国的城市管理理论与实践，在规划实施上，显现出规划的市场化运作；价值取向上，显示出规划的强制性、个体化倾向（图2-2）。综观新自由主义城市治理研究领域，央地关系、政府与市场关系和区域关系成为其延展生长的三种主要维度（吴晓林，2017）。

（1）央地关系维度。新自由主义者主张，权力下放带来了地方政府竞争的公开市场，能让市民自主选择获得地方服务的水平和费用。然而，即使是在西方国家，体制和官僚障碍也在实际上限制了权力下放的有效性。为此，防止地方政府被地方精英捕获而增加地方寻租或承接大量本地服务的问责体制，成为新自由主义保驾护航的工具。

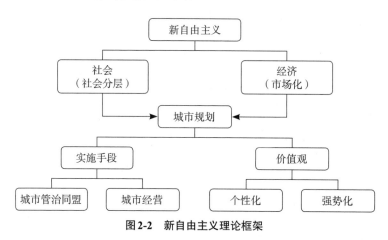

图2-2　新自由主义理论框架

（2）政府与市场关系维度。新自由主义城市管理强调市场力量是新自由主义最典型的特征，推动社会参与则是其对市场失灵的侧翼补充。在市场经济环境下，由于政府对于社会事务的"力不从心"，特别是对于市场失灵的"举止失措"，调动社区、社会组织参与城市治理，成为一种包装了"民主外壳"的纠错机制。

（3）区域关系维度。在地方改革中，地方政府越来越重视保持区域经济竞争力，开始构建城市区域合作治理网络。区域合作已逐步成为各级地方政府之间经济发展、环境保护、公共服务、公共安全等领域的战略选择与行为方式，城市政府的多边合作成为讨论的热点。在新自由主义论述影响下，多核心的网络城市区域成为当前城市发展与治理的主要策略想象。新区域主义强调，某些关键性的区域政务和公共服务可以通过区域内各级不同政府或者政府部门间的灵活协作来达到最佳配置，通过灵活的政策网络倡导区域整合和发展的协调，采取多种形式有效化解区域性公共问题。

目前，新自由主义思想已然对城市管理存在深刻影响（吴晓林，2017）。然而，不加区别地捕捉所谓的创业城市、公私合作等形式，就会面临各种风险：

一是城市空间分割的风险。在新自由主义的裹挟之下，城市日渐成为资本的"猎场"，空间开发越受到资本主导，越会更加走向"破碎"。不可否认，城市空间在新自由主义影响下已经成为一种独特的商品，当城市政府热衷于大规模的旧城拆迁重建和新城区的扩建来增加城市土地的交换价值，吸引房地产商竞相投资时，一种"以土地吸附资金，再以资金提升土地价值，而土地更大规模地吸附资金"的怪圈就会运行下去。城市空间的"中心—边缘"分化就会愈加明显。

二是城市社会分化的风险。在西方，新自由主义影响的城市开发和更新运动，不可避免的结果是——经济重构及产业转移导致郊区新增的就业机会与内城劳动力存量的"空间错位"，中产阶级向郊区迁移，边缘群体因通勤、住房选择等方面的制约而受困于内城的贫困区。由此，城市社会居住空间上也逐渐呈现出极化特征：一极是社会精英所居住的中高档封闭社区，另一极则是城市下层、低收入人群或有色人种的大规模聚居区，城市中的社会公平问题正成为城市问题的最集中表现。

三是社会公平受损的风险。新自由主义本质上重构了城市治理的利益分配过程，因而也容易损及社会公平。一是，城市发展的成本需由普通民众承担，但地方经济发展利益却并非均衡分配给民众，而是由地方精英享用，城市遭遇"去在地化"。二是，存在着代际公平风险，商业主导的城市化，将今人和后代之间对共同的空间资源的占用权益推向了矛盾与冲突的前列，几近"过滤"了对后代利益再分配的考量。最后，一些新自由主义工具的引入，例如在政府公共服务外包、特别是在服务外包简单化时，容易挤压社会生长空间，从而带来市场与社会发展的不平衡。

基于新自由主义城市管理理论，政府对城市管理的干预程度应当减弱，积极引入市场化、PPP等多元化手段，可以提高公共服务供给效率，减少政府管理成本。

第五节　多中心城市治理理论及其启示

迈克尔·博兰尼（Michael Polanyi）在《自由的逻辑》中首次提出"多中心"一词，后由奥斯特罗姆（Elinor Ostrom& Vincent Ostrom）夫妇在对发展中国家农村社区公共池塘资源进行实证研究的基础上，共同创立了多中心治理理论。多中心治理作为西方公共管理研究领域的一种新的治理模式，它提出了政府与市场之外的治理公共事务的新的可能性，并在政府、市场这两个中心之外引入第三个中心——第三部门，并认为"多中心"是自主治理的根本前提。

多中心治理体制设计的关键因素是"自发性"，自发性的属性可以看作是多中心的额外的定义性特质。基于自主治理和自发性的第三部门有利于公民参与意愿的表达和参与途径的实现。第三部门组织的发展壮大与治理水平、治理能力之间存在着比较明显的正相关关系。因此，多中心治理是以自主治理为基础，允许多个权力中心或服务中心并存，通过竞争和协作形成自发秩序，力求减少搭便车行为，提高服务的效能水平，从而克服公共事务治理的困境。同时，由第三部门的自治机制来提供公共服务具有相对优势，出于对"政府失灵"和"市场失灵"的回应，第三部门的兴起和壮大能够实现公平与效率的良好契合；第三部门还具备相对的灵活性和适应能力；另外，由于更贴近基层，第三部门更能切实有效地解决许多急迫的公共服务需求。

多中心治理理论下的城市治理模式，突破了传统"单中心"政府机构为主体的传统城市治理方式中存在的困境，通过多元化城市治理的主体来构建一个由多个权力均衡组成的城市治理网络体系，进而结合每个权力点的优势来承担对应范围内的公共事务管理与公共服务的职责，切实落实现代化城市建设的目标（刘晓英，2017）。因此，在多中心治理理论的影响下，城市管理应当充分发挥政府、私营部门、公众等多元主体作用，强调合作过程与方式的民主性与灵活性，构建一个由多个权力均衡组成的城市治理网络体系。

多中心城市治理理论对重庆"大城三管"的启示在于，破除城市治理的

"部门主义""行政全能主义"导向,专业的人做专业的事,引入市场、公众作为重要的主体,通过制定严格的权责利体系、参与治理的标准与程序,保持决策的灵活性、民主性与科学性,促进城市治理产出最大化,追求结果的多方共赢。

第六节 城市增长机器理论及其启示

城市增长机器理论,回答了城市如何增长等更有实质意义的问题。莫勒奇(Harvey Molotch)发现基于土地的地方精英最能在城市人口增长和经济繁荣中将自身利益最大化,会因此而投身政治权力斗争,不遗余力地通过塑造资源分配政策来推动城市的增长。因而设想,在政治经济力量的塑造和政商联盟的控制下,城市成了一台巨大的"增长机器"。作为充满活力的政治力量,地方政府实质上就是要有组织地影响城市增长结果的分配,一个地方的内在本质都是按照增长机器的方式运行的。典型的做法就是引入市场化、PPP等手段,激发城市的活力,刺激经济发展,提高公共服务供给效率。

城市增长机器理论对重庆"大城三管"的启示在于,一个城市的发展不但要追求公平公正的治理目标,还要追求整体城市的发展。城市管理应引入市场化机制,在整体城市服务外包的同时,激活"睡眠公共场所""城市广告牌",经营好"城乡结合地带",刺激城市整体发展、提高城市发展效益,保持城市发展的活力。

第七节 城市政体理论及其启示

城市政体理论起源于20世纪80年代末,斯通和艾尔金以第二次世界大战后美国的政治经济文化为宏观背景,提出了以政府和商业资本联盟为研究基础的城市政体理论,之后该理论不断趋向成熟,目前已成为解释城市现象的重要理论。不少研究者对"城市政体"的概念进行了界定,他们对该概念的核心内涵形成了一定的共识，即通过形成统治联盟以实现公共部门与私人部门合作的过程，简而言之，就是一种非正式的公私合作的制度安排。而一个成功的"城市政体"则可以动员拥有共同目标的选民。

城市政体论着重强调的是，在城市政府、经济组织和社会力量均掌握一定资源的情况下，如何建立起稳定的非正式的公私合作关系来促进经济发展，实现社会治理的共同目标。政体论的贡献在于，由纵向等级关系向横向合作关系转变，从而开启了由传统"社会控制模式"向新型"社会生产模式"的变革。其对中国城市治理的启示是：在完善市场经济、推进城镇化的过程中，如何正确处理政府、市场以及社会组织的关系，使之在合作的基础上充分发挥各方资源优势，共同促进经济发展，这一点无论是在国家层面还是在城市层面都是至关重要的。

城市政体理论对重庆"大城三管"的启示在于，未来重庆城市管理应着力推动政府向着社会主义市场经济体制下权责一致、决策科学、高效有为的方向转变。政府通过委托和授权，从公共服务的单一供给主体，转变为公共服务的提供者和生产监督者，引入市场、公民形成公共服务的联合供给机制。有利于降低财政成本，提高服务效率。

第八节　数字治理与智慧城市理论及其启示

数字治理的理念最早由美国南加州大学传播学院的曼纽尔·卡斯特于1996年出版的《网络社会的崛起》一书中提出。数字治理指在政府与市民社会、政府与以企业为代表的经济社会的互动和政府内部的运行中运用信息技术，易化政府行政，简化公共事务的处理程序，并提高其民主化程度的治理模式。其目标是为包括政府、市民和企业在内的所有治理主体提供技术支持、简化治理过程、提高民主化程度。数字治理利用信息技术和网络技术能够促进传统城市政府治理模式中G2C（政府对市民）、G2B（政府对以企业为代表的经济社会）、G2G（政府对政府）和IEE（政府内部效率和效果）的全面变革，形成新的城市治理主体即政府、经济社会和社会力量之间的互动模式,增进三者之间的互动与沟通,促进城市网络治理结构的形成。

1998年1月,美国副总统艾尔·戈尔作了"数字地球:理解21世纪我们这颗星球"的报告后,数字地球便作为一个全新的概念引起了各国政府的密切关注。数字城市也称信息城市、智能城市,就是以数字化的方式表示城市及其各种信息,不仅包括城市各类与空间位置有关的直接信息(如地形、地貌、建筑、水文、资源等),还包括相关的人口、经济、教育、军事等社会数据,在现代信息技术的基础上,形成一个具有智能性质的城市信息系统。数字城市由以下几个重要体系构成,包括空间数据及城市相关人文、政治、经济等社会数据的获取体系,数据存储体系,数据挖掘及信息提取体系,数字城市应用体系和数字城市管理体系。

快速发展的信息技术不仅在经济领域产生巨大影响,也为社会治理创新提供了新手段。依托信息技术建设智慧城市,是建设数字中国、智慧社会的题中应有之义。当前,智慧城市已经成为一个热词,但何为智慧城市、智慧城市如何促进治理升级、如何科学有效地建设智慧城市,对这些基本问题仍然需要深入探究。

智慧城市具有三个基本特点:一是城市空间数字化。信息技术、数字技术被广泛应用于城市空间,城市部件实现"万物互联"。二是信息技术改变城市生活。信息与人们的工作、学习和生活发生化学反应,城市各领域在物联网、互联网技术基础上实现智能运行,如智能缴费、智能交通、智能养老、智能社区、智能环保、智能政务等,成为一个更加方便快捷、运转高效的人性化城市。三是智能驱动城市治理创新。城市治理主体运用大数据、人工智能技术不但可以及时为市民解决具体问题,而且可以实时感测城市运行状况、优化城市治理决策,推动城市可持续、包容性发展。

智慧城市理论对重庆"大城三管"的启示在于,引入现代信息技术,重构传统的行政体系,促成科层组织的标准化、电子化改革,在人、物理空间、人工智能方面发挥组合效应,带动政府各部门、城市居民、社会力量共同参与,形成有别于传统组织的特性,利于提升政府组织的决策水平、行政能力,打造共建共治共享的社会治理格局。

第九节 整体性治理理论及其启示

1977年,整体性治理理论的集大成者、英国学者佩里·希克斯的著作《整体性政府》出版,其重要贡献是首次提出"整体性政府"的概念,并倡导"整体性治理"这一具有革命性的理念。作为一种新的公共治理范式,整体性治理理论的基本内容具体包括以下几个方面。

1. 以公民需求和问题解决为治理导向

传统官僚制和新公共管理两种公共治理范式都以解决政府的问题和追求政府部门的特殊利益为核心,而整体性治理理论则是以解决公民的需求和问题为核心,追求公共利益的最大化,即实现了从政府本位到公民本位的理念转变。整体性治理理论不仅以实现公共利益为出发点,为公众提供无缝隙而非分离的整体性服务,确保满足公民的需求,而且特别强调满足公民需求的公平性。整体性治理理论还主张政府运作的问题导向,即把"公共问题的解决"作为政府运作的逻辑起点,注重对问题的结果导向与预防导向。为实现对公共问题的良性治理,整体性治理理论在政策、顾客、组织、机构等四个层次上提出了整合的目标,以在最大程度上增进公共价值,使公共利益得到良好的实现。另外,针对各种公共问题带来的巨大损失,整体性治理理论主张应该防患于未然,建立预防性政府,预防和避免公共问题的产生和恶化,以降低治理成本。

2. 强调合作性整合

活动、协调、整合是整体性治理的三个核心概念,其中,活动是指包括政策、管制、服务和监督四个层面在内的治理行为;协调是指确立合作和整体运作、合作的信息系统、结果之间的对话、计划过程以及决策的想法;整合是指通过确立共同的组织结构和合作在一起的专业实践与干预以实现有效协调的过程。希克斯指出,在这三个核心概念中,整合是整体性治理最核心的概念,整合程度与政府组织凝聚力的强弱正相关。作为整体性政府最本质的内涵,整合的内容主要包括逆部门化和碎片化、大部门式治理、重新政府化、加强中央集权过程、压缩行政成本、重塑服务提供链、网络简化等。事实上，整合并不是整体性治理中特有的概念，传统官僚制和新公共管理也强调整合，但官僚制中的整合是以适应自上而下的层级节制体系为目标的权威性整合，新公共管理中的整合是以提高公共部门效率为目标的竞争性整合，整体性治理中的整合则是合作性整合，它是针对传统官僚制和新公共管理由于过度强调专业主义、部门主义、竞争主义而导致的碎片化问题而提出来的，既包括行政系统内部上下层级间、职能部门间基于业务流程所形成的整合，也包括政府与私营企业、非政府组织、社区、公民之间合作所形成的整合。

具体来讲，整体性治理理论强调的合作性整合主要表现为：一是三大治理面向的整合。即治理层级的整合、治理功能的整合和公私部门的整合。二是四大治理行为的整合。整体性治理理论主张要达成三大治理面向的整合，需要实现政策、规章、服务和监督四个层面在内的治理行为的整合。三是逆部门化和碎片化，实行大部门式治理。四是重新政府化，加强中央过程。整体性治理理论主张将新公共管理改革中部分委托或转让给市场和社会的权力和职能，重新收归公共部门掌握和行使，保障政府尤其是中央政府在公共事务管理中的主导作用，避免出现因过度分权和竞争导致的政府权力虚化现象。五是整合预算。整体性治理理论强调，从新公共管理时期到整体性治理时期，预算制度的最大变化就是建立了一种以问题为预算单位的共享性预算体系，以在较大程度上降低行政成本。

3.注重协调目标与手段的关系

整体性治理理论特别注重治理目标与手段的协调。依据目标和手段的关系，整体性治理理论将政府形态归纳为五种模式：目标和手段相互冲突的贵族式政府；目标相互冲突而手段相互增强的渐进式政府；手段相互冲突而目标相互增强的碎片化政府；目标和手段既不相互冲突也不相互增强的协同型政府；目标和手段都相互增强的整体性政府。整体性治理理论认为，贵族式政府、渐进式政府与碎片化政府都已经过时和失效，协同型政府虽然有所进步，但必须通过强力整合才可能实现向整体性政府的转变。整体性治理理论进一步指出，整体性政府作为当代政府治理的新形态，其与协同型政府的主要区别在于目标与手段的兼容程度：协同型政府意味着不同公共部门在目标和手段上不存在冲突，而整体性政府则更高一个层次，要求目标与手段之间不仅不存在冲突，还要相互增强。

4.重视信任、责任感与制度化

整体性治理旨在通过对碎片化的有效整合建立跨部门或跨组织的网络关系，实现公共议题的合作治理。因此，整体性治理首先需要树立治理主体间良好的信任和责任感，并建立制度化的保障。整体性治理理论认为，信任与责任感是整体性治理整合过程中最重要的功能性要素（其他功能性要素还包括信息系统、预算等），而建立组织之间的信任又是实现整体性治理的一种关键性整合。"在成员间组成相互合作和信任的积极的组织间关系是重要的。"因此，整体性治理理论要求改变科层组织、私人组织、服务使用者和社会公众的文化，塑造相互信任的理念。同时，整体性治理理论认为，责任感是实现整体性治理最重要的功能性要素，它包括诚实、效率和有效性三个方面。其中，诚实主要是指公款使用必须遵守财政规章，不得损公肥私；效率是指公共服务提供过程中输入和输出之间的关系，强调最小投入取得最大产出；有效性是指公务人员对行政行为是否实现公开执行标准或对结果承担责任。整体性治理理论进一步指出，在整体性治理责任感的三个方面中有效性处于最高地位，诚实和效率必须服务于有效性，不能与有效性的目标相冲突。为确保整体性治理责任感的落实，需要从管理、法律和宪法三个层面加强制度建设：在管理层面，通过财务预算、收支控制、审计监督、绩效评估等确保责任感；在法律层面，通过司法审查、特别行政法庭、准司法管制等确保责任感；在宪法层面，通过界定民选官员对立法机构的责任以及非正式的宪法规范等确保责任感。

5.依赖信息技术的运用

登力维特别强调信息技术在当代公共行政变革中的重要作用，并特别指出整体、协同的决策方式以及电子行政的广泛运作是数字时代治理的核心。希克斯也指出，政府应该充分运用信息技术手段进行政策协调，包括政策制定、政策执行、政策评估等。现代信息技术的快速发展有力地推动了政府的电子化改革以及整体、协同的决策方式，打破了科层制下政府内部以及政府与社会之间的藩篱，柔化了政府主体间和政府层级间的边界，简化了行政层级和业务流程，推动了政府组织结构由金字塔形向扁平化的转型，加强了治理主体间的协商和沟通，使治理环节更加紧密，治理流程更加通畅，在较大程度上解决了由传统官僚制和新公共管理改革导致的碎片化问题，推进了公共治理向透明化、整合化方向发展。因此，信息技术为整体性治理的实现提供了有力支撑，只有充分依赖信息技术，整体性治理才能实现组织结构关系的整合以及目标与手段的协调。实践中，整体性治理以信息技术为治理工具，在互动的信息提供与搜集基础上打造透明化、整合化的行政业务流程，实现信息的充分共享，使相关治理主体在应对复杂公共事务时能够具有战略视野并能够作出科学决策。

整体性治理是对后新公共管理时期管理挑战的回应和治理思路的创新。新公共管理面临分权、竞争和激励的挑战，它们带来的负面非直接的作用增加了制度和政策的复杂性，影响了公民解决社会问题的能力，形成了后新公共管理体制。因此，后新公共管理时期的关注焦点集中在三个方面：重新整合、需求基础的整体治理、数字化变革。整体性政府即将向数字化时代政府转变，涉及政府范围的重新整合、整体性和需求导向结构的采用及数字化的行政处理过程。这一转变使政府能够在科技、组织、文化和社会效果方面实现自我维持。整体性治理强调将信息技术和数字化手段运用到科层制组织中，按照传统的自上而下的层级结构建立纵向的权力线，并根据新兴的各种网络建立横向的行动线。

第十节　无缝隙政府理论及其启示

无缝隙政府（Seamless Government）是由美国拉塞尔·M.林登在通用电气执行总裁杰克·韦尔奇的"无界限组织"（Boundary-less Organization）的基础上提出来的。无界限组织是对组织内部各部门之间原有界限的弱化，而非完全取消，它的优点是基于计算机网络化以更有效的形式使信息和资源在模糊的边界之间能够扩散，强调组织的速度、弹性、整合与创新。林登认为

"无缝隙"要比"无界限"更能揭示新型组织的本质。无缝隙组织是指可以用流动、灵活、弹性、完整、透明、连贯等词语来形容的组织形态；无缝隙组织是行动快速并能够提供品种繁多、用户化和个性化的产品与服务的组织，并以一种整体的而不是各自为政的方式提供服务；无缝隙组织的形式和界限是流动和变化的，具有渗透性，有时是无形的；无缝隙组织的顾客与服务提供者直接接触，两者之间是一种直接的、人性化的关系，不存在繁文缛节，曾经存在于组织内部和组织之间的壁垒变成了网络；无缝隙组织以跨职能团队代替目前公务员仅在一个职能领域内服务的孤立组织，强调以通才取代专才。

无缝隙组织正在以一种新的思维方式和组织形式向传统的官僚制进行着改革。政府流程再造以满足顾客的无缝隙需要为中心设计组织的形式和原则，以业绩、预算、信息资源、奖励等手段进行制度创新，目的是创建面向顾客、服务公众的创新型组织，在满足顾客的无缝隙需要中，提升政府的绩效和服务质量，将政府部门的流程再造的结果表现为以顾客导向、竞争导向、结果导向为特征的无缝隙政府。

"顾客导向"中的顾客是相对于政府组织而言的，指的是公共产品与公共服务的最终使用者，也包括公共产品和公共服务供给过程中的参与者。政府工作的重心围绕着顾客的需要，做到顾客至上、民众优先，为顾客提供及时的、个性化的公共产品和服务。"竞争导向"是营利组织的经营理念被引入政府部门的具体体现。在市场经济的大背景下，引入竞争机制来改变政府对公共产品和公共服务供给的垄断地位，鼓励民间资本与人力的参与，使公共部门与民营机构之间展开竞争，更加关注公共产品和公共服务的质量、效率、创造力与活力。"结果导向"的无缝隙政府，强调积极的目标、具体的结果与有效的产出。在政府改革实践过程中，绩效管理制度、全面质量管理、自我管理团队等都是结果导向的具体做法。

无缝隙政府是以满足顾客的无缝隙需要为目标的组织变革，是政府整合所有的部门、人员和其他资源，以单一的界面为公众提供优质高效的信息和服务，使政府的每一项资源投入、人员活动、公共产品或服务的提供等，都能有效地符合顾客的需求。市场竞争机制的引入、顾客至上理念的深化、结果导向等原则的采用改变了公民纯粹被动的服从地位，公民变成了顾客，要求公共管理者有更明确的责任心，听取公民的意见，满足公民的要求，提供回应性的服务。无缝隙政府的目的是要突破传统的部门界限和功能分割的局面，为政府再造提供一种面向未来的公共机构自我改革模式，并且提出了为顾客提供无缝隙产品和服务的方式。

第十一节　柔性化治理理论及其启示

　　柔性化治理是一种新概念，是相对传统城市管理而言的。过去，城市管理主要是一种粗放型的刚性管控。政府是城市管理的主要调控者，它通过公共权力对社会施加全面而又严格的管控。这种方式虽然在短期内实现了维稳目标，但是长期形成的刚性管控思维，让社会的自主性和自我调适能力大为减弱。特别是传统城市管理在执行过程中易混淆公域与私域的边界，模糊公共空间与私人空间之间的界限，对很多问题的处理大多采取"通不通三分钟"的模式。显然，这种治标不治本的管理方式不仅无法解决深层次问题，而且容易滋生新问题、制造新矛盾。这说明，依靠"命令—服从"的强制方式对公共事务实施单一向度的排他性管理，已很难适应新时代城市治理的需要。在这种背景下，柔性化治理被寄予厚望并成为一些地方的实践探索。柔性化治理是指政府、社会组织和公众等治理主体，秉持以人为本、平等自主、公平正义的基本理念，采取理性沟通、协同合作等非强制性手段，共同应对城市生活中的公共事务。

　　让城市治理彰显出更多的柔性特征，需要在深刻理解柔性化治理基本内涵的基础上，采取多重策略有序推进。

　　其一，开发情感资源，实施情感治理。心理学的基本理论表明，富有情感的投入会激发人们产生发自内心的共鸣、剧烈的心理触动和强烈的心理皈依，继而促进形成一致性行动。柔性化治理的最大特征就是注重情感交流，在治理者与治理对象之间架起情感交流的桥梁，促进二者形成融洽和谐的关系。因此，坚持柔性化治理亟须注重情感资源的开发运用。正如习近平总书记指出的,"要在联系服务群众上多用情,在宣传教育群众上多用心,在组织凝聚群众上多用力"。在日常治理活动中,基层政府要用真心联系群众、真诚感动群众、真情服务群众,才能夯实城市治理的稳固根基。

其二,坚持以人为本,实施民主治理。人民群众是历史的创造者,一切活动都以人民群众的利益诉求为出发点。这是历史唯物主义的基本原理。诸多经验证明,强化民主观念、注重运用民主技巧,往往与城市治理绩效之间呈正向关系。因此,在推行柔性化治理过程中,要坚持并遵循民主理念,注重各大参与主体之间的平等性。这就意味着,要注重实施民主协商、合作共治等形态的民主治理。

其三,畅通合作渠道,实施协同治理。现代城市治理之所以需要协同合作,是因为面对纷繁复杂的公共事务,任何一个独立主体的力量和作用都是有限的,都不可能独自行动,必须寻求与其他主体的协同合作。只有这样,才能形成强大的治理合力。否则,要么会遭遇能力有限的掣肘,要么会形成隔岸观火式的冷漠。因此,在推进现代城市治理过程中,必须注重协同合作,努力形成协同治理格局。实施协同治理,当前重点是既要构建政府与社会组织、公众、企业之间的协同合作关系,以奠定协同合作的前提和基础,又要畅通多元主体协同合作的多元化渠道,形成网络化治理格局。

柔性化治理与传统城市管理模式相比,旨在构建一种多元参与、友好合作、协同共治的治理形态。在这种形态下,政府的强制性管控色彩逐渐淡化,友好协商、协同合作的引导者角色日趋显现;参与者之间不再是单一向度关系,而是互利合作、平等协商的多元关系;各种交往行动也不再是命令服从,而是互利共赢。总之,柔性化治理彰显出现代城市治理的行动理性,契合其内在需求。

第三章

"大城三管"诞生的背景、特征及发展历程

当前我国城市管理正逐渐向综合管理方向发展,树立城市综合管理服务理念,科学设置城市管理机构,理顺城市管理体制,是加强新形势下城市管理的客观需求。党中央关于推进城市治理能力与治理体系现代化建设的重大决定和习近平总书记以高水平城市治理带动城市高质量发展的理念为重庆城市管理工作提出了全新要求。在此背景下,重庆市委市政府经过长期探索,结合自身多山地丘陵、山水分割、多中心组团的地理空间特征和城市管理实际创新性地提出"大城三管"的城市管理理念,在全国具有典型的示范意义。

"大城三管"是"大城细管""大城众管""大城智管"的统称,"大城三管"创新实践作为一种创新型城市治理实践方式,其探索从2017年开始酝酿,大致经历理论的缘起期、实践探索期和模式形成与总结提升期三个阶段。从"大城三管"的特征看,"大城三管"具有系统性、综合性、鲜明的时代性、创新性、较强的地域性和实践性等特征,其中"鲜明的时代性"主要体现在"大城三管"顺应了当前城市管理逐渐迈向综合管理时代趋势,是重庆迈向城市综合管理的具体实践。"系统性""综合性"主要指"大城三管"强调城市管理领域涉及道路交通、垃圾收运、城市容貌、园林绿化、污水和垃圾处理等城市基础功能和公共空间,这些领域与城市综合管理部门之外的其他部门存在千丝万缕的联系,在城市综合管理工作中强调上下级政府、同级政府各职能部门之间、政府与企业、公众之间的协同合作。"创新性"主要体现在"大城三管"在城市管理中强调以人为本、精细化管理和多元共治的理念,在管理手段上注重新技术的应用,倡导智能化管理。"地域性"和

"实践性"主要体现在"大城三管"是基于重庆多山地丘陵、山水分割、多中心组团的地理空间特征和城市管理经费投入相对不足、政府财政压力较大的城市管理特征做出的现实选择。从"大城三管"内在逻辑看,"细管"是城市管理的目标,"众管"和"智管"是手段,城市管理需要依托"众管"和"智管"才能达到"细管"的效果。

第一节 "大城三管"诞生的背景

一、顺应党中央决策部署:完善城市治理体系,提高城市管理水平

当前中国城市发展已步入城市管理时代,城市管理已经成为城市政府的首要工作。城市管理是城市发展的永恒主题,是城市运转的基本保障,目前"三分建设、七分管理"的城市发展理念已经逐步具备落实的条件,提升和完善城市管理和服务,彻底改变城市粗放型管理方式,让人民群众在城市生活得更方便、更舒心、更美好已经成为城市工作的重心,这也要求城市管理部门应具备与城市发展相匹配的管理能力。

自2015年中央城市工作会议以来,中央明确指出城市治理在城市工作中的重要性,强调城市治理要以人民为中心,要加强城市管理的数字化、精细化能力,引导社会力量参与共治,不断提高城市治理能力,提升群众生活质量。中央明确提出了数字化管理、精细化管理和多元共治的城市综合管理理念。习近平总书记在2015年中央城市工作会议上指出,我国城市发展已经进入新的发展时期,当前和今后一个时期我国城市工作要坚持的方向是:以人为本、科学发展……转变城市发展方式,完善城市治理体系,提高城市治理能力,着力解决城市病等突出问题,不断提升人民生活质量。"加强城市管理数字化平台建设和功能整合,建设综合性城市管理数据库。""政府要创新城市治理方式,特别是要注意加强城市精细化管理……鼓励企业和市民通过各种方式参与城市建设、管理。"同年,中共中央、国务院出台《关于深入推进城市执法体制改革改进城市管理工作的指导意见》

（中发〔2015〕37号）中再次强调，要改进城市管理工作，提升政府治理能力，"整合信息平台。积极推进城市管理数字化、精细化、智慧化……""引入市场机制。发挥市场作用，吸引社会力量和社会资本参与城市管理。""动员公众参与。引导社会组织、市场中介机构和公民法人参与城市治理，形成多元共治、良性互动的城市治理模式。"自2015年起，国家对城市治理提出了新的要求。2016年2月出台的《中共中央、国务院关于进一步加强城市规划建设管理工作的若干意见》中又明确提到，要"推进城市智慧管理。加强城市管理和服务体系智能化建设，促进大数据、物联网、云计算等现代信息技术与城市管理服务融合""提高企业、社会组织和市民参与城市治理的意识和能力。"正是在此背景下，重庆市"大城三管"聚焦于城市的智慧化、人性化和精细化管理，强调"城市管理"向"城市治理"转型。

二、响应习近平总书记的号召：以高水平城市治理带动城市高质量发展的理念

习近平总书记以高水平城市治理带动城市高质量发展的理念为重庆城市管理工作提出了全新要求。自2015年中央城市工作会议之后，习近平总书记在不同场合也强调了以高水平城市治理带动城市高质量发展的理念。在2017年全国"两会"期间，习近平总书记参加上海代表团审议时强调："城市管理应该像绣花一样精细。城市精细化管理，必须适应城市发展。要持续用力、不断深化，提升社会治理能力，增强社会发展活力"。2017年2月，习近平总书记在北京视察时强调："人民城市人民建、人民管，光靠政府力量不够。北京有自己的好传统，如'朝阳群众''西城大妈'，哪里多一些红袖章，哪里就多一分安全、多一分安心。"在2018年"进博会"期间，习近平总书记视察上海时强调："一流城市要有一流治理""既要善于运用现代科技手段实现智能化，又要通过绣花般的细心、耐心、巧心提高精细化水平，绣出城市的品质品牌"。

习近平总书记系列重要讲话精神，以及党和国家对城市管理工作的新要求是重庆做好城市管理工作的"总纲领、总遵循"。中国城市治理和管理的

目标和方式应以"让人民过上更美好的生活"为城市管理工作的根本目标，以精细化管理为城市管理创新的重要措施，以智能化管理为城市管理创新的关键手段。只有彻底改变粗放型管理方式，强化科学性、智能化、精细化、服务型管理职能，才能找准化解各种"城市病"的突破口。在此背景下，重庆市"大城三管"城市管理理念是进一步将习近平总书记新时代城市治理观具体化：着力推进"大城细管、大城智管、大城众管"，不断提升城市管理"精细化、智能化、人性化"水平。

三、立足重庆市情区情：高密度超大规模的现代化山地城市治理难题

在重庆山地城市、山水分割、多中心组团以及主城区极高的人口密度等地域特征下，重庆城市管理面临"四大""两欠"的挑战，而"大城三管"正是重庆立足自身特殊的地域条件推进城市管理工作的实践探索。

历史上受大山大江的天然阻隔所限，重庆的城市建设长期集中在长江、嘉陵江交汇的渝中半岛和江北、南岸的滨江地区。严苛的城市建设条件造就了重庆特殊的人地关系，目前人口密度最高的渝中半岛能达到每平方公里2.83万人，内环以内的平均容积率接近1.6，远远超越了中国大多数大城市。如此高密度的城市建设造就了"3D""魔幻"的立体山城，但随之也带来核心城区交通拥堵、公共服务缺失、环境承载力不足等"大城市病"。如何建设一个高密度超大规模的现代化山地城市？重庆贡献了一个世界级的规划课题。

第一，主城区极高的人口密度下重庆核心城区交通拥堵、公共服务缺失、环境承载力不足等"大城市病"促使重庆城市管理必须提升智慧化水平并强化公众参与。重庆城市管理范围广，服务对象多。从城市区域看，目前重庆主城都市区由两部分组成，中心城区（原主城9区）和主城新区（渝西12区）。21区辖区面积达2.87万km^2，常住人口2027万人，经济总量超1.8万亿元，达到特大城市规模，市民的衣食住行、安居乐业无不与城市管理息息相关，市民对美好生活的向往对城市管理提出了更高要求；重庆游客中

的外地游客已经达到5.42亿人次，游客出行出游对城市管理也带来了挑战。重庆中心城区如此高密度的人口使传统城市管理面临巨大挑战，因此推动了"众管"和"智管"的发展。为使城市更有秩序，市民生活更舒适，"五长制+网格化+志愿者"、老杨群工等"众管"机制应运而生，城市管理智慧管理平台逐渐建立并完善起来，有效地促进了城市管理水平的提升。

此外，重庆城市管理门类杂，设施体量大。据统计，主城区现由城市管理部门直接管理的城市道路（含车行道、人行道）共7809km，面积8121万m^2；城市桥梁1013座（含人行天桥），其中跨江特大桥有21座；城市隧道92座，人行地通294座；路灯27.7万余盏，灯杆12.2万余根，各型智慧灯杆7万根，各类变配电设备约1000余台（套）；城市排水管网8143km；大型户外商业广告3463块、20.8万余平方米，公交车身、轨道桥墩、公交站台、机场T2航站楼等共有户外广告1.1万余块、约28.8万m^2，户外招牌、楼顶招牌、落地式招牌、墙面店招共217138块，户外公益广告426块。"大城智管"契合了重庆作为主城区人口近千万的特大城市，且人口分布过于分散的特点。山水分割、多中心组团的地理特征造成人口分布不够集中，再加上人口规模庞大，重庆城市管理难度较大，靠传统仅仅依靠"人治"的城市管理手段不再可行。因此，基于特殊的市情区情，重庆必须改变传统"人治"的管理方式，借助大数据等新一代信息技术进行城市管理。

第二，重庆自然灾害频发也要求城市管理必须运用智能化和精细化的管理手段强化城市管理的源头管控、预报预警和应急处理等能力。因重庆自身的地理位置特征和气候条件，其发生自然灾害的频率相比其他直辖市要多很多，这给重庆城市管理带来极大挑战，防灾减灾是重庆长期面临的城市治理难题。重庆市位于中国内陆西南部、长江上游，四川盆地东南部，其北部、东部及南部分别有大巴山、巫山、武陵山、大娄山环绕，地貌以丘陵、山地为主。重庆地质灾害种类多，且发生较为频繁，主要为洪涝、滑坡、崩塌、泥石流、地面塌陷、地裂缝、地震等。

第三，重庆城市管理工作还面临着"管理职责多、工作任务重""管理主体多、协调难度大"等挑战，这也要求城市管理必须精细化管理流程和组织架构。首先，重庆城市管理职责多，工作任务重。根据中央城市工作会议和中央37号文件精神，组建了重庆市城市管理委员会，加挂城市管理综合行政执法局牌子，主要承担城市市政基础设施维护、给水排水管理、市容环境卫生管理、园林绿化管理、风景名胜区管理和城管执法等职能，并且增加了环保、工商、交通、水务、食药监5个方面的9项行政处罚权。主城区城管正式执法人员1766名、协管人员6142名，负责管理各类城市秩序问题，工作压力较大。主城区环卫从业人员共计26344名，作业管理面积达1.14亿m^2，人均清扫保洁面积达$4327m^2$，工作任务繁重。其次，重庆城市管理主体多，协调难度大。城市管理行政主体众多，涉及城管、规划、建设、公安、林业、旅游、民政、水利、环保、交通、工商、食药监等诸多部门，同时还需要统筹协调水、电、气、各大路桥公司等社会单位。城市管理部门处于管理工作末端，对同级部门没有协调力度，对社会单位没有考核力度，小马拉大车，容易陷于"兜底"困境。"大城细管"具体体现在标准体系精细化、在精准识别参与主体需求和智能化手段的精细化应用这三个方面。城市精细化管理需要政府部门制定详细的工作规范、操作流程、部门职责、绩效考评机制以及法律制度保障等，并在实际工作开展过程中不断丰富和完善。城市问题涉及的参与主体众多，应精准识别不同参与主体的需求，以实际需求为导向并争取更多支持城市管理的社会力量，从而助力政府部门进行高效的城市精细化管理。此外，城市精细化管理离不开现代信息技术的智能化支持和运用，需要政府部门基于人工智能、区块链等技术开展线上线下协同联动，精准识别城市问题、群众需求，精准解决问题、提供服务。

第四，重庆浓郁热情的市井文化和重庆人耿直包容的精神特质促进了"大城三管"的人性化开展。重庆自古以来是沟通四川盆地内外的重要门户枢纽，凭借扼守巴蜀之要，沟通湖广以远，因此在历次朝代交替和中原战乱中成为移民的重要目的地和中转站。从大禹治水到助武克商，从三国护蜀到南宋抗元，从湖广填川到抗日战争，从三线建设到三峡移民，纵横华夏的大移民在重庆三千年的建城史上留下了深厚的历史积淀，也在重庆人身上种下了坚韧顽强、开放包容、豪爽耿直的精神内核，还为重庆城注入了浓郁热情的市井文化。重庆人以最达观的态度和包容的胸怀，将坚硬的山河、严苛的生活、外来的移民文化，统统地放入市井生活这个大火锅中，再加上高密度的城市带来的高浓度的城市体验，才共同熬制出了重庆麻辣鲜香的"市民味"和"烟火气"。重庆人这种热情豪爽的性格、充足的干劲儿能够以更加积极的姿态参与城市管理，推动"众管"的发展。例如老杨群工、"五长制＋网格化＋志愿者"、绿化维护中的园长制和老旧小区微更新中"三小"认领等模式的建立，均离不开重庆人热情豪爽的性格。

总之，"大城三管"是重庆市在贯彻落实习近平总书记对新时代城市管理工作要求过程中，基于重庆城市管理实际提出的创新性城市管理理念和实践。

第二节 "大城三管"的核心特征

当前我国城市管理正逐渐向综合管理方向发展，树立城市综合管理服务理念，科学设置城市管理机构，理顺城市管理体制，是加强新形势下城市管理的客观需求。目前，上海、北京、武汉等多地在城市综合管理方面均展开了积极探索，重庆市结合自身特殊的市情、区情开展了"大城三管"实践探索，有效推动了城市综合管理的发展，在全国具有典型的示范意义。

"大城三管"最本质的特征是系统性、综合性。"大城三管"是"大城细管""大城智管""大城众管"的统称，三者之间相辅相成，"细管"是城市管理的目标，"众管"和"智管"是手段，城市管理需要依托"众管"和"智管"才能达到"细管"的效果，只有三者之间相互作用才能达到"大城三管"的目的。因此，"大城三管"是一种系统性、综合性的城市管理方式，任何一种单一的城市管理方式都不能达到"大城三管"的目的。

"大城三管"具有鲜明的时代性。中华人民共和国成立以来，我国城市管理经历了"管养一体、管罚一体"、管罚分离和综合管理三种模式。1949年中华人民共和国成立以来到改革开放，我国城市管理基本都是建委系统的环卫、市政、公用、市容等几个部门负责，实行的是"管养一体"和"管罚一体"的模式；2002年国务院颁布《关于进一步推进相对集中行政处罚权工作的决定》，明确城管可以集中在市容环境卫生、城市规划、城市绿化、市政公用、环境保护、工商行政、公安交通管理七个方面行使相对集中的行政处罚权。然而,实行"管罚分离"的体制时,管理部门和处罚部门之间存在扯皮现象;为了避免扯皮现象,2003年中央编办、国务院法制办出台了《关于推进相对集中行政处罚权和城市管理综合执法试点工作有关问题的通知》,在集中部分行政处罚权的基础上,根据事权一致原则,逐步探索"管罚一体"的模式;随着城市的发展,城市管理工作涉及的面越来越广,需要各部门相互配合、协同作战,城市管理逐渐向着综合管理的方向发展。不少城市又探索了部门之间的横向协调机制,如成立城市管理委员会等协调议事机构。2015年中共中央、国务院出台的《关于深入推进城市执法体制改革改进城市管理工作的指导意见》(中发〔2015〕37号)正式强调,全国各地城管部门要集中行使行政处罚权,加强综合执法。全国各地开始了综合执法体制改革,城市综合管理模式在各地兴起;2016年2月出台的《中共中央、国务院关于进一步加强城市规划建设管理工作的若干意见》中明确提到,全国各地要"创新城市治理方式,推进市县两级政府规划建设管理机构改革,推行跨部门综合执法。"加强城市综合管理:2017年全国"两会"期间,习近平总书记强调:"城市管理应该像绣花一样精细。城市精细化管理,必须适应城市发展。"2018年11月又再次强调:"一流城市要有一流治理""要在科学化、精细化、智能化上下功夫,不断提高城市管理水平"。由此可以看出,自2015年始,城市管理在我国逐渐向着综合管理的方向发展。

重庆在2018年年底正式提出"大城三管"的城市管理方式,正是基于当前的时代背景,基于我国城市管理的发展趋势作出的历史选择。

"大城三管"具有鲜明的创新性。"大城三管"在传统城市管理理念和手段上进行创新,形成了城市管理新特征。首先,创新城市管理理念。以人为本,以实现人民高品质生活、城市高质量发展为价值追求,致力于追求公共利益整体最佳与政府治理效果最优,综合运用法治化、标准化、规范化、智能化手段代替以往单一、粗放的管理方式,全面推进城市精细化管理在城市设施、环境、交通、应急等方面精准施展绣花功夫,如重庆市持续推进的城市综合管理"七大工程"。其次,创新多元共治格局。主张摒弃全能型政府的管理思维且以构建服务型政府为目的,社会企业、非营利性组织等快速发展以及公众权利意识觉醒,为多元主体参与城市管理提供了前提条件,如

"门前三包""五长制"。第三,创新主体信息共享机制。顺应"小政府、大部门"的城市管理趋势,建立跨层级、跨地域、跨部门、跨业务的信息交流共享机制,以推动政务智能化、打破行政壁垒,推动"一圈两群"智慧城管同标管理,实现包括民生服务、城管、交通、公共安全、应急、环保等领域在内的城市综合治理"一张网",如"一网统管""云端赋能"。

"大城三管"具有较强的地域性和实践性。"大城三管"是重庆在贯彻落实习近平总书记对新时代城市管理工作要求过程中,基于重庆城市管理实际提出的具有重庆特点的城市管理理念,具有很强的实践性和地域性。"大城三管"是基于重庆特殊的市情区情管情的实践探索。重庆多山地丘陵、山水分割、多中心组团等的地理特征,再加上是主城区人口规模近千万的特大城市,使得城市规划、建设和管理难度较大。独特的地理特征,各区域自然风貌、人文特色迥异,这就需要城市创新管理方式,做到精细化管理,针对不同区域采取不同管理手段;多山地丘陵、山水分割的自然条件使得道路密度不够大,在人口规模大的情况下,人们出行不够便利,拥堵现象严重,这就需要时刻掌握人们的出行规律,人口分布和流动情况,利用大数据等新一代信息技术进行监测,达到智能化管理;作为我国西部唯一的直辖市,长期以来相较于其他直辖市,经济发展水平略微落后,城市管理经费投入不足,政府财政压力较大,发动各种社会力量共同参与城市治理,形成多元主体共治的局面,是减轻政府城市管理成本的有效手段。因此,"大城三管"是重庆基于自身特点作出的选择,具有很强的地域性。同时,"大城三管"也是落实习近平总书记对重庆提出的营造良好政治生态,坚持"两点"定位,"两地""两高"目标,发挥"三个作用"和推动成渝地区双城经济圈建设等重要指示要求的实践探索。

"大城三管"的城市管理理念是重庆经过长期的探索、实践逐渐形成的。"大城三管"立足重庆市情,是市委市政府对重庆市城市管理以往优秀工作经验总结和科学技术方法结合而形成的智慧结晶,具有很强的实践意义。

智管、细管、众管三者是相辅相成、互相联系、互相影响的关系(图3-1)。"大城细管"是城市管理的目标,"大城众管""大城智管"则是实现这一目标的手段和路径。"大城细管"将城市管理的触角延伸到社区和网格,让城市管理再无小事和死角;"大城众管"吸引更多的社会主体建立起由不同社会主体构成的"五长+网格+志愿者"架构,让城市管理不再是政府"一家之事",真正实现人民城市人民管;"大城智管"为先进技术在城市管理中的运用奠定了基础,让城市管理向高效、智能的方式转变。"大城三管"既体现了鲜明的时代特色,又融入了城市管理的理念精神,将推动重庆城市管理工作的体制机制创新、运行模式演化,这在重庆城市管理的工作中尚属首创。

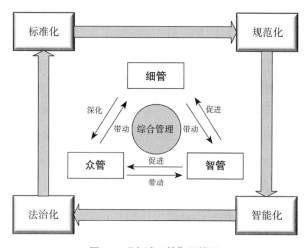

图 3-1 "大城三管"逻辑图

首先,"智管"促进"细管"。政府将信息化手段应用到城市管理的方方面面,从而提升城市管理的精细化水平。智慧化管理手段应用前沿技术,赋能智慧管理,把城市管理中的大多业务板块纳入智慧城管体系,横向到边、纵向到底,尽可能做到城市全覆盖,确保智慧化应用设施在实际工作中发挥作用,进而促进城市精细化管理水平的提高。

其次,"众管"深化"细管"。"众管"使得公众更多地参与到政府决策和监管中来,通过发现城市管理中的各种问题,来促进管理更加科学化和精细化。公众参与的充分程度,决定着工作中潜在风险和矛盾的暴露程度,通过诸如"五长制""双长制"等众管方式,最大限度地激发社会活力,最大限度地减少不和谐因素,在发现和破解城市治理问题的过程中深化各项工作,实现精细化、科学化管理。

最后，"细管"带动"众管"与"智管"。"细管"在"智管"和"众管"的双重作用下取得发展，反过来又对"智管"和"众管"起到带动作用。精细化管理程度的上升必然会引起相关部门对城市现存问题和潜在问题进行进一步治理和挖掘的需求，为保证精细化目标的精准落实，且出于降低成本提高效率，以及共管共治的需要，"细管"必然会带动"智管"和"众管"在整个过程中的全面协调与配合。

第三节 "大城三管"的发展历程

由"大城细管、大城智管、大城众管"所形成的"大城三管"创新实践作为一种创新型城市治理实践方式，其探索从2017年开始酝酿，大致经历理论的缘起期、实践探索期和模式形成与总结提升期三个阶段（图3-2）。缘起期大致从2015年到2017年年底，这一时期是重庆"大城三管"概念的酝酿阶段，在具体工作上强调出台城市管理的相关标准和规划。这其中包括2015年重庆市人民政府办公厅起草印发的《重庆市深入推进智慧城市建设总体方案（2015—2020年）》、2017年4月出台试行的《重庆市城市精细化管理标准》和2017年年底以来重庆实施的以大数据智能化为引领的创新驱动发展战略行动计划等。实践探索期大致为2018年到2020年，这一时期是重庆"大城三管"的创新实践阶段，在具体工作上强调立足重庆市独特的市情

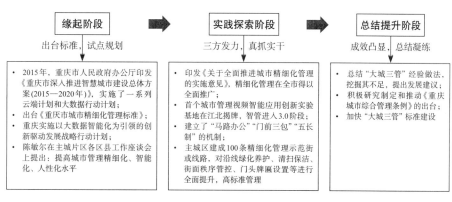

图3-2 重庆"大城三管"的发展历程

区情，从城市管理的"智慧化""精细化"和"人性化"三方面开展了一系列创新实践活动，真抓实干推动重庆城市管理迈上新台阶。这其中包括建立了"马路办公""门前三包""五长制"等城市管理新模式；在江北建成首个城市管理视频智能应用创新实验基地，推动城市智管进入3.0阶段；在主城区建成100条精细化管理示范街或线路，对沿线绿化养护、清扫保洁、街面秩序管控、门头牌匾设置等进行全面提升等举措。目前，重庆"大城三管"正处于模式总结提升阶段，即强调对"大城三管"经验做法进行总结，挖掘其不足，并提出发展建议。

一、缘起阶段：出台标准，试点规划

新时期党和国家更加重视城市管理的精细化、智慧化和人性化。2015年12月，中央召开城市工作会议提出，"要推进城市科技、文化等诸多领域改革……加强城市管理数字化平台建设和功能整合，建设综合性城市管理数据库。"同年，《中共中央 国务院关于深入推进城市执法体制改革改进城市管理工作的指导意见》（中发〔2015〕37号）中再次强调，要改进城市管理工作，提升政府治理能力，"整合信息平台。积极推进城市管理数字化、精细化、智慧化……"，推动综合执法。2016年的《中共中央、国务院关于进一步加强城市规划建设管理工作的若干意见》中明确提出要创新城市治理方式，推进城市智慧管理。2017年，全国两会期间，习近平总书记在参加上海代表团审议时提出"城市管理应该像绣花一样精细"的总体要求，强调强化依法治理，努力形成城市综合管理法治化新格局；强化智能化管理，提高城市科学化、精细化、智能化。同年，在党的十九大上习近平总书记指出要建设网络强国、数字中国、智慧社会的战略部署，强调"把握数字化、网络化、智能化融合发展的契机，以信息化、智能化为杠杆培育新动能"。

在中央大政方针的引领下，重庆积极作出回应，出台城市精细化管理相关标准和智能化试点规划。2017年4月，重庆市市政管理委员会正式颁布试行《重庆市城市精细化管理标准》，作为全国首个特大城市关于城市精细化管理操作指南内容，将城市管理的全过程进行了精细化设计，涉及市容环

境卫生、市政设施、灯饰照明等九个方面，对每项管理内容的管理目标、标准、流程、分工、信息公开等作出明确要求。对管理者和服务者的行为进行约束，对被服务者和公众的行为加以规范，规定的很多标准指标都高于全国现行标准，这意味着精细化"四全"：全行业精细化、全时空精细化、全流程精细化、全手段精细化。在智能化方面，重庆其实在2017年以前已经有所起色，如2011年1月由重庆市发改委审议通过的《重庆市"十二五"电网智能化试点规划》作为全国首个省级"十二五"电网智能试点规划在重庆率先发布。经过多年智能化理论发展和需求加大，自2017年年底以来，重庆大力实施以大数据智能化为引领的创新驱动发展战略行动计划，明确了打造智能产业集群、推进智能制造、拓展智能化应用"三位一体"的发展路径，蹄疾步稳地推进产业结构调整和高质量发展（表3-1）。

重庆"大城三管"缘起阶段的标志性事件及成效　　　　表3-1

发展阶段	标志性事件	成效
缘起阶段	1. 2015年，中央城市工作会议，强调加强城市综合管理； 2. 2015年，《中共中央 国务院关于深入推进城市执法体制改革改进城市管理工作的指导意见》(中发〔2015〕37号)，要求加强城市综合执法，推进城市管理数字化、精细化、智慧化； 3. 2016年，《中共中央 国务院关于进一步加强城市规划建设管理工作的若干意见》明确提出要创新城市治理方式，推进城市智慧管理； 4. 2016年，习近平总书记视察重庆时提出营造良好政治生态，坚持"两点"定位，"两地""两高"目标，发挥"三个作用"和推动成渝地区双城经济圈建设的重要指示； 5. 2017年，全国两会期间，习近平总书记提出"城市管理应该像绣花一样精细"的总体要求； 6. 2015年，重庆市人民政府办公厅印发《重庆市深入推进智慧城市建设总体方案（2015—2020年）》，实施了一系列云端计划和大数据行动计划； 7. 党的十九大提出建设网络中国、数字中国和智慧社会； 8. 出台《重庆市城市精细化管理标准》； 9. 重庆实施以大数据智能化为引领的创新驱动发展战略行动计划； 10. 陈敏尔在主城片区各区县工作座谈会上提出：提高城市管理精细化、智能化、人性化水平	1.《重庆市城市精细化管理标准》出台后，重庆的精细化管理有了更为明晰的方向，更为牢固的框架，治理精细化程度有序提高，进而带动了智能化程度飞跃发展； 2.《重庆市"十二五"电网智能化试点规划》作为全国首个省级"十二五"电网智能试点规划在重庆率先发布； 3. 明确了打造智能产业集群、推进智能制造、拓展智能化应用"三位一体"的发展路径； 4. 江北数字城管系统建成并迈入智慧2.0阶段，"1322"架构推广率先在重庆搭建其综合信息平台，实现数字城管向智慧城管的跨越

二、实践探索阶段：三方发力，真抓实干

自2017年4月，《重庆市城市精细化管理标准》（以下简称《标准》）正式对外发布并试行以来，促进精细化理念从"口头"落实到"纸面"，从考核办法到标准体系，重庆的精细化管理有了相较之前更为明晰的方向，有了更为牢固的框架，治理精细化程度有序提高，进而带动了智能化程度飞跃发展，公众参与热情也随着管理平台和手段措施的丰富而日益高涨。

首先，城市精细化管理体现在各个层面。如绿化环境、配套设施、人文风貌、服务水平等，都在精细化管理实践探索的范围内逐渐得到改善。比如环卫方面，从过去对作业考核效果的评价为"路面是否有垃圾"的初级阶段，到现在明确主次街道、桥梁隧道、居民社区、背街小巷等城市各个方面"凡有人的地方就有作业队伍""以克论净""作业后路面见湿不见水"的考核要求。推动精细化的深入，必须解决标准的实践问题，打造样板、组织试点、积累经验、逐步推行。分别在不同区域、不同业务板块开展示范试点，《标准》发行后计划在2017年年底前，主城区建成100条精细化管理示范街或线路，以主干道、商圈、城市出入口、景点周边为重点，对沿线绿化养护、清扫保洁、街面秩序管控、门头牌匾设置等进行全面提升，高标准管理，成为展示辖区城市精细化管理水平的样板。

根据试点情况，总结经验，探索规律，再在重庆市全面推广，并逐步延伸到乡镇，重庆全域实现城市精细化管理，建设宜业宜居宜游的"美丽山水城市"。为贯彻落实习近平总书记"绣花"理念，防止"空架子"中看不中用，根据重庆市市政委印发的《关于全面推进城市精细化管理的实施意见》，重庆制定有关法律规章、成立管理工作小组、定期召开质量分析会、分类制定定额标准、建立经费保障机制，做到有人办事、有钱办事、有章办事。

其次，智慧化管理发展迅速。城市管理引入现代科技的力量让重庆市的城市管理产生了令人瞩目的变化，如作为重庆市智能化代表的江北区，从2009年数字城管系统建成试运行的1.0阶段（网格化城市管理）不断摸索，2015年其初步设计成为重庆市首例通过专家评审的智慧城市管理方案；

2016年重庆迈入智管2.0阶段，"1322"架构推广率先在重庆搭建其综合信息平台，实现数字城管向智慧城管的跨越；2017年重庆市首个城市管理视频智能应用创新实验基地在江北揭牌，标志江北智管进入3.0阶段，实现集泛感知、智应用、大数据、网络化、精细化、云共享为一体的智慧城市综合管理，让城市部件"开口说话"，智能化手段的常态化机制展现出紧迫性和必要性。2019年10月，重庆市委主要领导在视察、调研江北智慧城管工作时指出江北智慧城管是守初心担使命的具体落地，走在全国前列，其经验和模式可以复制推广，要加大智慧城管建设与应用推广。同月25日，市政府主要领导到江北智慧城市运营中心组织召开全市智慧城管现场会时指出智慧城管是智慧城市建设的重要内容，是推进城市治理体系和治理能力现代化的重要支撑。要加强城市管理，深化大城智管、大城细管、大城众管，同时拓展应用场景，以大城智管为抓手，抓出"细管"效果，带动"众管"落实，加强标准化建设，实现城市管理智能响应、精准处置、精细管理，形成共建共享共管共治格局。

再次，调动市民参与城市管理，畅通参与渠道。城市对市民来说最大的特点必须是方便，各种手段效果能否真正落到了实处，是否只是"花架子"，得由重庆市民说了算。在城市治理的实践探索过程中，合理增加公众参治的途径，同时管理者通过智慧平台收集公众意见，如推行"门前三包""五长制"示范道路建设，加强城市管理志愿者队伍建设；畅通公众参与渠道，坚持每月新闻通气会，用好服务热线、微信公众号等平台。城市精细化管理绝对不是政府的独角戏，要充分调动市民的积极性和参与性。

最后，市领导首次正式提出"大城三管"，并将其作为城市管理工作的重要抓手。2018年4月，市领导在重庆市城市综合管理工作领导小组第一次会议首次提出：推进大城智管、大城细管、大城众管，简称为"大城三管"。"大城三管"可以理解为：以"大城智管"为抓手来贯通大城细管和大城众管；"大城细管"的核心就是精细做到每一个单元，"大城众管"的核心是"众"，发动老百姓共建共享，城市管理是大家的事，全面推进环卫、园林、交通、绿化、民生服务、安全各个部门参与的广度和深度。"大城智管"即以智慧城管为基础，推动产业链延伸，打通创业链、产业链，努力创新出一批城市管理新技术，建设先进的智慧城市管理系统和解决方案。以智管促细管，延伸手脚，拓宽视野，发现快、解决快、反馈快、效果好；以众管为细管打基础，百姓有充分权利参与众管、细管的实施，监督众管、细管的落地，形成共商共治共享的格局。

精细化、人性化和智能化水平大幅度提升，智慧城市建设和城市综合管理经验在全国形成影响力。在市委、市政府的坚强领导下，重庆城市管理局以城市提升行动为总揽，着力探索城市治理新路径，强化"马路办公"，实施"七大工程"，大城细管、大城智管、大城众管齐头并进，精细化、智能化、人性化水平不断提升，为智博会、英才大会等重大活动提供更加有力的环境保障。市民群众对城市管理工作满意度92.9分，创历年新高。重庆市2019年第三季度城市生活垃圾分类工作在全国46个重点城市排名第九、西部第一。《生活垃圾分类四级指导员制度》获评"中国繁荣城市管理创新范例"，"重庆市新型智慧城市建设"入选"2019年新型智慧城市十大典型案例"。新华社《国内动态清样》刊载了重庆市城市综合管理的经验做法（表3-2）。

智慧城市建设发展迅猛。截至2020年，中国国际智能产业博览会已经成功举办三届。2018年第一届中国国际智能产业博览会在重庆举行，共签约重大项目501个，合计投资约6120亿元。2019年第二届中国国际智能产业博览会举行重大项目集中签约仪式。89个重大项目参加了现场集中签约，现场签约的项目覆盖5G、集成电路、智能终端、人工智能、物联网、工业互联网、新能源及智能网联汽车、核心零部件、智能制造、电子商务、智慧城市等领域，涉及英国、德国、新加坡等国家和我国四川、浙江、广东等10余个省区市，充分展现了智博会在强化国际智能产业开放合作方面的重要平台功能。重庆各区县、开发区以及其他省区市还开展了场外签约，签约项目441个，合计投资5856亿元。数据显示，截至2020年8月26日，本届智博会现场集中签约和场外签约项目共530个，合计投资8169亿元，项目数量和投资额均超过首届智博会。2020年6月，经报党中央批准，同意重庆市人民政府会同工业和信息化部、国家发展改革委、国家网信办、科技部、中国科学院、中国工程院、中国科协7部门，以及新加坡贸工部共同举

重庆"大城三管"实践探索阶段的标志性事件及成效　　　表3-2

发展阶段	标志性事件	成效
实践探索阶段	1. 2018年"进博会"期间，习近平总书记强调："一流城市要有一流治理""要在科学化、精细化、智能化上下功夫"。 2. 印发《关于全面推进城市精细化管理的实施意见》，精细化管理在全市得以全面推广。 3. 首个城市管理视频智能应用创新实验基地在江北揭牌，智管进入3.0阶段。 4. 建立了"马路办公""门前三包""五长制"的机制。 5. 2018年，习近平总书记在全国"两会"重庆代表团审议时再次强调加强"两地""两高"建设。 6. 2018年，重庆市出台《贯彻落实〈关于深化行政执法体制改革加快推进综合行政执法的意见〉工作方案》（渝委办〔2018〕26号）的通知，明确提到要"加强行政执法的信息化建设""整合行政执法机构的工作。" 7. 2018年4月，在城市综合管理工作领导小组第一次会议上，首次提出：推进大城智管、大城细管、大城众管。 8. 建设智慧名城，提升重庆智慧影响力：成功举办首届智博会并成为永久会址，在会上首次提出把重庆建设成"智造重镇""智慧名城"。 9. 建设新型智慧城市，带动重庆实现新一轮跨越式发展。市政府第45次常务会议，审议通过《重庆市新型智慧城市建设方案（2019—2022年）》；重庆市大数据应用发展管理局发布《重庆市新型智慧城市评估指标体系（试行）》。 10. 以智慧主题促进城市提升，智慧品质全面升级，提出将开发智慧商圈、智慧公园、智慧停车等便民功能，构建"一站式"和"互联网+"便民系统，为广大市民提供更多人性化服务。 11. 深化体制机制改革，保障大城智管持续发展：全面推行"云长制"，打破数据壁垒。推动数据"聚通用"	1. 2017年年底前，主城区建成100条精细化管理示范街或线路，以主干道、商圈、城市出入口、景点周边为重点，对沿线绿化养护、清扫保洁、街面秩序管控、门头牌匾设置等进行全面提升，高标准管理，成为展示辖区城市精细化管理水平的样板； 2. 重庆城市治理的精细化水平、服务质量、群众满意度等方面均得到了提升； 3. 2018年，第一届中国国际智能产业博览会在重庆举行； 4. "众管"水平得到了大幅度提升，建立了"马路办公""门前三包""五长制"的机制； 5. 江北智慧城管系统走在全国前列，在全市开始推广江北智慧城管模式。智慧城市建设在全国形成影响力

办2020年线上中国国际智能产业博览会。按照大会安排，2020年线上智博会于9月15日至17日在重庆举办，会期3天。智博会有力地推动了重庆全域的智慧城市建设，城市管理智能化手段的应用。

　　重庆在城市综合管理各方面作了一些探索，取得了一定的成效。但仍存在一些问题和不足，与经济社会发展需要、国际国内一流城市和人民群众对美好生活的期望相比，还存在一定的差距，仍需继续改善和提升城市综合管理水平。

三、总结提升阶段：成效凸显，总结凝练

自"大城三管"实践近三年以来，重庆城市治理的精细化水平、人性化服务、智能化应用和群众满意度等方面均得到了提升，但仍存在一些问题和不足，阻碍了城市管理水平的进一步提升。为破解问题，捋清下一步发展思路，重庆市城市管理局委托北京大学、全国市长研修学院、中央财经大学和重庆社科院等专业化团队总结经验，研究下一步发展思路。

市容环境卫生持续改善。优化环卫保洁作业方式，中心城区各区主要道路冲洗降尘机扫率保持在90%以上；落实"五长制"和"门前三包"责任制，完成78条示范道路建设。中心城区新增公厕733座，市民"如厕难"问题得到缓解。黑臭水体整治成效显著，现已全部消除，成为全国黑臭水体消除100%的9个城市之一。

市政设施品质不断提升。道桥设施实现精细化管养，组织实施一批市政设施大修整治、改建、应急抢险工程，保障结构设施安全平稳运行；中心城区各类人行护栏和中央隔离栏均按照"蓝天白云"组合色标准进行规范，全面完成桥梁防撞设施升级改造，持续推进"路平桥安"工程。城市功能性照明逐步完善，绿色照明应用比例持续提高，不断加大LED等绿色照明产品在城市照明行业的应用；景观灯饰建设效果显著，稳步推进灯光品质提升项目，实现主城核心区夜景灯饰"一把闸刀"集中控制，提高了"两江四岸"核心区景观照明整体性和协调性，有效提升城市照明服务品质。

城市园林绿化品质明显提升。绿地系统布局不断优化，规划了两江四岸、山体生态型绿地，完成多项规划蓝图；推进实施城周山体生态屏障、长江、嘉陵江流域两岸生态修复以及库岸绿带建设，开展"增绿添园"民生工程、"城美山青"工程、"坡坎崖"绿化美化等重点项目，对中心城区309个地块，1323万m^2的坡地、堡坎、崖壁实施绿化美化，全市新建综合公园和专类公园463个，城市人均公园绿地面积达到14.6m^2，新增城市绿地面积8370.72万m^2，全市建成区绿化率达到38.67%；强化城市园林绿化管护，推动行道树修剪、煤污病治理、恶性藤蔓清理、行道树规范支撑等管护工作

制度化、常态化，大力推进园林绿化精细化管理。

智慧城市建设进度加快。城市管理数字化治理能力不断提升，在全国率先完成县级以上数字化城管平台全接入、全监管、全考核，实现国家、市、区（县）三级平台互联互通、数据共建共享，城市建成区数字化管理覆盖面积达到1500km²；在全国率先实施了省（直辖市）城市管理行业大数据平台建设，发布了《重庆市智慧城市管理建设指导意见》《重庆市智慧城市管理信息系统技术规范》，创建了全国首个城市管理智慧化应用范例，建成了渣土智管、视频智识、执法智办、环卫作业智控、公共停车智惠等示范应用，有效提升城市管理科学化、精细化、智能化水平。

在这个阶段"大城三管"仍然存在一些不足和问题，如城市管理体系有待进一步完善。城市管理体制仍未完全理顺，与其他相关部门沟通协调还存在不畅通情况，资源共享、共同负责、共同参与的管理体系还有待加强；城市管理精细化水平有待进一步提高。城市化进程加快，城市管理任务日益繁重，历史问题积累较多，部分区域仍然存在停车难、交通拥堵、供水不足、设施老旧等问题；城市公共服务能力有待进一步提升；智慧城市管理建设有待进一步加强。"十三五"期间，智慧城市管理有了一定的发展基础，但是机制体制建设还不健全，网格管理效能受到一定限制，全市仍有部分区县未成立监督指挥中心等。

针对重庆城市管理仍存在的问题和不足，面临的新形势，住房和城乡建设部、北京大学和重庆市社会科学院等专家团队提出下一步发展思路（表3-3）。

重庆"大城三管"总结提升阶段的标志性事件及成效　　　表3-3

发展阶段	标志性事件	成效
总结提升阶段	1.委托专业化团队总结"大城三管"经验做法，挖掘其不足，提出发展建议； 2.积极研究制定和推动《重庆城市综合管理条例》的出台； 3.加快"大城三管"标准建设	1.城市治理的精细化水平、服务质量、群众满意度等方面均得到了提升； 2.城市管理智慧化水平进一步提升，重庆数字化城管面积已超过1500km²； 3.市容环境卫生得到大大改善；市政设施品质、城市园林绿化品质明显提升； 4."大城三管"创新实践逐步趋于完善，并具影响力，广泛得到市民认可

第四章

"大城三管"的实践探索、逻辑与理论方位

在"大城三管"城市管理实践中,重庆市不断创新举措,开展一系列工作,促进城市管理更加科学化、精细化、人性化和智能化。具体而言,重庆"大城三管"创新实践集中体现在十个方面,即导向化的党建引领、统筹化的行政管理、扁平化的组织架构、顺畅化的管理流程、民生化的项目建设、人文化的情感联结、精细化的标准法规、智慧化的管理手段、多元化的社会参与和科学化的绩效考核。而"大城三管"的实践探索也集中体现了城市治理体系和治理能力现代化的逻辑体系。首先,从治理理念上看,"大城三管"集中体现人本治理、系统治理和依法治理理念。其次,从治理体系上看,"大城三管"还是重庆城市治理体系现代化的积极探索。有效的城市治理涉及"谁来治理,如何治理,治理得怎样"三个问题,分别对应治理主体、治理机制和治理效果治理体系的三大要素。其中从治理主体上看,重庆"大城三管"创新实践体现了政府主导下的多元主体协同共治思维。而从治理客体上看,重庆"大城三管"创新实践同时兼顾了城市治理中的问题导向和使命导向。从治理方法上看,重庆"大城三管"创新实践还凸显了法治化、精细化和智慧化的治理方式。最后,从治理能力上看,"大城三管"还是重庆城市治理能力现代化的有效尝试。从城市治理实践的现实需要出发,"大城三管"有效提升了城市动员能力、城市管理能力、城市发展能力和精细治理能力。

第一节 "大城三管"的实践探索

一、导向化的党建引领

在"大城三管"的建设过程中,重庆始终注重发挥党组织的政治功能,坚持把党建引领贯穿始终。聚焦党建,抓治理、抓服务,着力建组织、搭平台、集合力、破难题,促进基层党建与社会治理深度融合。

一是充分发挥各级党组织,尤其是基层党组织的战斗堡垒作用,推进城市综合管理纵深发展。在社区细分党建综合服务网格,把支部建在网格上,加强党组织对社区治理、服务群众、促进和谐的引领,将城市管理工作纳入基层党建内容,建立业务工作与党建工作双向服务、双向互动的联络机制,充分发挥党组织的聚力引领作用,通过开展党员设岗定责等志愿活动,鼓动基层党组织扎根在群众当中,党员干部到城市管理一线建言献策,主动参与到城市管理的具体工作中,答民疑、解民惑、抚民忧。加强基层党建,把党支部建设作为基层治理的核心。璧山区通过把党支部建在小区,设立小区党支部、楼栋党小组,构建街道党工委-社区党委-小区党支部-楼栋党小组四级架构,有效发挥党员在社区治理中的作用;建立以小区党支部为引领,业委会、业主监事会、各类社会组织和全体业主共同参与的小区治理新形式,在小区自治中发挥党密切联系群众、总揽全局协调各方的政治优势,完善小区治理的体制机制,凝聚各方力量与共识,从机制上化解矛盾。创新探索城市党建共同体。大渡口区借鉴疫情期间党建引领社区防控经验,以行政区划、行业类别、专业特点区分,建立分层级、条线归口的各类党建共同体,探索解决城市基层党组织间相互分割、资源分散等难题,形成社会治理合力。通过党建共同体这个平台,实现了党建资源的有效整合,把区域内各级各类党组织积极性调动起来,共同参与基层社会治理,壮大了社会治理力量。把党领导的制度优势转换为治理效能。铜梁区始终把基层党建作为"一把手"工程,树立"一盘棋"理念,坚持"一体化"推进。以区委主要领导任党建引领社会治理创新领导小组组长,带头点题破题,推动建成全市首个社会治理创新中心,创新探索了区委、街道党工委、社区党委、网格党支部、楼栋党小组五级组织体系,依托社区网格,建立131个网格党支部、226个楼栋党小组,真正把党支部建成基层治理的领导核心和政治核心,实现了党的政治覆盖与社会治理网格深度融合、党的工作覆盖与社会治理工作有效结合。"党建+物业"推进市域社会治理现代化。两路口街道围绕共建共治共享方向,将"党建+物业"作为推进市域社会治理现代化的切入点和突破口,积极探索"党建引领物业管理+市域社会治理"路径,解决了社区老旧物业项目多、管理难、配套缺、设施旧、隐患多、环境差等问题,切实提升了居民的获得感、幸福感、安全感。两路口街道中山二路社区突出党建引领,按照"民事民议民定、协商共治"的原则成立了中山二路阳光物业服务中心,由社区党委书记兼任物业服务中心理事长,居委会副主任兼任副理事长,部分业委会成员、居民党员任监事会成员,从源头上把握工作主动权。中山二路社区以网格化管理为抓手,实现在职党员、流动党员、离退休党员在社区报到,成立春红党员志愿者服务队、刘乔"马上办"城市管理服务队等18支志愿服务队,广泛参与社区环境卫生、治安巡逻、邻里守望、互帮互助、维修义诊等志愿服务活动,通过把社区工作融入市域社会治理,让群众可以随时找到党的干部、看到党的形象、听到党的声音。同时,社区还结合"五长制""门前三包"等工作职责要求,将党建、综治、安监等服务下沉到网格,每名社区网格员承担"1+N"项工作职责,切实解决与居民息息相关的难题(图4-1)。

二是推动多元化共治,强化城市规划、建设、管理、交通、卫生等部门指导协调支持开展城市管理的工作机制,将管理工作重心下沉,围绕城市居民关注的热点难点问题认真履行职责,加强对城市居民的引导和规范,鼓励社会组织、市场中介机构和公民法人参与城市综合管理,形成多元共治、协调配合、良性互动的城市综合管理模式。发挥党组织堡垒作用,发动群众参与社会治理。合川区以加强党组织建设为切入点,广泛发动群众参与基层社会治理,着力破解城乡发展难题,变"反应式"管理为"参与式"治理,实现党组织延伸到底、治理路径畅通到底、服务触角覆盖到底,走出了一条党

图4-1 中山二路社区居民与社区工作人员在院坝交流沟通

(资料来源:渝中报)

建引领社会治理的新路子,形成共建共治共享的基层社会治理良好局面。忠县依托社区"大党委"推行"马路办公"进社区:以整治县城区各社区背街小巷、居民楼院乱摆乱占、乱牵乱挂、乱搭乱建等薄弱环节突出问题为目标,构建"1名市管领导干部+帮联单位+社区"的三级管理机制,将县城区划分为20个单元,32名市管领导干部自领责任区;各社区充分利用"大党委"成员单位帮联作用,定期到群众反映问题多的地方开展"马路办公",实现"小事不出楼院,一般事项不出社区,重大事项不出街道",推动解决普通问题向难点问题、点上问题向面上问题的转化。

在这些创新性的城市治理路径中,通过党建引领、党员带头,全面发动群众全民参与,引领业委会、物业公司、社会组织等共同参与城市治理,逐步破解治安维稳、环境治理等热点问题,进一步提升超大城市综合治理效能。

二、统筹化的行政管理

建立城市精细化管理体系。重庆市城市管理局把体系建设作为城市精细化管理的先手棋,结合部门设置、经济发展水平实际,成立城市综合管理工作领导小组,由市长担任组长,分管城市规划建设管理;分管城市公安工作的副市长担任副组长,负责全市运行的统筹规划、牵头抓总、指挥调度、协调运转,组建成立城市运行指挥中心;领导小组下设办公室,办公室(以下简称"市城综办综合组")主任由市城市管理局局长担任,市城综办综合组承担日常事务,下设督查考核组,组长由市政府督查室主任担任,市城市管理局考核督查处承担日常事务;城综办定期召开城管委调度会,调度情况、解决问题;推行扁平化管理,压缩管理层级,打破部门间壁垒,形成"周点评、月排名、季考核"工作机制,强化了对城市综合管理工作的组织领导和统筹协调。市政府印发了《重庆市城市综合管理提升行动方案》,组织召开全市城市综合管理工作大会,各区、各部门一级抓一级、层层抓落实的责任机制不断夯实,"政府主抓、部门协同、市区联动"的城市综合管理工作新格局基本形成。

三、扁平化的组织架构

坚持统筹联动、协同推进,完善市、区、街道、社区"两级政府、三级管理、四级服务"的城市综合管理体制。强化区县政府主体责任、市级部门协同责任,统筹安排、系统推进、上下联动(图4-2);加强城市管理综合执法,建立健全协同管护的长效机制,形成齐抓共管、各负其责的运行体系,实现上下联动、同频共振,增强城市综合管理的系统性、规范性和协调性。

图4-2 "两级政府、三级管理、四级服务"城市综合管理体制

渝中区"五长+三级书记"创新马路办公机制：在全区11个街道和解放碑CBD管委会区域内的主次干道、背街小巷以及楼栋、临街门店等设"五长"，即街长、路长、巷长、楼长、店长，街长由各街道党工委书记、解放碑CBD管委会主任担任，路长由各街道办事处、解放碑CBD管委会领导班子成员担任，巷长由各街道办事处、解放碑CBD管委会机关干部、社区负责人担任，楼长由社区工作者、志愿者担任，店长由门店经营者或企业负责人担任。"三级书记"即区委书记、街道党工委书记、社区居委会书记，定期开展"马路办公"。重点加强市容秩序、广告亮化、市政设施、空间立面、环境卫生、园林绿化、停车秩序、小区楼院、管理执法九个方面城市综合管理内容的监督检查。万州区城市提升"双亮+"活动：创新开展"楼栋工作日"，坚持区领导、区级部门包片联系街道工作机制，建立健全定期督导反馈，推动城市管理重心向基层下移，打通"最后一米"，解决群众最关心、最直接、最现实的问题。

四、顺畅化的管理流程

城市精细化管理必须有标准化的工作流程。重庆市城市管理局以制度标准化为切入点，建立网格化管理执行体系，形成"案件发现、分流交办、任务处理、情况反馈、核实结案、结果评价"于一体的标准化工作运行流程，让管理活动得到了约束和规范（图4-3）。

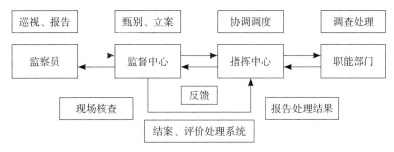

图4-3 城市网格化管理流程

案件发现是解决城市管理问题的先导，市城市管理局通过大数据中心建立"马路办公"、群众投诉、媒体监督等发现机制，精细化搜索城市管理中的问题。通过权责和范围的限定，市城市管理局将案件分配给责任单位，责任单位和相关专业部门商定解决方案，并要求其限期完成整改。整改完成后由主管单位进行复核，核实后结案，最后由主管部门负责结果的反馈和评价。其中，涪陵区敦仁街道精耕"马路办公"：建立联络员机制、现场办公机制、限时办结机制、联动协作机制等四个工作机制，优化工作流程。

五、精细化的标准法规

目前，全国人大尚未制定出台城市管理方面的专项法律，国务院制定了6部行政法规；住房和城乡建设部及其他相关部委制定了15部部委规章。重庆市人大制定了7部地方性法规，市人民政府颁布了22部有关城市管理的政府规章（表4-1）。

国务院和重庆市人大制定的主要行政法规和地方性法规　　表4-1

序号	制定单位	法律法规名称
1	国务院	《城市道路管理条例》
2		《城市市容和环境卫生管理条例》
3		《城市供水条例》
4		《城镇排水污水处理条例》
5		《城市绿化条例》
6		《风景名胜区条例》
1	重庆人大	《重庆市市政设施管理条例》
2		《重庆市市容环境卫生管理条例》
3		《重庆市城市供水节水管理条例》
4		《重庆市户外广告管理条例》
5		《重庆市城市园林绿化条例》
6		《重庆市风景名胜区条例》
7		《重庆市公园管理条例》

从管理标准看，重庆现有城市管理标准规范172项（仍有部门未统计在内），其中，国家行业标准10项、地方标准18项，其他均为城市管理行业标准。出台了《重庆市城市生活垃圾分类管理办法》《重庆市"门前三包"责

任制管理办法》,启动了《重庆市城市综合管理条例》等3项立法编制修订工作。编制完成了《景观照明设施维护技术规程》等9项地方标准,出台了《重庆市生态园林建设技术导则》等15项行业标准,完成了图文并茂的《重庆市综合管理手册(专业版和市民版)》。编制了《重庆市风景园林行业"十三五"发展规划》《主城水厂布局调整分区规划》《主城区绿道规划》《主城区郊野公园实施与利用规划》等相关发展规划和专项规划,完成了7个国家级风景名胜区和29个市级风景名胜区规划编制。

六、民生化的项目建设

重庆"大城三管"强调通过厕所革命,因地制宜增设公共直饮水点,老旧居民住宅用水提质,新建或改扩建一批游园、社区公园、城市公园等城市公共绿地,人行道、便民步道和山城步道设施建设等多种方式补齐城市管理领域民生短板。

一是推进"厕所革命"。按照间距合理的要求和"急需先建"的原则,优化公共厕所统筹布局和建设时序,在人流量大、群众急需的区域优先推进公共厕所新增工作,加快补齐公共厕所建设空白点。两年在主城区(含两江新区,下同)新增公共厕所720座,其中新建公共厕所230座,新增开放社会单位厕所490座。

二是新增公共直饮水点。主城各区结合当地电源、水源(城市自来水)和排水设施的基础条件,通过因地制宜选取直饮水设备、桶装饮水供水点等多种方式,在人流密集、停留时间较长、无公共直饮水设施的商圈、广场、公园等位置设置公共直饮水点376个。

三是推进老旧小区改造并完善社区服务。城市供水企业进行调查摸底并制定工作计划,有序推进对3万户老旧居民小区庭院供水管网及附属设施实施改造,改造后由城市供水企业负责维护管理。

四是实施"增量添园"工程。主城各区利用规划绿地、闲置地、常年水位以上防护与生态用地等,新建或改扩建一批游园、社区公园、城市公园等城市公共绿地,进一步扩展市民活动空间。其中,大渡口区义渡公园二期项目按照坡坎崖类型的不同，在整体协调的前提下，实现差异化、特色化，通过一坡一策，一处一景，突显区域性景观特色。坚持道法自然的城市美学本质，减少人工雕琢痕迹，尊重现有自然形态，让天然风貌与城市形象能够自然过渡与融合，既给生态"留白"，又让城市"填空"，绘就人与自然和谐共生的美丽景致，把自然赋予我们的宝贵财富保护好、利用好，透过细节之美放大城市之美。对于拥有"公园之城"美誉的大渡口而言，开展坡坎崖绿化美化工作，有着得天独厚的优势。现在，无论是长江边，还是道路旁，曾经的坡坎崖荒地、菜地，如今已塑造成为社区公园、游园，四季见花、处处花香。九龙坡区问民所需所求打造城市文化公园。城市文化公园注重以"人"为本，以"文"为魂。一是一片一园覆全域。全面梳理辖区荒裸地、坡地等城市空地，充分挖掘转角、沿街零星区域，填补打造城市绿化空间，回应百姓需求，更新城市功能，逐步实现"出门300m见绿，500m入园"，市民尽享绿色福利。二是一园一主题塑名片。秉承文旅城融合理念，坚持"一公园一主题"原则，建成以陶艺、劳动、行知文化为主题的陶艺园、勤耕园、行知园等，打造文化与景观融合的公园品牌，塑造城市名片。三是一步一景暖民心。立足城区土地稀缺性，在公园、游园空间上做足文章，园内种花墙、铸浮雕、建亭台，立面文化与平面花境、绿化景观与文化元素两相结合，打造可漫步的道路，可阅读的建筑，构建一步一景、人移景换的城市景观。同时，设置覆盖居民全龄段的娱乐设施、智慧体验系统，使公园环境既"高大上"，也不失"小而全"的舒适，满足市民娱乐、休闲与文化需求。璧山区利用城市"留白"打造了城市"微客厅"。城市"微客厅"的打造是利用城市"留白"处和公园空地，在重要节点打造园林景观，安装休闲桌、休憩座椅，不断完善城市休闲、公共服务设施，为市民提供便利舒心的休息场地，促进生态、文化、功能三者融合，提升城市品位，让广大市民在家门口乐享城市"微客厅"，也让城市"静下来""坐下来"，不断实现人们对美好生活向往的愿景。璧山区"公园+"打造生态公园之城：璧山公园建设以"绿"为脉，融入湿地、体育、露营、童趣等丰富主题，兼具文化体验、教育科普、休闲娱乐、应急避险等功能，公园整体规划布局日趋合理。"公园+体育"让体育绿起来、让公园动起来、让城市活起来；"公园+露营"满足市民旅途休息及多样化的休闲露营需求;"公园+文化"以巴渝文化为背景,刻画雕琢文化墙、历史画廊、园林仿古建筑;"公园+童趣"让儿童在欢乐中游玩、在轻松中学习、在自然中成长。"公园+"建设模式成为璧山绿色的典型特征。目前璧山城区拥有大小公园34个,市民休闲广场66个,星罗棋布,镶嵌在178km的绿色廊道中,形成了"综合性公园+主题公园+小微型社区公园+休闲广场"的公园体系,"公园之城"格局基本形成,为满足人民日益增长的优美生态环境需要提供了强有力的载体。

五是推进人行道、便民步道和山城步道设施建设。大渡口区微小整治小切口服务大民生。大渡口区市政工程处利用小微项目投资小、时间短、见效快的特点,塑造了一批"畅通、安全、舒适、美化"的微小整治项目,例如,百花村小学路段增设人行道项目、爱情公园便民步道项目,呈现出"四大亮点":一是小而快,真正达到马上办,从进场作业到施工完成投入使用一个月全部完成;二是小而精,所有技术标准均按照城市品质提升等大项目的标准执行;三是小而便,从"政府要干"转变到"群众想做",精准回应群众需求;四是小而实,项目虽小,但都是老百姓和管理者在现场一起研究、一起决策、一起筑造的实在项目。

七、人文化的情感联结

城市管理中对制度与技术的重视是必要的,但是不能忽视的是,制度安排的最终目标,无非是为现实中的个体提供安身立命的保障,如果忽视了个体体验的维度,城市管理的宗旨便无从谈起。因此,城市管理者不能忽视城市治理的起源、机制、目标和评价中所包含的"人"及其情感的重要维度。"大城三管"构建政府与民众间温情化的情感联结焦点在于通过对城市情感再生产过程的干预来协调城市居民之间的关系,通过对结构性情感、情境性情感和自我关联性情感的优化来柔化国家与社会的权力结构关系,重建城市居民之间的关系并增强其城市认同感。重庆"大城三管"坚持"以人为本",突出城市管理的人性化。在满足基本功能性需要的基础上,重庆城市管理关注管理细节,提升品质要求,提升城市环境的舒适度和人性化张力,达到了管理与建设并重、经济效益与社会效益并存、政府主导与群众参与并进的目的。努力做到"有温度的管理",让市民有更多的参与感、获得感、幸福感。

黔江区以暑期学生体验城管活动、城管开放日活动强化城市管理与市民联结。开放日活动邀请代表、委员、热心市民、新闻媒体等体验城市管理执法工作,见证城管工作的执法理念、执法程序、执法方式,全方位、全时段地了解并体验城管执法的真实情况,增进社会各界对城市管理工作的了解和理解。涪陵区试点"垃圾分类"积分兑换奖励,激发居民参与热情。现场指导居民分类投放,为居民下载和绑定分好啦App,分好啦App积分商城上有上百种商品,居民可以根据自己的积分兑换不同的商品包邮到家。定期在小区公示栏展示居民积分兑换情况表,激发居民参与分类的热情。巴南区以"巴南城管"微信公众号运营为手段强化城市管理的市民参与。"巴南城管"微信公众号在原有的12319热线电话的基础上给市民提供了更便捷、更有效的市民上报渠道。而智慧城管平台整合了市民上报案件的数据,极大地提高了上报结案和反馈速度,提高了市民的交互感,让市民更有意愿参与到城市管理工作中来。綦江区创新性开展了网友"找茬式"城市管理工作。綦江区城市管理综合执法支队不定期组织网友座谈会,一方面收集网友对城市管理的各项建议,一方面将城管部门的一些管理动态通过网友向社会传达,并带他们到"游摊"聚集地、"马路菜市场"、城中"菜园子"等城市管理整治重难点地进行实地查看。针对网友"找茬式"管理志愿者提出的城市管理问题,及时进行整改。奉节县创新"烟头不落地,文明又美丽"有奖兑换机制净化城市环境:通过开展烟头兑换活动,净化了城市环境,靓化了城市形象,进一步动员广大市民强化文明习惯养成,从自己做起、从身边小事做起,共同参与城市管理,共同维护城市环境卫生。荣昌区尝试建立健全城市提升志愿服务体系助推"大城众管"。一是打造"小院讲堂"社区志愿服务品牌。利用百姓身边的小区楼院,开展宣讲志愿服务,把理论知识、政策法规、城市变化、垃圾分类等内容送进千家万户。二是打造"美家美户"家庭志愿服务品牌。通过"最美阳台""最美庭院"评选,"绿色课堂"讲座,引导市民维护良好家园内外环境。三是打造"十指连心"党员志愿服务品牌。通过党员志愿服务进工地、企业、社区、商铺等,帮助企业、商家、群众解决城市管理实际困难。四是打造"垃圾分类我先行"志愿服务品牌。策划"垃圾分类进万家敲门行动""小手牵大手 垃圾分类齐步走"等主题活动扩大群众知晓率、参与率。璧山区城市管理局则开展了"周六一小时"亲子志愿服务活动。璧山城区12所中小学的学生和家长，每学期每周六上午在城区、公园、社区等地开展"文明交通""文明乘车""洁净璧山""礼仪璧山""礼游璧山"等"周六一小时"亲子志愿服务活动，助推大城众管。

八、智慧化的管理手段

1.大数据智能化引领，开展城管数据治理

首先，梳理了城市管理数据资源目录。将城市管理信息资源目录按照业务领域对信息资源核心元数据进行有序排列。信息资源核心元数据是描述信息资源各种属性和特征数据的基本集合，包括信息资源的内容信息、管理信息、获取方式信息。其功能主要包括信息浏览、目录信息维护、目录关联、信息查询、成果展示、样例管理和系统管理等。城市管理信息资源目录主要包括城市环境卫生信息、市容环境管理、水务监督信息、园林绿化信息、城市绿线信息、垃圾处置信息、户外广告信息、城市设施信息、风景名胜区信息、遗产地信息、城市公园行业信息、城市管理信息等一级目录，每种资源下包括二级或多级目录，每种业务信息具体到信息资源元数据。

目前，已完成重庆市数字化城市管理信息系统市级及各区县监管平台、风险信息管理系统、转运站综合信息管理系统、12319舆情系统、重庆市12319服务热线信息系统、市级共享交换平台、重庆市城市园林绿化企业信用管理系统、GPS工程车辆管理系统、视频监控、城市管理等近28个业务信息系统的数据采集、数据资源普查和整合入库。已构建行业内基础设施、城管执法、数字城管、安全应急等9个主题19类数据资源目录，共13014个指标项的整理及建设工作，归集城市管理数据资源3600万条。同步建立元数据组织、发布、查询、更新、拓展和管理机制，推动城市管理数据资源全要素目录管理。

其次，实现了城市管理数据的共享交换。目前重庆市对外实现市委市政府、平行部门的互联互通与数据支撑服务，为企业、公众提供统一的城市管

理数据资源便民服务；对内面向市城管局各直属单位，实现城市管理数据资源的汇聚和集中梳理，为城市管理各业务信息系统共享协同提供共享通道和数据支撑。城管局局属单位、区县城市管理部门公共数据资源共享接入率超过90%，便民惠民资源共享率超过95%。大数据对接现有数字城管、舆情系统、12319服务热线、下水道危险源监控、照明灯饰监控、视频监控等异构业务系统，实现了城市管理关键业务数据的自动化采集、清洗、转换并分类存入主题数据库群，解决了异构系统、不同数据库之间数据命名、数据类型不一致等问题。

2.面向综合管理要求，建设智慧城管大脑

2018年，重庆出台《重庆市城市综合管理提升行动方案》，其中，要求突出智能化，推进"大城智管"，建立数字化城管平台，实现城市综合管理。城市综合管理领域市区级部门、平台公司、街镇、社区和水电气信等社会单位均纳入数字化城市管理"一网统管"，形成了以网格化为支撑的高位监督、指挥、协调的城市综合管理体系。全市40区县（含两江、万盛）实现市区考核联动，在全国率先实现数字城管全域考核，问题发现能力显著提升。

按照《重庆市人民政府办公厅关于印发重庆市新型智慧城市建设方案（2019—2022年）的通知》《重庆市城市管理委员会关于印发以大数据智慧化为引领的智慧城市管理三年行动实施方案》要求，重庆扎实推进"智慧城管"相关工作，完善智慧城管平台系统架构，探索区级智慧城市管理建设和快速的反应能力、精准的处置力度。

一是完善市级"智慧城管"系统架构，提出建设全市"一数、一云、一网、一中心、五应用"的智慧城市管理体系。其中，智慧城管大数据平台已具备"采集管理、共享交换、挖掘分析、门户系统、可视化服务"等5大核心能力，实现与局属19个政务信息系统和市政务共享交换平台的互联互通、数据共享，初步形成城市管理行业大数据平台基本框架和数据资源体系，成功探索创建城市管理问题预测模型、数字城管效能分析模型和视频智能分析共享平台。

二是积极探索区级智慧城市管理建设。如江北区创新建立"1322"架构的新型智慧城市管理模式，包括一个城市管理大数据中心，综合监督管理、业务管理、惠民服务与市民参与三大平台，智慧城市运营管理中心和全业务融合平台两个支撑，大数据分析平台和部件物联网两个辅助；渝北区建设市级数据资源调配中心、市级事件处置中枢中心、市级一体化综合指挥调度中心、市级融合应用展示中心等"四个中心"，全面提升智慧城市综合管理服务能力。

江北区"1322"架构新型智慧城市运行体系赋能城市管理：在全国率先探索和构建起以1322架构的新型智慧城市管理新模式，实现了城市管理从1.0到3.0的蝶变，成功搭建起智慧城市管理综合信息大平台，集中展现城市管理各大业务（市政、执法、环卫、停车、照明、惠民等）的融合运用，实现城市管理问题"及时预警、全面发现、精准定位、快速处置、智能跟踪、科学评价"；城市管理作业"全实名、全过程、全方位、全覆盖、全评价"；市政安全应急"全面预测、快速响应、智能决策、联合处置、持续跟踪"；公共服务"以人为本、开放数据、创新产品、精细服务"，逐步实现城市管理向城市治理的转变及数字城管向智慧城管的跨越。

专栏4-1　江北区"1322"架构信息化服务平台

重庆市江北区在全国率先探索构建起"一个中心、三个平台、两个支撑、两个辅助"的"1322"架构信息化服务平台，实现城市管理智慧化、业务应用智能化、公众服务创新化、决策分析科学化及应急指挥常态化，是重庆"大城智管"的重要举措和发展样本（图4-4）。

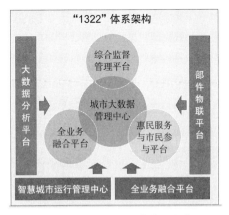

图4-4　江北区"1322"体系架构

涪陵区智能化垃圾分类项目：①智能化分类设备应用，提升分类实效。金科廊桥水岸根据小区实际情况，配备了一套智能分类可回收箱、一台智能积分兑换机、六组三联体智能分类箱。智能积分兑换机内摆放带有二维码的垃圾袋，居民可以通过刷码、刷卡的方式领取或购买垃圾袋，居民刷码或刷卡时，垃圾袋便与居民信息绑定，实现垃圾分类追踪溯源。②智能监管，实现精细化管理。金科廊桥水岸配置的智能分类设备均接入了联运环境垃圾分类全过程信息化监管平台，小区发袋率、居民分类投放数据、"分好啦"App的下载量等数据都会在监管平台展现。利用智能监管平台智能监控、数据收集分析、追踪溯源等规范化的监控管理系统，可监督、查看居民分类实效，确保分类效果，高效地推进小区生活垃圾分类投放工作。

3. 创新应用提升能力，开辟智慧应用场景

重庆利用新一代信息技术手段，在城市管理业务中开展了一批智慧化的应用示范。市级完成桥梁结构运营状态监测系统（马桑溪大桥、高家花园大桥、大佛寺大桥）、城市桥隧信息管理系统、城市园林绿化管理信息平台、两江四岸城市照明智能监控系统建设，推进执法指挥调度智能平台、园博园数字景区等示范项目建设；深化"AI+视频"行业应用，构建城市管理视频智能分析融合平台，延伸应用深度和识别精度，强化算力、算法，实现58类城市管理问题的智能动态识别、自动立案派遣、远端核查评价等智能化流程。江北区、沙坪坝区、渝中区、渝北区、南岸区、两江新区、万盛经开区等以需求为导向、以解决问题提高效能为落脚点，创新发展，智能化示范应用场景丰富。

专栏4-2　建设城市高效运行的智能化系统

智慧停车系统：采用人工智能高位视频+停车管理云平台+App、小程序、公众号"三位一体"智慧化停车管理系统，实现停车管理数字化、透明化、高效化。

智能公交站牌系统：针对城市绿色出行现状，启动智慧综合服务

站牌建设，目前共建成130个智能公交站牌。利用物联网等技术将全区公交车GPS数据导入该系统。

无接触式智慧执法系统："无接触式"执法在依法行政的前提下，以调查取证多元化为手段，以多部门协作为保障，在当事人不配合的情况下，完成违法主体认定、违法行为取证、法律文书送达、处罚决定执行的执法。

智能古树管理系统：融合互联网、移动互联网、无线传输、统一控制、移动管理终端等技术，实行对古树名木的智能化检测，及时发现问题，及时解决。

智慧化垃圾处理系统：配置垃圾分类智能设施，垃圾分类更便捷；全程标准化作业，垃圾分类更专业、更环保；垃圾全生命周期AI管理系统实现垃圾分类投放、收集、运输、处理，每一桶垃圾收运处理全过程可视化监控与追溯。

智能交通管理系统：电子警察代替传统警力，应用大数据解放警力，动态前置和科学调整路面勤务和警力投向，优化警力配置，加强路面交通管控效率。

专栏4-3 沙坪坝区建筑渣土综合监管平台运营

联通主体，实时监管：打通如审批部门、管理部门、执法部门、运输公司、司机、建筑工地、消纳场等环节。对建筑渣土的来源、产生量、运输过程、处置情况等状态实现实时监管。

源头监管，快速处置：通过信息化平台24小时监控工地降尘措施及渣车装载情况，对产生渣土数量、成分、去向进行备案监管，做到精准定位。

快速识别，精准判定：全面监控重要路段、节点的渣车运输情况，通过阅读器识别渣车信号，摄像机实时响应抓拍，指挥中心后台监控人员可根据自动抓拍图片判定车辆运载情况，及时甄别渣车带泥上路、冒装撒漏等情况并固定证据。

高效审批，便捷办理：通过平台完成建筑垃圾运输证、排放证等相关证件的审批和核发，对渣土运输企业进行审批管理、备案存档，方便群众办理及查询证件（图4-5）。

图4-5　沙坪坝区智能建筑渣土综合监管平台

九、多元化的社会参与

"大城众管"是多元主体共同参与社会治理，包括政府、企业、社会组织、媒体、专家和市民，通过发挥不同主体的专长，各主体间协同合作，共建共治，共同享受治理成果。经过两年多的探索实践，重庆"大城众管"通过发挥政府、市场和群众作用，有效建立了部门协同、公众参与的协同治理机制（图4-6），主要表现在以下几个方面：

发挥基层党组织统筹能力，提升基层协同治理水平。多元主体共同参与城市管理，即政府、市民、企业、社会组织等社会主体共同协调，商讨社会公共事务。重庆市城管局全面推行"马路办公"工作方式，坚持"共同缔造"理念，推广实行"五长制"和"门前三包"政策，带动形成基层党建、

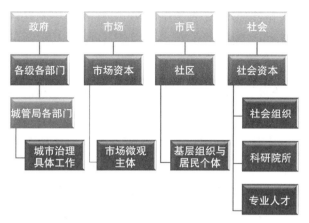

图 4-6 "大城众管"的参与元素

居委会、业主委员会、物业公司、驻社区单位、群众团体、社会组织、志愿者等共同参与的社区治理架构，推动解决普通问题转向解决难点问题、解决点上问题转向解决面上问题，做到发现问题在一线、研究问题在一线、解决问题在一线，提升了城市治理效能；畅通了公众参与城市治理的渠道，围绕城市治理突出问题和重大事项，开展社会公众共商共议活动。其中，九龙坡区"细管""众管"在农村人居环境提升中的实践为：因地制宜开展基层党建，把"五长制+网格化"进一步本地化，率先建立了以"院落长"制为主导的农村人居环境共管、共治基层体系；通过构建"网格化"分区，将政府-村庄-农户纽带关系编织成网，打造一支涵盖镇、村干部、网格员、志愿者的基层社会治理队伍，实现纵向互联、横向互通，为各个网格的管理精准施策，实现管理精细化。

公众参与城市治理向微观治理事件的拓展。一方面，增加社会多元主体参与微观治理事件的渠道和灵活性。在必要的政府监管下，允许并鼓励更多人参与到城市公共服务的提供、公共生活的维护、公共空间的运营中来，鼓励和助推行业协会、社区组织、新闻媒体、公民通过专家咨询、座谈会、论证会、听证会、网络征询、问卷调查等方式参与城市治理活动；倡导公民参与理念，打造公众参与共识，建立、推行和实施全市公众参与市、区、县、镇街各层次的城市治理绩效评估制度和反馈机制，构建社会参与的双向通道，为共建共治共享的治理格局奠定坚实基础。另一方面，创新符合新型城市发展规律的城市治理终端模式。对于社区治理、垃圾治理等处于城市治理终端、直接面向市民群众的事件，健全社区党组织、居委会、业主委员会、物业服务企业、居民等多方对接机制，鼓励、支持、培育社区组织发展，从城市治理的微观事件发力，形成共治共享的综合管理协调机制。

其中典型案例包括万盛区以"众管"促老旧小区环境提升，垫江县创新"三访三事三评"工作法建设城市社区治理共同体等。万盛区以"众管"促老旧小区环境提升的创新做法包括两方面：首先，在老旧小区改造前期阶段，社区开展了政策宣传并收集群众民意和需求，上门入户征求业主意见，达到三分之二的业主通过，对停车位有需求的业主也进行排查登记，把选择权交给群众，不搞"一刀切"，按照"缺什么、补什么"的菜单选择方式，合理确定改造提升内容，确保改造提升后的老旧小区"面子"好看，"里子"好用。其次，根据居民的参与程度和期盼，积极建言献策，形成一股旧小区改造的新浪潮，社区制定和申报方案，并得到上级主管部门的批准，结合基层党组织和社区治理体系建设，充分发挥基层党组织的引领和协调作用，成立居民议事会制度并发挥作用，积极引导党员、人大代表等居民代表发挥带头作用，在各环节问需问计于民，实现共同商议、共同实施、共同监督。垫江县创新"三访三事三评"工作法建设城市社区治理共同体。"三事"一是大事"快办"，由部门或街道牵头，组织共建单位党组织整合资源协调快速办理。二是小事"共办"，由社区牵头，组织社会组织、社工、志愿者等社会力量资源推动共同协商办理。三是私事"自办"，由网格长、网格员协助和引导居民自行协商办理。

专栏4-4 "五长制+网格化+志愿者"基层社会治理一体化模式

构建高位协调机制：实施由区级领导亲自挂帅担任各镇街街长的高位协调机制。各个街长主动"走下来"，组织开展城市管理专题研究；每个镇街"街网办"积极"走上去"，反映需要区级领导协调解决的复杂、困难、紧急的城市管理问题，并联动协调相关区级部门共同推进，直到问题解决。

做实落细网格责任：将责任区域、责任范围、责任事项落实到网格、落实到人，在每个网格设立专职网格员，建立网格考评体系，定期考核，并完善相应激励措施。

加强全科网格建设：整合、取消各部门条线设置的基层网格，将城市管理、社会综治、安全生产巡查等网格统一整合，划分基础网格，赋予唯一编码，并制定统一的全科网格服务管理事项清单。

发动社会单元细胞：由区人大代表、政协委员、重点单位负责人担任路长，发挥他们在解决城市管理问题方面特定的影响力，帮助解决居民反映的重难点问题。由热心群众、党员代表、志愿者、临街商铺经营者担任巷长、楼长、店长，激励巷长、楼长、店长全方面参与城市管理（图4-7）。

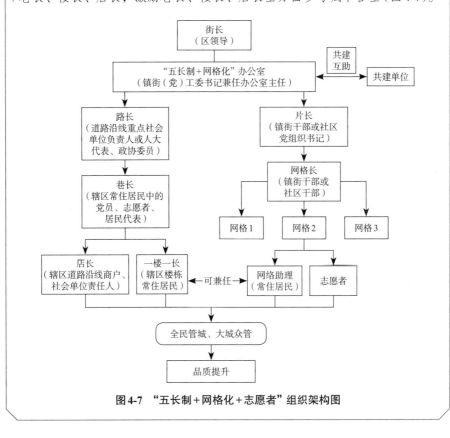

图4-7 "五长制+网格化+志愿者"组织架构图

积极引入城市服务运营商参与城市服务。两江新区2018年新成立的龙湖悦来城市管理有限公司定位"新型城市管理综合服务提供商",在政府承担着引导、搭建平台、监管等角色的前提下通过政府实施采购,对特定领域的事务提供管理与配套服务,通过市场化运营公共资源,盘活社会的公共资源,建立政府与市场"皆管理、利互惠"的良性互动机制,实现行政管理与社会资源的有机整合,带动社会治理一体化,提高社会的运行活力。通过对基础设施的"精致化装扮"和市政设施的"精细化改造",使城市更具灵性。通过智能化灯光系统在每一处街巷、景点、建筑上的运用,"重庆赏灯"作为"大城三管"实践下的城市品牌有效地增加了城市活力,提升了城市影响力;通过对城市桥梁、城市隧道等市政设施的外形改造,融入重庆本地特色地域文化,在改善重庆风貌的同时,改变了传统城市建设的死板与固化形象。更具灵性的城市加深了对居民和游客的吸引力及其本身运行的活力,充分展示出现代化大都市的山魂之雄、水韵之灵、人文之美,营造出"宜业宜居宜游"的生活环境(图4-8)。

图4-8 龙湖悦来"城市管家"体系

此外，重庆九龙坡区与愿景集团合作，采用PPP（政府和社会资本合作）模式推动了老旧小区改造。白马函社区26号属于九龙坡区老旧小区改造项目涉及的红育坡片区。2020年九龙坡区城市有机更新老旧小区改造项目，改造总建筑面积约102万 m^2，涉及改造楼房366栋、改造户数14336户，总投资约3.7亿元，是重庆城镇老旧小区改造中串点、连线、成片街区式改造的典型项目。其中，红育坡片区改造总建筑面积约为12.6万 m^2，涉及改造栋数约为88栋，涉及改造户数为3746户；属于红育坡片区的白马函示范区，改造总建筑面积为2.2万 m^2，涉及改造栋数为6栋，涉及改造户数为296户。

为创新市场模式，拓宽资金渠道，市住房和城乡建设委员会和九龙坡区政府经多方论证后，试行通过PPP模式的"ROT"运作方式，引入规模化实施运营主体，采取"市场运作、改管一体"的老旧小区改造模式，由市场主体负责全过程投融资、设计、建设、运营、后续维护等所有工作，项目合作期限为11年（建设期1年，运营期10年）。在实施改造提升过程中，该项目通过社区组织梳理整合停车位、充电桩、农贸市场、公有房屋、闲置物业、广告位、散居楼栋清扫保洁七大类经营性收入来源，寻找创造市场空间，通过PPP模式的"ROT"运作方式，引入愿景集团与国有公司总投入3.7亿元共同组建SPV公司，负责项目全过程投融资、设计、建设、运营、后续维护等工作，建立"居民受益、企业获利、政府减压"的多方共赢模式（图4-9）。

十、科学化的绩效考核

"大城三管"要想最大限度地发挥其优势，必然要有一套完整的评价与监督体系。重庆"大城三管"工作考评实施"月排名、季考核"，考评内容包括城市管理"马路办公"、专项工作、城市管理民意调查和第三方考核评价、曝光督办和反映问题办理、城市日常管理专业检查等五大项内容。其中，城市管理"马路办公"、第三方考核评价实施月度考评，全年12次；专项工作、城市管理民意调查、曝光督办和反映问题办理、城市日常管理专业

图4-9 重庆九龙坡区与愿景集团合作的老旧小区改造项目成效

检查实施季度考评，全年4次。第一，城市管理"马路办公"方面，对各区县开展城市管理"马路办公"推进落实情况进行综合检查考评，分值比例为20%，由城市管理马路办公巡查办公室负责组织实施考评，具体实施方案另行制定下发。第二，专项工作方面，分值比例为10%，由市城综办牵头负责考评，具体实施方案另行制定下发。第三，城市管理民意调查和第三方考核评价方面，主要包括城市管理民意调查、第三方考核评价两项内容，分值比例为20%：30%，由第三方机构独立实施。其中，城市管理民意调查主要对各区县城市管理市民满意度进行调查，包括城区环境卫生、园林绿化、城市管理执法、城市照明和公厕管理等方面内容，调查方式分为电话问询调查、现场问卷调查两种，分值比例各占50%。其中，电话问询调查分为随机调查、定点调查，定点调查对象为所在区县的人大代表、政协委员、社区居民代表。而第三方考核评价则是对各区县主次干道、背街小巷、三边地区（医院、学校、农贸市场周边）、公厕、公园等区域的城市日常管理效果进行检查考评。第四，曝光督办和反映问题办理方面，主要包括曝光督办、反映问题办理两项内容，分值比例各占5%，由市城综办负责实施考评。其中，曝光督办包括视频曝光问题办理、督查督办两项内容，分值比例为3%、2%；反映问题办理包括市民投诉问题办理和媒体曝光问题办理两项内容，分值比例为3%、2%。第五，城市日常管理专业检查方面是对各区县城市日常管理效果、城市供节水管理、数字城管平台运行及农村环境卫生管理情况进行检查考评，分值比例为10%，由市城综办负责组织实施考评。

制定科学化的考核标准将责任落到实处，推动城市精细化管理。涪陵区敦仁街道精耕"马路办公"：立足于将城市综合管理"马路办公"工作作为各部门、各单位、各社区的主责主业，通过巡查责任到位、督查督导到位、处置回复到位、考核通报到位等举措，真正让"马路办公"工作落地见效。

引入城管社会化考评机制，发动群众参与城市管理的积极性。长寿区园林绿化管护引入社会考评机制：对我区园林绿化管护，引入社会各界人士参与监督，实行精细化管理，考评组由区人大代表、政协委员、社区干部、居民代表、有关部门领导组成，对我区各个园林管护单位进行随机抽查考评。垫江县创新"三访三事三评"工作法建设：其中"三评"旨在建立城市社区治理共同体，一是定期请辖区居民代表、党代表、人大代表、政协委员对"三事"办理结果满意度进行测评。二是将网格长、网格员履职情况交居民代表评议，将评议结果纳为年度考核依据。三是将积极参与的居民交居民代表评议，将结果作为积分奖励依据，居民可凭积分到社区慈善超市兑换粮油等生活物资用品。

第二节　城市治理体系和治理能力现代化视域下"大城三管"的实践逻辑

一、城市治理体系和治理能力现代化的逻辑体系

中共十八届三中全会通过的《关于全面深化改革若干重大问题的决定》，

提出了"完善和发展中国特色社会主义制度，推进国家治理体系和治理能力现代化"的改革目标，也为城市治理体系和治理能力建设指明了方向。2015年年底召开的中央城市工作会议则明确提出了"促进城市治理体系和治理能力现代化"的要求。城市治理体系是指城市治理运行中必然涉及的治理主体、治理客体、治理方法（包括治理体制、机制、技术等）等因素构成的有机整体以及对此整体进行明确界定的制度因素。城市治理能力不是单纯指城市政府能力，而是指城市治理主体通过整合利用相关资源，采用合理工具和手段，以解决城市治理中的问题和实现城市治理目标的能力。城市治理体系和治理能力是一个有机整体，是城市治理的两个基本面向，二者相辅相成。其中，城市治理体系侧重城市治理要素构成，是相对静态的，是城市治理能力形成的前提和基础；城市治理能力则侧重城市治理要素的功能发挥，主要是动态的，是城市治理体系有效运转形成的结果。

　　城市治理体系和治理能力建构分别有其价值理念和现实需要。合理的城市治理体系的建构必然以合理的城市治理理念作为价值基础，而强大的城市治理能力则必须能满足城市运行和城市发展对其提出的能力需求。据此，城市治理体系和治理能力建构的基本逻辑是：首先，城市治理的体系构建以一定的城市治理理念为导引，没有鲜明治理理念指导的城市治理体系是盲目的，也就不可能是合理的、完善的和具有前瞻性的。因此，城市治理理念是城市治理体系建设的逻辑起点。其次，城市治理体系又是城市治理能力的基础。一个完善、有机、协调、弹性的城市治理体系是城市治理能力的必要保证；城市治理能力则是城市治理体系效能发挥情况的反映，也预警城市治理体系的改进。因此，城市治理体系和治理能力是密不可分的，这也是本书将二者结合起来讨论的原因。最后，城市治理能力是应对"城市病"和促进城市可持续发展的必要条件。城市治理能力建设必须既要坚持问题导向，能解决当前城市化带来的"城市病"，处理棘手的城市问题，又要坚持使命导向，能主导城市未来的发展。因此，"城市病"和城市发展从当前和未来两个时间维度给城市治理能力提出了需求。如果城市治理体系不能适应这种对城市治理能力的需求，那城市治理体系也需要相应进行改革或改进（图4-10）。

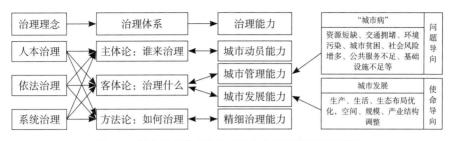

图4-10 城市治理体系和治理能力建设的基本逻辑框架

二、"大城三管"人本治理、系统治理和依法治理理念在重庆开花结果

城市治理的目标应该是让市民的生活更美好,因此城市治理理念的目标层是"以人为本",即人本治理理念。在现代城市治理实践中,为了实现以人为本的治理理念,就要综合运用法治思维、全局思维和精准思维。其中,法治思维是现代治理的必然要求和城市治理的公信力基础;全局思维是面对城市多因素复杂治理所必备的统筹思维能力;精准思维则是实现城市治理精细化的必由之路。法治思维、全局思维和精准思维分别从城市治理的法律起点、整体协同和"靶向治理"三个方面规定了城市治理的理念。相应地,在城市治理中就要秉持依法治理、系统治理和智慧治理的理念。因此,城市治理的理念应该包括人本治理理念、依法治理理念和系统治理理念等三大理念,人本治理理念是目标层理念,后两个理念则是手段层理念,三大理念构成一个不可分割、相互协调的有机整体。

以人为本的治理理念要求为了人民、依靠人民,形成从政府到市民的决策环贯穿城市治理体系和治理能力建设的全过程,人本治理的理念也是依法治理和系统治理理念的统揽。一方面,城市的本质及其功能展现的基础都是人,城市的最终目的是为了使人过上更好的生活,实现更全面的发展。另一方面,作为现代治理的应有之义,在"共享"发展理念的指导下,共同缔造、共生共创共享等强调市民本位的城市治理理念已经在不少城市落地开花。2015年中央城市工作会议提出要"坚持以人民为中心的发展思想,坚持人民城市为人民",也体现了这一要求。

重庆"大城三管"的实践完美体现了城市治理现代化中的人本治理、系统治理和依法治理理念。依照总书记对重庆提出的"努力推动高质量发展、创造高品质生活"要求，重庆市委书记陈敏尔提出了"创新城市管理服务方式方法，充分运用大数据智能化手段，提升大城众管、大城细管、大城智管水平，营造宜居宜业宜游良好环境"要求，市长唐良智也提出"要把城市管理提到从来没有过的高度来抓""城市要有品质，要靠规划和建设；城市要有味道，要靠管理，三分建设，七分管理"。在此理念和要求的指引下，重庆市各级城市管理部门重新认识了城市管理的作用与重要性，进一步树立了精品意识，加大了对城市管理领域的关注与投入，标志着重庆城市管理的认识和理念提升到了一个新水平。

具体而言，"大城三管"通过优化公共厕所布局、补齐公共厕所建设空白点，推进老旧小区改造，完善社区服务，推进人行道、便民步道和山城步道便民设施建设等民生项目大大提升市民的幸福感，通过城管开放日活动、垃圾分类积分兑换奖励、网友找茬城市管理行动和开展亲子志愿服务等活动加强与市民的情感联结，这都体现了"以人为本"的人本治理理念。此外，近几年来，重庆设立"五长"11.5万余名，签订"门前三包"责任书20.7万份，创新开展"马路办公"，坚持发现问题在一线、研究问题在一线、解决问题在一线，累计整改城市管理突出问题90余万个，"马路办公"被评为"中国最具幸福感城市最佳管理创新范例"，打造"五长制""门前三包"示范道路78条。"最美"系列推选赢得网络点赞近2800万人次，成为群众参与城市管理的重要品牌（表4-2）。

三、"大城三管"是重庆城市治理体系现代化的具体实践

有效的城市治理涉及"谁来治理，如何治理，治理得怎么样"三个问题，分别对应治理主体、治理机制和治理效果等治理体系的三大要素。城市治理体系的运转逻辑应该是治理主体用一定方法去治理客体的逻辑，是谁来治理、治理什么和如何治理三者的有机结合，此三者分别对应城市治理的主体、客体和方法。

人本治理、依法治理和系统治理理念视域下"大城三管"创新实践　　　表4-2

城市治理体系与治理能力现代化的治理理念	"大城三管"的实践探索	"大城三管"具体举措
人本治理	多元化的社会参与	（1）推广实行"五长制"和"门前三包"政策，带动形成基层党建、居委会、业主委员会、物业公司、驻社区单位、群众团体、社会组织、志愿者等共同参与的社区治理架构，畅通了公众参与城市治理的渠道，围绕城市治理突出问题和重大事项，开展社会公众共商共议活动。 （2）推行"双长制"（双街长、双路长）工作模式
	民生化的项目建设	开展坡坎崖绿化美化、老旧小区改造和社区服务、人行道、便民步道、市民公园、公厕、山城步道等一系列民生项目建设
	人文化的情感联结	通过城管开放日活动、试点"垃圾分类"积分兑换奖励、网友"找茬式"城市管理工作、"最美阳台""最美庭院"评选等强化与市民沟通和情感联结
依法治理	精细化的标准法规	（1）颁布试行《重庆市城市精细化管理标准》，将城市管理的全过程进行了精细化设计，涉及市容环境卫生、市政设施、灯饰照明等九个方面，对每项管理内容的管理目标、标准、流程、分工、信息公开等作出明确要求。 （2）出台了《重庆市城市生活垃圾分类管理办法》《重庆市"门前三包"责任制管理办法》，启动了《重庆市城市综合管理条例》等三项立法编制修订工作
系统治理	统筹化的行政管理	成立城市综合管理工作领导小组，由市长担任组长，领导小组下设城综办，定期召开城管委调度会，调度情况、解决问题
	扁平化的组织架构	（1）推行扁平化管理，压缩管理层级，打破部门间壁垒。 （2）坚持统筹联动协同推进，完善市、区、街道、社区"两级政府三级管理四级服务"的城市综合管理体制。实现上下联动、同频共振，增强城市综合管理的系统性、规范性和协调性

1.从治理主体上看，重庆"大城三管"创新实践体现了政府主导下的多元主体协同共治思维

主体论，即"谁来治理"。治理不同于作为一种单向度活动的统治，治理强调的是多元主体的参与和协同。在城市治理中，政府、社会和公民是当然的治理主体。城市治理必须实现公共部门、私人部门、第三部门、普通公民的合作治理。鉴于目前我国城市治理体系仍在逐步完善这一现实，应树立系统治理理念，并依法确立政府在城市治理体系中的主导地位，依法保障社会和公民在其中的参与权，打破体制机制障碍，创新应用各种有利于多元主

体协同的技术，形成良性有序的政社协同和官民共治，实现城市共治共管，共建共享。

重庆"大城三管"创新实践就集中体现了政府主导下的多元主体协同共治思维。首先，"大城三管"强调必须加强城市管理的高位统筹协调机制。2018年4月，重庆市政府成立了由市长任组长，3位副市长任副组长，65个市级部门、区县和市级平台公司主要负责人为成员的市城市综合管理工作领导小组（领导小组办公室和督查考核组都设在市城市管理局），加强了城市综合管理工作组织领导、顶层设计和统筹协调。此外，市委、市政府印发了《重庆市城市提升行动计划》，市政府印发了《重庆市城市综合管理提升行动方案》，召开了全市城市综合管理工作大会，进一步明确了未来城市综合管理的方向、目标和任务。各区县相应成立了由区县党委或政府主要领导任组长的城市管理工作领导机构，一级抓一级、层层抓落实的责任机制不断夯实，"政府主抓、部门协同、市区（县）联动"的城市综合管理工作新格局基本形成。重庆市还尝试推行城市管理"周点评、月排名、季考核"机制，市政府主要领导根据市城市管理局和市政府督查室联合提供的基础情况，在每周的市政府常务会上点评城市管理工作。分管副市长每月现场进行工作调度，各区每月排名，每季度前三名分别奖励500万元、300万元、100万元，排名最后的扣减100万元，极大地推动了城市管理工作。

其次，"大城三管"还十分注重营造共建共治共享氛围。重庆市城市管理部门不断探索推广市民参与城市管理的新模式，提出了城市综合管理"五长制"，并对原有"门前三包"进行制度优化，起草了《重庆市"门前三包"责任制管理办法（试行）》，与商户、市民签订责任书5万余份，发放责任牌5万余块，越来越多市民参与到共同管理美好家园中来。此外，重庆市还积极开展各类"最美"评选活动，最美环卫工、最美城市管理执法队员、最美城市管理志愿者、最美城市景观大道、最美街巷、最美灯饰、最美公厕和城市治理创新范例8项"最美"评选吸引了众多市民参与，获得点赞2700万次，群众对自己城市的热爱，对城市管理的关心得到激发，人民城市人民管、管好城市为人民的"大城众管"理念逐步深入人心。

2. 从治理客体上看，重庆"大城三管"创新实践同时兼顾了城市治理中的问题导向和使命导向

客体论，即"治理什么"。城市治理的客体大体上分为两类，一类客体是"城市问题"，也就是城市运行和发展过程中面临的各种问题和矛盾，即"城市病"。当前，城市治理亟待解决的主要问题是城市化中资源短缺、交通拥堵、环境污染、城市贫困、社会风险增多、公共服务不足、基础设施不足等。另一类客体是"城市的使命"，即城市的长远发展目标及其道路问题。这个维度的城市治理则是在尊重城市历史和现实基础上主动作为型的城市治理，事关城市品位和可持续发展。

从问题导向看，"大城三管"首先聚焦于破解重庆"城市病"问题。首先，重庆主城区存在城市人口"过密"的问题。2018年统计数据显示，重庆市人口密度为247.35人/km^2。主城9区人口密度高达1446.5人/km^2，是全市人口密度的5.85倍、非主城区域人口密度的8.95倍；主城都市圈人口密度为533.17人/km^2，是全市人口密度的2.16倍、非主城都市圈区域人口密度的5.55倍，重庆城镇人口过度聚集在城市核心区域。其次，重庆城市交通拥堵程度不断加剧。重庆汽车保有量由2012年的159.57万辆增长至2019年的463.3万辆，增长了2.9倍，年均增长43.39万辆，汽车保有量仅次于北京和成都，位列第三。按照三口之家计算，2019年平均每2.25户居民就拥有一台汽车。超高的汽车保有量不仅导致城市停车难，乱停乱放顽疾屡治不休，而且也促使交通拥挤、道路堵塞、行车混乱等影响城市健康发展的"城市病"问题不断加剧。根据百度地图发布的《2019年度中国城市交通报告》，重庆以高达2.165的通勤高峰拥堵指数成为最堵城市，拥堵指数同比2018年上升了18.7%，通勤高峰实际速度每小时仅23.64km。2016—2019年，重庆城市交通拥堵指数在全国排名由第4位跃升至第1位，其中，2016—2018年连续3年位列第4位。重庆有很多桥梁、复杂的天桥、盘桓的公路等，人口数据的增加以及车辆的持有量增加等，都加大了交通拥挤程度，导致重庆拥堵情况超过北京、上海，位列第一。同时，交通拥堵过程中机动车频繁变速加重了城市空气污染，严重威胁城市居民的身体健康。第三，城市内涝顽疾日益严重。近年来，"逢雨必涝"在重庆城市频频上演，重庆独特的立体城市形态，导致一些沿江低洼路段的积水无法排入江中，渍涝日益严重，城市呈现出"因洪致涝、因涝成洪、洪涝混合"的典型山城特点。2012—2018年，全市因洪灾内涝导致受灾人数累计1992.36万人，直接经济损失264.56亿元，其中水利设施损失37.52亿元。作为城市发展过程中"城市病"的一种表现，汛期防止内涝已成为新时期重庆城市面临的治理难题。第四，传统安全矛盾集中凸显。据不完全统计，在重庆城市楼宇建筑中，9层24m以上带电梯的传统高层楼宇超过2万栋；150m以上的超高层建筑110座，仅次于上海，位居中国内地第二；高度在200m以上的超高层建筑共有41栋，数量位居中国内地第四位，仅次于上海、广州和深圳；全市共有超过1.4万余座桥，包括拱桥、梁桥、悬索桥和斜拉桥等，数量和密度远超国内其他城市；城市轨道交通运营线路总长（含规划建设）近850km；全市大型商业项目（含已开业和拟开业）（≥3万m^2）接近300个，商业总体量达2000余万m^2。较高的建设密度以及大型建筑综合体风险高度集聚，各种灾害隐患威胁城市应急安全管理的风险不断增多，灾害事故的链式效应不断增强，城市在发展过程中的脆弱性日益凸显。第五，城镇公共服务压力较大。2012—2018年，重庆国内生产总值实现了年均10.06%的增长。与此同时，财政收入也与日俱增，2018年全市财政收入达到2265.5亿元，且公共投资支出（以财政支出中的教育、社会保障和就业、医疗卫生与计划生育、城乡社区事务、住房保障支出5个项目统计估算）也有所增加，由2012年的1719.49亿元增加至2018年的2715.5亿元，虽然占公共财政支出比重由56.45%上升至59.8%，但增长速度（仅为7.91%）落后于国内生产总值，增幅不足国内生产总值的80%。根据财政部财政科学研究所的研究显示，城镇化率每提升1个百分点，地方政府的公共投资需求将增加5.9个百分点。按照这一比例关系，重庆2012—2018年常住人口城镇化率由57%提升至65.5%，提升了8.5个百分点，理论上全市的公共投资需求将增加50.15个百分点。然而，根据全市统计年鉴数据计算，全市公共投资需求仅提升了47.5个百分点，基本公共服务投入落后于城镇人口集聚速度，全市城镇公共服务供给总量存在着相对不足。同时，随着城镇人口快速增长，现有社会保障等社会服务制度全覆盖推进，间接"摊薄"了人均公共服务数量和质量，从而出现随公共需求基准攀升的城镇居民对政府提供公共服务满意度评价不高的现象。

"城市病"发生的共性是由经济社会生态发展的不协调造成的，具体到重庆而言，独特的山区地理环境形成"一岛、五片、多组团"的自然城市格局，也造成主城区内城市和农村相互交叉的现状，从而使重庆的"城市病"还带有比较典型的山城特点。从城市管理角度看，重庆"城市病"的发生主要与重庆"大城管"格局尚未完全建立以及城市治理方式尚不健全有关。为破解重庆存在的"城市病"问题，重庆通过建立"市城综办综合组"，横向上协调城市规划、建设、公安、交通、市场监管、生态环境等多个部门，纵向上推动市、区县和镇街、社区以及社会单位上下联动、统一管理；同时，强化城市管理的法治建设、标准体系建设和智慧城市管理建设。依托重庆"智慧名城"建设，重庆市还重点打造了新型智慧城市运行管理中心，实施了"云长制"的平台载体，实现"一键、一屏、一网"统筹管理城市运行。"大城三管"这些创新实践在极大程度上改善了重庆存在的城市问题，提升了人民幸福感，增强了市民归属感。

从使命导向看，新的发展使命催生更高的城市管理要求，"大城三管"实践探索还聚焦于完成重庆发展新使命。习近平总书记在2016年视察重庆期间，对重庆提出了"两点"定位和"两地"目标，在参加2018年全国"两会"重庆代表团审议时，又特别殷切嘱托，"希望重庆广大干部群众团结一致、沉心静气，加快建设内陆开放高地、山清水秀美丽之地，努力推动高质量发展、创造高品质生活，让重庆各项工作迈上新台阶"。习近平总书记系列重要讲话精神，是做好重庆城市管理工作，推进"大城三管四化"的总纲领、总遵循。2020年，重庆市的经济总量已超过2.5万亿元。伴随着经济的快速发展，对城市管理的要求提高，城市管理过程中凸显的问题持续增加。2021年年初印发的《重庆市国民经济和社会发展第十四个五年规划和二〇三五年远景目标纲要》提出，要"深化大城细管、大城众管"、大城智管，构建适应超大城市治理的法规和标准体系，健全"马路办公"长效机制，实现"干净整洁有序、山清水秀城美、宜居宜业宜游"。城市"三分建、七分管"，城市管理工作应该提高政治站位，围绕建设山清水秀美丽之地、推动高质量发展、创造高品质生活的目标谋划城管工作，尊重城市发展规律，努力推进城市治理体系和治理能力现代化，全面提升城市品质，建设现代化大都市，让近者悦、远者来，努力实现"城市，让生活更美好"。

3.从治理方法上看，重庆"大城三管"创新实践凸显了法治化、精细化和智慧化的治理方式

方法论，即"如何治理"。城市治理方法是连接治理主体和客体关系的桥梁，良好治理方法的前提是对主客体关系的理性认知。城市治理方法有方法形成和方法组合两个方面的内容。因此，当前我国城市治理在方法选择上应突出两个重点，一是根据依法治理理念，在制度、体制、机制的建设和使用中，要严格依照国家和省域已有的法律和法规，同时依法、审慎、充分利用城市立法权，形成城市治理的法律方法。二是根据系统治理理念和智慧治理理念，城市治理要系统整合制度、体制、机制、工具，系统实现制度、体制、机制与工具、手段的有机衔接，系统考虑各种治理方法的优劣，系统集成治理工具，实现治理方法的智慧选择和有机组合。

同样，重庆"大城三管"创新实践凸显了法治化、精细化和智慧化的治理方式。首先，在法治化、精细化方面，"大城三管"强调完善城市管理制度规范。城市管理领域从市级层面开展"制度建设年"活动，先后制定完善了财务管理、请示报告、公务接待等70余项管理制度，基本形成了用制度管人、管事、管权、管作风的运行机制。出台了《重庆市城市生活垃圾分类管理办法》《重庆市"门前三包"责任制管理办法》，启动了《重庆市城市综合管理条例》等3项立法编制修订工作。编制完成了《景观照明设施维护技术规程》等9项地方标准，出台了《重庆市生态园林建设技术导则》等15项行业标准，完成了图文并茂的《重庆市综合管理手册(专业版和市民版)》。编制了《重庆市风景园林行业"十三五"发展规划》《主城水厂布局调整分区规划》《主城区绿道规划》《主城区郊野公园实施与利用规划》等相关发展规划和专项规划，完成了7个国家级风景名胜区和29个市级风景名胜区规划编制。

其次，在智慧化方面，"大城三管"推动了智慧城市管理建设。重庆市城市管理部门会同移动、电信公司开展了数据汇聚平台建设，所有区县数字城管平台与市级平台实现数据互联互通。网格化管理力度不断加大，全市建成基于GIS系统的单元网格3.19万个，责任管理网格2272个，数字城管覆盖面积达到1237km^2。数字城管进社区工作得到稳步推进，主城区建立了13个数字城管街镇分平台。物联网技术应用日趋广泛，全市城市照明智能控制系统建成率90%，GPS定位管理城管作业车辆2100多辆，城管行业危险源监控达6300余点位。此外，重庆市还与阿里巴巴集团签订战略合作框架协议，共同探索构建市区两级各具特色的智慧城管平台（表4-3）。

城市治理体系现代化视域下"大城三管"创新实践　　　　表4-3

城市治理体系与治理能力现代化的治理体系	"大城三管"实践探索		"大城三管"具体举措
主体论，即"谁来治理"	导向化的党建引领		（1）在社区细分党建综合服务网格，把支部建在网格上，加强党组织对社区治理、服务群众、促进和谐的引领。 （2）建立以小区党支部为引领，业委会、业主监事会、各类社会组织和全体业主共同参与的小区治理新形式。 （3）创新探索城市党建共同体。 （4）"党建+物业"推进社会治理现代化
	多元化的社会参与		（1）增加社会多元主体参与微观治理事件的渠道和灵活性。在必要的政府监管下，允许并鼓励更多人参与到城市公共服务的提供、公共生活的维护、公共空间的运营中来。 （2）鼓励和助推行业协会、社区组织、新闻媒体、公民通过专家咨询、座谈会、论证会、听证会、网络征询、问卷调查等方式参与城市治理活动
客体论，即"治理什么"	解决"城市病"（问题导向）	统筹化的行政管理	成立城市综合管理工作领导小组，由市长担任组长，领导小组下设城综办，定期召开城管委调度会，调度情况、解决问题
		扁平化的组织架构	（1）推行扁平化管理，压缩管理层级，打破部门间壁垒。 （2）坚持统筹联动协同推进，完善市、区、街道、社区"两级政府三级管理四级服务"的城市综合管理体制。实现上下联动、同频共振，增强城市综合管理的系统性、规范性和协调性
		智慧化的管理手段	（1）开展城管数据治理。 （2）建设智慧城管大脑。 （3）开辟智慧应用场景
	提升城市品质（使命导向）	精细化的管理标准	颁布试行《重庆市城市精细化管理标准》，将城市管理的全过程进行了精细化设计，涉及市容环境卫生、市政设施、灯饰照明等九个方面，对每项管理内容的管理目标、标准、流程、分工、信息公开等作出明确要求

续表

城市治理体系与治理能力现代化的治理体系	"大城三管"实践探索		"大城三管"具体举措
客体论，即"治理什么"	提升城市品质（使命导向）	人文化的情感联结	开展"发现重庆之美"系列推选活动，通过活动的开展，让市民广泛地参与推选，广泛地了解城市管理工作的内容和取得的成绩
		民生化的项目建设	持续推进坡坎崖绿化美化，山城步道的修建，智能环卫公厕的大量增设，公园和休闲广场的建设，以及老旧小区改造等民生项目建设
		智慧化的管理手段	（1）开展城管数据治理。 （2）建设智慧城管大脑。 （3）开辟智慧应用场景
方法论，即"如何治理"	精细化的管理标准		颁布试行《重庆市城市精细化管理标准》，将城市管理的全过程进行了精细化设计，涉及市容环境卫生、市政设施、灯饰照明等九个方面，对每项管理内容的管理目标、标准、流程、分工、信息公开等作出明确要求
	顺畅化的管理流程		建立网格化管理执行体系，形成集"案件发现、分流交办、任务处理、情况反馈、核实结案、结果评价"于一体的标准化工作运行流程
	科学化的绩效考核		实施"月排名、季考核"，考评内容包括城市管理"马路办公"、专项工作、城市管理民意调查和第三方考核评价、曝光督办和反映问题办理、城市日常管理专业检查等五大项内容
	智慧化的管理手段		（1）开展城管数据治理。 （2）建设智慧城管大脑。 （3）开辟智慧应用场景

四、"大城三管"重庆城市治理能力现代化的有效尝试

基于城市治理实践的现实需要，城市动员能力、城市管理能力、城市发展能力和精细治理能力构成了城市治理能力建设的基本内容。

1.城市动员能力

城市动员能力主要基于主体协同的多方参与。城市动员能力建设是城市治理主体自我动员和动员其他治理要素参与治理的能力。在多元协同的城市

治理格局中，城市动员能力建设的前提在于各治理主体有强大的能力，关键在于动员各治理主体共同参与到城市治理中来，实现合作治理。

首先，"大城三管"强化了重庆政府职能部门的动员能力，理顺了机构职能。一个强有力的城市政府是城市动员能力的基本保障。虽然随着公共行政由政府主导的管理演变到多主体参与的治理，政府能力概念的使用也相应地让位于治理能力，但政府能力依然是治理能力的最重要维度。为贯彻落实中央城市工作会议精神、《中共中央 国务院关于深入推进城市执法体制改革改进城市管理工作的指导意见》精神，2017年，重庆市委、市政府决定撤销原重庆市市政管理委员会和市园林管理局，整合组建重庆市城市管理委员会（以下简称"市城管委"），并加挂市城市管理综合行政执法局牌子，为市政府组成部门；组建市城市管理综合行政执法总队，为市城管委（市城管执法局）管理的综合行政执法机构，负责依法接受委托范围内的城市管理综合行政执法工作。按照当时市政府印发的市城管委"三定"规定（方案），职能职责主要包括：市政公用设施运行管理、市容环境卫生管理、城市供水节水排水管理、园林绿化管理、城市管理执法等城市管理和风景名胜区管理工作；市政府统一确定的，与城市管理密切相关、需要纳入统一管理的其他工作。城市管理执法范围在原有基础上增加了环保、工商、交通、水务、食药监5个方面的8项行政处罚权和行政强制权。

2018年10月，按照党中央、国务院批准的《重庆市机构改革方案》，市城市管理委员会更名为重庆市城市管理局，不再保留市城市管理综合行政执法局牌子，仍然作为市政府组成部门之一，并对部门职能进行了调整（风景名胜区、自然遗产管理职责划归重新组建的市林业局；系统内工程建设项目招标投标的监督和管理职责划归市公共资源交易监督管理局）。全市38个区县以及万盛经开区、两江新区均相应设立了城市管理局，并不断探索住房建设领域内的综合执法。

其次，"大城三管"还强化了具有社会责任感的企业公民参与式城市治理。目前有不少企业参与到城市运营的实践中，如万科、金茂、绿地等房企在近年来都表明要从开发商转型成为"城市运营商"，并与不少城市政府开展了城市治理的实质性合作。企业公民除了依法经营、依法纳税、提供就业和保护职工权益外，还要主动参与公益事业和社区建设等城市治理活动以回馈社会，履行企业的社会责任。在这方面，重庆两江新区2018年新成立的龙湖悦来城市管理有限公司定位"新型城市管理综合服务提供商"，在政府承担着引导、搭建平台、监管等角色的前提下通过政府实施采购，对特定领域的事务提供管理与配套服务，通过市场化运营公共资源，盘活社会的公共资源，建立政府与市场"皆管理、利互惠"的良性互动机制，实现行政管理与社会资源的有机整合，带动了社会治理一体化，提高了社会的运行活力。

再次，"大城三管"还鼓励充满活力的社会组织和有现代公民精神的市民参与城市治理。市民是城市的主人，是城市治理的当然参与者。不但城市公共行政人员要有乐善好施的公共行政精神，作为城市治理重要参与者的市民也应该有公民精神。作为城市的主人，市民就要有主人翁精神，在一定程度上这就是公民精神。

2.城市管理能力

城市管理能力主要基于短期问题进行动态治标。"城市问题"是城市治理体系和治理能力建设的问题基础，对城市问题的应对和管理是城市治理的一项经常性工作，是城市治理的重要组成部分。因此，城市管理能力既是传统城市管理理念下的核心能力，也是城市治理能力的重要内容。此处的城市管理能力是狭义上的，主要是指针对"城市病"对症施治的能力，是治理公共服务不足、交通拥堵、环境污染和治安恶化等城市日常运行中突出公共问题的能力。加强城市管理能力建设，提高城市管理水平，必须坚持问题导向。针对城市化快速发展带来的资源短缺、交通拥堵、环境污染、城市贫困、社会风险增多、公共服务不足、基础设施不足等"城市病"，要坚持因症施治。

重庆"大城三管"强调对突出的城市问题进行城市立法，在城市管理中依法行政。强调用系统思维进行城市管理，提升管理的综合性。面对纷繁复杂的"城市病"，既要对不同类别的城市问题进行分类管控，也要进行系统治理，注重城市问题之间的关联性，拒绝"头疼医头，脚疼医脚"的孤立思维，打破部门割据，进行综合治理。同时，"大城三管"还强调要借助科学的管理工具，提高管理效率。要充分发挥工具理性，广泛借助大数据、物联网和云计算等先进技术进行辅助管理，助力城市问题提前识别和城市管理举措提前部署，实现城市管理的精细化、精准化和精明化。

3.城市发展能力

城市管理本身就是一项发展工程。城市管理是城市经济社会发展的重要支撑。城市管理水平决定了城市吸引外来人口和要素的活跃性，也深刻影响了一个城市的经济社会发展。城市发展能力主要基于城市发展长期使命进行动态治本。一方面，城市发展首先要有长远眼光，在城市空间规划方面，要考虑未来城市发展的边界，实现生产、生活、生态三者的超前优化布局；另一方面，城市发展要随着发展环境和城市要素的变化而不断进行动态调整。虽然我们想要尽可能预测城市发展的未来，但很多影响城市发展的因素却在不停地变化。为了应对这种状况，除了要尽可能考虑可能发生的变化，还要建立城市发展影响因素监测和变化预警机制，建立合理的动态调整机制，以便在始料未及的变化发生时，能及时修正发展方向，有效应对发展风险。

在这方面，"大城三管"十分注重通过城市管理实现重庆"整洁度"和"美誉度"的提升。

首先，"大城三管"聚焦干净整洁有序，推动重庆市容市貌焕然一新。一方面，建立生活垃圾分类法规体系，开展、宣传生活垃圾分类系列活动，使得城市生活垃圾分类投放、收集、运输的管理体系标准化；通过新增公共厕所，科学布点、规范公厕标识标牌，使得城市公厕建设规范化；通过强化对清扫工具的改进，将"城市道路每平方米积尘的重量"作为考核指标，路面清扫实现精细化管理，进而使得城市环卫得到极大改善。另一方面，通过划分户外广告展示区、控制区和禁设区，在"功能引导、控制总量、兼顾需求、规范设置、提升品位、美化城市"的总体原则的引导下，广告展示形式得以规范化，城市外立面的整洁度得以大幅度提升。通过"重庆市城市照明智能监控系统"提升主城夜景形象和城市品质，"一把闸刀"基本实现对主城区"两江四岸"核心区域各类景观照明设施的统一启闭，城市风景更具整体性和协调性；通过对城市主次干道店牌分路段、划片区集中整治，扮靓市容街景，尽可能做到"总体统一"以"符合城区品位"，"兼具个性"以"契合商家需求",使得城市容貌得到极大改观。

其次,"大城三管"聚焦山清水秀城美,推动城市环境持续改善。立足山城立体优势,擦亮园林绿化和夜景灯饰两张"名片",展现好重庆的生态美、形态美、人文美。立足"小切口"、惠及大民生,通过开展"坡坎崖"绿化美化工作和"城美山青"建设工程,努力推进"城美山青"工程,加大立体绿化、生态绿廊、山体彩化、滨水生态修复和城市空地整治,使得城市绿地功能不断完善、园林绿化品质逐年提升。植被"体检"、精细修剪全面开展,绿地管护优良率达95.4%。"山城公园"体系逐步成型。统筹推进"两江四岸"核心区照明灯饰提升工程,夜景灯饰服务夜间经济作用更加明显。

4. 精细治理能力

在城市治理中强调精细化,既是一种理念,也是一种能力。现代化的城市治理拒绝经验化、粗放式的管理模式,要求治理的理念、制度、手段和技术全面精细化。城市精细治理能力首先是基于现代信息技术的智慧城市建设。随着现代信息技术的发展,城市信息化正在从"数字城市"快速转向"智慧城市"。城市的精细治理能力还需要"循证治理"和"整体治理"完美结合,这也是智慧城市建设的题中之意。物联网、大数据、云计算等技术的进步为整体上实现循证治理提供了基础。在智慧城市中,治理主体能准确、便捷、及时地找到并定位城市问题所在的节点和"痛点",实现"靶向治理",这就是精细治理能力的鲜明体现。城市的精细治理还强调城市治理要素之间的整体协同,强调精细化与整体性的有机结合,实现"整体治理"。整体治理主要着眼于政府内部机构和部门的整体性运作,主张从分散走向集中,从部分走向整体,从破碎走向整合。

在这方面,"大城三管"面向综合管理要求,建设了重庆城市管理智慧城管大脑。江北区"1322"架构新型智慧城市运行体系赋能城市管理:在全国率先探索和构建起以"1322"架构的新型智慧城市管理新模式,实现了城市管理从1.0到3.0的蝶变,成功搭建起智慧城市管理综合信息大平台,集中展现城市管理各大业务(市政、执法、环卫、停车、照明、惠民等)的融合运用,实现城市管理问题"及时预警、全面发现、精准定位、快速处置、智能跟踪、科学评价";同时,重庆智慧城管大脑建设不仅打通"数据孤岛",解决"数据割据",为"循证治理"提供完整的证据链条,还能够通过流程再造,在推动城市问题的解决中从部门政府走向整体政府,从碎片化治理走向整体性治理。

上述四种治理能力与城市治理体系的不同要素相对应,但它们不是相互独立的,而是相互密切关联的,共同构成了城市治理能力(表4-4、图4-11)。

城市治理能力现代化视域下"大城三管"创新实践　　　　　　表4-4

城市治理体系与现代化的治理能力	"大城三管"的实践探索	"大城三管"具体举措
城市动员能力	导向化的党建引领	(1)在社区细分党建综合服务网格,把支部建在网格上,加强党组织对社区治理、服务群众、促进和谐的引领。 (2)建立以小区党支部为引领,业委会、业主监事会、各类社会组织和全体业主共同参与的小区治理新形式。 (3)创新探索城市党建共同体。 (4)"党建+物业"推进社会治理现代化
	统筹化的行政管理	成立城市综合管理工作领导小组,由市长担任组长,领导小组下设城综办,定期召开城管委调度会,分析调度情况、解决问题
	扁平化的组织架构	(1)推行扁平化管理,压缩管理层级,打破部门间壁垒。 (2)坚持统筹联动协同推进,完善市、区、街道、社区"两级政府三级管理四级服务"的城市综合管理体制。实现上下联动、同频共振,增强城市综合管理的系统性、规范性和协调性
	多元化的社会参与	(1)推广实行"五长制"和"门前三包"政策,带动形成基层党建、居委会、业主委员会、物业公司、驻社区单位、群众团体、社会组织、志愿者等共同参与的社区治理架构,畅通公众参与城市治理的渠道,围绕城市治理突出问题和重大事项,开展社会公众共商共议活动。 (2)推行"双长制"(双街长、双路长)工作模式
城市管理能力	顺畅化的管理流程	建立网格化管理执行体系,形成集"案件发现、分流交办、任务处理、情况反馈、核实结案、结果评价"于一体的标准化工作运行流程
	精细化的标准法规	(1)颁布试行《重庆市城市精细化管理标准》,将城市管理的全过程进行了精细化设计,涉及市容环境卫生、市政设施、灯饰照明等9个方面,对每项管理内容的管理目标、标准、流程、分工、信息公开等作出明确要求。 (2)出台了《重庆市城市生活垃圾分类管理办法》《重庆市"门前三包"责任制管理办法》,启动了《重庆市城市综合管理条例》等3项立法编制修订工作

续表

城市治理体系与现代化的治理能力	"大城三管"的实践探索	"大城三管"具体举措
城市管理能力	科学化的绩效考核	实施"月排名、季考核",考评内容包括城市管理"马路办公"、专项工作、城市管理民意调查和第三方考核评价、曝光督办和反映问题办理、城市日常管理专业检查等五大项内容
	智慧化的管理手段	(1) 开展城管数据治理。 (2) 建设智慧城管大脑。 (3) 开辟智慧应用场景
城市发展能力	精细化的标准法规	(1) 颁布试行《重庆市城市精细化管理标准》,将城市管理的全过程进行了精细化设计,涉及市容环境卫生、市政设施、灯饰照明等9个方面,对每项管理内容的管理目标、标准、流程、分工、信息公开等作出明确要求。 (2) 出台了《重庆市城市生活垃圾分类管理办法》《重庆市"门前三包"责任制管理办法》,启动了《重庆市城市综合管理条例》等3项立法编制修订工作
	人文化的情感联结	开展"发现重庆之美"系列推选活动,通过活动的开展,让市民广泛地参与推选,广泛地了解城市管理工作的内容和取得的成绩
	民生化的项目建设	持续推进坡坎崖绿化美化,山城步道修建,智能环卫公厕大量增设,公园和休闲广场建设,以及老旧小区改造等民生项目建设
精细治理能力	顺畅化的管理流程	建立网格化管理执行体系,形成集"案件发现、分流交办、任务处理、情况反馈、核实结案、结果评价"于一体的标准化工作运行流程
	精细化的标准法规	颁布试行《重庆市城市精细化管理标准》,将城市管理的全过程进行了精细化设计,涉及市容环境卫生、市政设施、灯饰照明等9个方面,对每项管理内容的管理目标、标准、流程、分工、信息公开等作出明确要求
	科学化的绩效考核	实施"月排名、季考核",考评内容包括城市管理"马路办公"、专项工作、城市管理民意调查和第三方考核评价、曝光督办和反映问题办理、城市日常管理专业检查等五大项内容
	智慧化的管理手段	(1) 开展城管数据治理。 (2) 建设智慧城管大脑。 (3) 开辟智慧应用场景

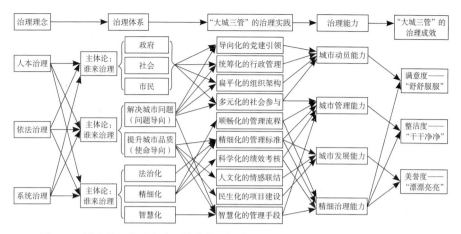

图 4-11　城市治理体系和治理能力建设视域下重庆"大城三管"的实践逻辑框架

第三节　"大城三管"的理论方位

本研究按照数字化、政府部门职能整合程度与公共权力三个维度，将主流的城市治理理论划分为四个象限。其中，多中心城市治理理论、城市政体理论和网络化城市治理理论强调公共权力，没有考虑数字化的作用；在数字治理理论的影响下，数字城市和智慧城市理论逐渐兴起，二者强调了信息技术对重塑现代城市治理格局的重要性；整体性治理理论强调公共权力，主张公共部门与私营、非营利组织间的网络合作。重庆"大城三管"实现了公共服务的市场化，并且在强调公共权力的同时重视现代信息技术的运用，并强调运用信息技术实现政府职能整合。如果按照是否数字化治理、是否强调公共权力和政府职能整合程度三个维度进行划分，重庆"大城三管"应当与整体性治理理论一起，落在第　象限（图 4-12）。

同时，重庆"大城三管"治理模式还是在新城市治理学理论体系内的一次成功实践。"大城三管"创新模式充分借鉴和吸纳了世界城市管理理论发展的最新成果，是城市综合管理理论、新公共管理理论、新城市主义管理理论、整体性城市治理理论、城市精细化管理理论等理论的综合集成，代表了世界城市管理理论发展演变的新方向。

第一，城市综合管理理论强调的重点在于"协同治理"，包括在政府内

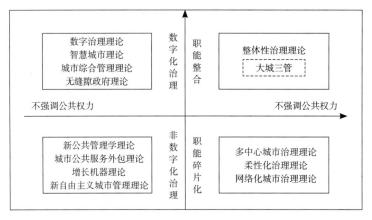

图 4-12　城市治理理论坐标图

部应推动大部制改革，推动职能部门协同合作，而在城市公共产品与服务供给上也强调由政府、市场和社会协同供给。无缝隙政府理论中也强调未来城市管理应打破城市管理条块分割，实现职能部门间的信息共享。这一点与重庆"大城三管"中设立"城综组"，以行政管理统筹化带动城市综合治理等做法高度契合。

第二，新公共管理理论、多中心城市治理理论、新自由主义城市管理理论、城市公共服务外包理论等均强调了市场主体和竞争机制在城市治理事务中的重要性，强调政府应通过授予市场组织经营权、政府参股、经济资助、BOT、BOOT、BOO 等方式开展城市服务供给和设施建设。这一点则与重庆"大城三管"中鼓励城市管理多元主体参与、城市管理服务外包等相契合。

第三，新公共管理理论强调城市管理权力向基层下放，减少管理层级。这一点与重庆"大城三管"中"马路办公""五长制"中的城管执法向基层下沉、组织机构扁平化等高度契合。

第四，城市增长机器理论强调一个城市的发展不但要追求公平公正的治理目标，还要追求整体城市的发展。城市管理应着力激活"睡眠公共场所""城市广告牌"等，激活城市发展的活力。而在重庆城市管理实践中，两江新区 2018 年成立的龙湖悦来城市管理有限公司就定位为"新型城市管理综合服务提供商"，该运营商在政府承担着引导、搭建平台、监管等角色的前提下通过政府实施采购，对特定领域的事务提供管理与配套服务，通过市场化运营公共资源，盘活社会的公共资源。此外，重庆九龙坡区还积极与愿景集团合作，采用PPP（政府和社会资本合作）模式激活老旧小区改造。

第五，数字治理与智慧城市理论和整体性治理理论高度重视城市管理数字化转型，并强调以数字化转型带动横向职能部门整合。这一点与重庆"大城三管"中以智慧化城市综合管理平台带动各职能部门协同治理等做法高度契合。此外，整体性治理理论还强调城市管理的制度化、流程化保障，而"细管"中管理职责的精细化、管理标准的精细化、管理流程的精细化、考核评价的精细化则集中体现了这一点。

第六，无缝隙政府理论还强调市民与城市服务提供者直接接触，突出顾客导向、城市服务个性化、定制化，"大城三管"中的"马路办公"、网格化管理、一事一议解决百姓问题等则符合这一理念。此外，无缝隙政府理论同样强调鼓励民间资本、民营机构参与城市公共服务提供。

第七，新城市主义管理理论强调城市管理应体现对人的尊重与满足公众的需求，同时体现城市环境对人的关怀。而柔性化治理理论中强调治理者与市民之间的情感联结，强调以人民群众利益诉求为根本出发点，注重民生项目及服务提供，同时强调在公共事务管理中摒弃传统"命令-服从"的强制手段，转而采取与市民良性互动沟通、协调合作的非强制手段。这一点与重庆"大城三管"中"马路办公"及时解决市民反映的民生问题，强化诸如市民公园、公厕、人行道、山城步道等民生项目建设，"众管"——鼓励市民互动式参与城市管理等做法高度契合（表4-5、表4-6）。

城市治理理论核心观点及"大城三管"典型做法　　表4-5

"大城三管"理论支撑	相关理论的核心观点	"大城三管"典型做法
新公共管理理论	强调城市管理权力向基层下放，减少管理层级	"马路办公""五长制"中的城管执法向基层下沉，组织机构扁平化
	强调引入社会力量参与城市服务供给，实现城市服务市场化、民营化	鼓励城市管理多元主体参与，城市管理服务外包
城市综合管理理论	强调未来城市服务应更多依靠政府、市场和社会三方力量共同提供	鼓励城市管理多元主体参与，城市管理服务外包

续表

"大城三管"理论支撑	相关理论的核心观点	"大城三管"典型做法
城市综合管理理论	强调在信息技术推动下政府职能部门间的协同合作	设立"城综组",以行政管理统筹化带动城市综合治理
新自由主义城市管理理论	强调引入市场化、PPP等多元化手段提升公共服务供给效率	鼓励城市管理多元主体参与,城市管理服务外包
数字治理与智慧城市理论	强调以信息技术重构传统行政体系,促成科层组织标准化	以智慧化城市综合管理平台带动各职能部门协同治理
数字治理与智慧城市理论	强调政府各部门、城市居民、社会力量共同参与城市治理	利用城市大脑、城市服务App等方式鼓励社会力量和市民参与城市管理
多中心城市治理理论	破除城市治理的"部门主义""行政全能主义"导向,强化市场、公众参与	鼓励城市管理多元主体参与,城市管理服务外包
多中心城市治理理论	强调通过制定严格责权利体系、参与治理的标准和程序,以保持决策的灵活性、科学性	"细管"中管理职责的精细化、管理标准的精细化、管理流程的精细化、考核评价的精细化
城市增长机器理论	强调在整体城市服务外包的同时,激活"睡眠公共场所""城市广告牌"等,激活城市发展的活力	两江新区2018年成立的龙湖悦来城市管理有限公司定位为"新型城市管理综合服务提供商";重庆九龙坡区与愿景集团合作,采用PPP(政府和社会资本合作)模式推动老旧小区改造
无缝隙政府理论	强调打破城市管理条块分割,实现职能部门间的信息共享	设立"城综组",以行政管理统筹化带动城市综合治理
无缝隙政府理论	市民与城市服务提供者直接接触,突出顾客导向、城市服务个性化、定制化	"马路办公"、网格化管理、一事一议解决百姓问题
整体性治理理论	重视城市管理数字化转型,并强调以数字化转型带动横向职能部门整合	以智慧化城市综合管理平台带动各职能部门协同治理
整体性治理理论	强调城市管理的制度化、流程化保障	"细管"中管理职责的精细化、管理标准的精细化、管理流程的精细化、考核评价的精细化
柔性化治理理论	治理者与市民之间的情感联结	鼓励市民互动式参与城市管理,政府与市民良性互动沟通
柔性化治理理论	以人民群众利益诉求为根本出发点,注重民生项目及服务提供	强化诸如市民公园、公厕、人行道、山城步道等民生项目建设

世界城市管理理论及其核心观点　　　　　　　　表 4-6

世界城市管理理论及其强调的重点	引入社会力量参与城市服务管理	政府职能整合，协同决策	顾客导向，民生导向	城市管理制度化、流程化、标准化	城市管理权力向基层下移	智慧化城市管理	鼓励市民互动参与城市管理
城市综合管理理论						√	√
新公共管理学理论	√				√		
新自由主义城市管理理论	√						√
多中心城市治理理论	√			√			√
城市增长机器理论	√						
城市公共服务外包理论	√						
数字治理与智慧城市理论		√				√	√
整体性治理理论	√	√		√			
无缝隙政府理论		√	√				
柔性化治理理论			√				√
"大城三管"	√	√	√	√	√	√	√

第五章

"大城三管"取得的成效

重庆"大城三管"的实践探索集中体现了习近平总书记关于"人民城市人民建,人民城市为人民""城市管理应该像绣花一样精细""一流城市要有一流治理,要善于运用现代科技手段实现智能化"等城市管理重要理念,是重庆践行习近平总书记关于生态文明重要思想的实践探索,是重庆由城市管理迈向城市治理的实践探索,在重庆城市管理过程中取得了良好成效,基本达到了"干干净净、规规矩矩、漂漂亮亮、舒舒服服"的城市管理目标,重庆城市整洁度、美誉度、满意度得到较大提升,也形成了宝贵的城市管理经验。

第一节 市容环境得到极大提升,改善了城市精神面貌

重庆是著名山城、江城,山地丘陵遍布,江河纵横交织,是全世界特大城市中独一无二的山水城市典范。独特的山水资源,赋予重庆城市风貌鲜明的个性美感。"大城三管"模式立足重庆特有的山水资源禀赋,坚持生态优先、绿色发展,发挥立体优势,把"好山、好水、城市好风光"的目标融入城市精细化规划建设管理中,打造干净整洁的重庆风景,改善重庆的精神面貌。

首先,通过构建精细化的城市管理标准,促进城市的精细化管理,重庆环境卫生得到极大改善。建立生活垃圾分类法规体系,开展、宣传生活垃圾分类系列活动,使得城市生活垃圾分类投放、收集、运输的管理体系标准化;

通过新增公共厕所,科学布点、规范公厕标识标牌,使得城市公厕建设规范化;通过强化对清扫工具的改进,将"城市道路每平方米积尘的重量"作为考核指标,路面清扫实现精细化管理,进而使得城市环卫得到极大改善。

专栏5-1　全国种类最全的垃圾分类处理基地:永川区静脉产业园

永川区静脉产业园位于永川区陈食街道芋荷湾村罗盘沟生活垃圾填埋场附近,规划用地3326亩,园区现建有生活垃圾焚烧发电厂、餐厨垃圾处理中心、渗滤液及膜下水处理厂、污泥无害化处理厂等项目,功能齐备,技术先进,垃圾处理种类全面,以"资源-产品-再生资源"闭环经济理念,在解决环境问题的同时,将城市固废变废为宝、循环利用,实现了生活垃圾减量化、资源化、无害化的目标(图5-1)。

图5-1　永川区静脉产业园效果图

永川区生活垃圾焚烧发电厂:项目分为两期,总占地面积82.38亩,一期投资约4.27亿元,引进德国马丁焚烧垃圾及烟气净化全套技术,处理规模600t/d,年发电量10400万kWh,可减排CO_2约9.22万t。

永川区餐厨垃圾处理中心:项目占地面积约46亩,总投资约1.77亿元,服务于永川区、大足区、荣昌区等周边区县的餐厨垃圾处理。该中心采用世界领先的高温厌氧消化工艺技术,对餐厨垃圾进行资源化利用。按日处理300 t餐厨垃圾计算，每年处理餐厨垃圾约10.9万t，产沼气约766万 m^3，发电约949万 kWh。

永川区渗滤液及膜下水处理厂：项目占地面积37.88亩，总投资2.042亿元。建有渗滤液处理线两条，日处理能力600t。主要处理垃圾填埋场渗滤液及膜下水、餐厨垃圾渗滤液、生活垃圾焚烧渗滤液。膜下水共两套系统，日处理能力1000t，枯水期采用一用一备方式运行，丰水期两套设备同时运行。

永川区城镇生活污水处理厂污泥无害化处理厂：项目占地面积36亩，一起污泥处理设计规模为100t/d，可采用回转窑烧制陶粒，年产量达20万 m^3，可彻底处理污泥3.6万 t。

永川区建筑垃圾资源化利用场：（2020年年底开始建设）占地面积共78亩，总投资额约2000万元。设计总处理能力100万 t/年，其中：建筑垃圾（建筑施工及拆除垃圾）处理能力80万 t/年，装修垃圾处理能力20万 t/年。

其次，通过管理手段精细化、智能化，重庆城市容貌得以极大改善。通过划分户外广告展示区、控制区和禁设区，在"功能引导、控制总量、兼顾需求、规范设置、提升品位、美化城市"的总控原则的引导下，广告展示形式得以规范化，城市外立面的整洁度得以大幅度提升。通过"重庆市城市照明智能监控系统"提升主城夜景形象和城市品质，"一把闸刀"基本实现对主城区"两江四岸"核心区域各类景观照明设施的统一启闭，城市风景更具整体性和协调性；通过对城市主次干道店牌分路段、划片区集中整治，扮靓市容街景，尽可能做到"总体统一"以"符合城区品位"，"兼具个性"以"契合商家需求"，使得城市容貌得到极大改观。

最后，以"大城三管"为基本原则，开展城市管理专项行动，极大地完善了城市基础设施品质。"大城三管"按照"以人为本、规范有序、大气雅致、突出特色"的原则，着力在城市桥梁容貌和隧道以及城市道路隔离设施品质设定提升方案，市政设施品质得到了极大完善；通过开展"坡坎崖"绿化美化工作和"城美山青"建设工程，努力推进"城美山青"工程，加大立体绿化、生态绿廊、山体彩化、滨水生态修复和城市空地整治，使得城市绿地功能不断完善、园林绿化品质逐年提升。从实践来看，"大城三管"的实施总体改善了传统杂乱无序的城市乱象，营造了"干净整洁有序，山清水秀城美，宜业宜居宜游"的城市好风景，改善了重庆的精神面貌。

专栏5-2　重庆面貌"点亮"工程

"双亮+"工程：巩固城市综合治理水平，深入践行"一心六型"两化途径，创新开展城市提升"亮高品质发展成果，亮高品质生活美景"，不搞面子工程，强化性价比考量；坚持群众参与，点亮城市"背光面"。

整治"小切口"服务"大民生"工程：塑造一批"畅通、安全、舒适、美化"微整治项目，城市管理呈现"小而快、小而精、小而便、小而实"的特点，着力解决环境差、设施差、通行难问题，打造"安全畅通、舒适美化"出行环境。

"鹅卵石镶边快速铺贴法"工程：抓道路路面改造，提升道路畅通度；抓配套设施改造，提升道路美化度；抓隔离设施改造，提升道路安全性；抓因地制宜改造，提升道路舒适性。

"坡坎崖绿化美化"工程：根据坡坎崖类型不同，整体协调下实现差异化、特色化，打造一坡一策、一处一景的区域性景观特色，给生态"留白"，让城市"填空"，塑造荒地菜地为社区公园，江水、绿草、鲜花交相辉映的美景初步形成。

打造"四条鲜花道"工程：巴南区结合城市规划建设地形条件，以打造"城美山青、花城巴南"为目标要求，建设玉兰大道、桃花大道、樱花大道、百花大道。

第二节 智能化的管理手段,提升了城市运行效率

一、提升了城市运行效率

城市运行效率最为直观的表现就是智慧城市管理的建立与深化,使得管理更高效,城市更聪明,重庆城市管理通过智慧化手段的应用,提高了城市运行效率。做到这一点的关键是强化社会治理的"数字化思维",推动大数据智能化在政府管理、社会治理、公共服务、公共安全等领域的深度应用,把"让数据多跑路、让群众少跑腿"落到实处,让城市运行更加智慧、社会治理更加有序、城市效率更加高效、人民生活更加便捷。

江北区在全国率先探索构建起以"一个中心、三个平台、两个支撑、两个辅助"为支撑的"1322"架构平台,以智慧城市管理平台统筹推进全区城市管理的智能化应用,从而推动全市城市管理的智能化发展,助力成渝双城经济圈建设。"大城三管"实践期间,重庆市通过智慧城管系统的不断完善,极大地提升了发现问题、处理问题、响应问题的能力。

智能化设施、智能化平台的开发与应用改善了城市运作效率低下的传统弊病。在"大城三管"的影响作用下,人民办事更便捷,城市管理者工作更有效率,极大地推动重庆成为具有智能化、高效化、便利化、有序化特性的"宜业宜居"之城。

专栏5-3 "江北区智慧城管"提升城市运行"五个能力"

提升问题主动发现能力:2017年至今,江北智慧城管主动发现办理各类城市管理问题1208601件,与2010—2016年运行七年以来主动办理案件总量相当。其中,视频智能分析系统2016年上线以来,实现了对62类城市常见、高发问题的智能采集、一键批转、自动派遣、智能

核查、智能结案,视频上报案件量连续三年正增长,非现场监管水平大幅提高,2020年视频智能抓拍案件占比从2016年的0.5%上升至目前的20%,常见城市管理问题抓拍准确率达95%以上(图5-2、图5-3)。

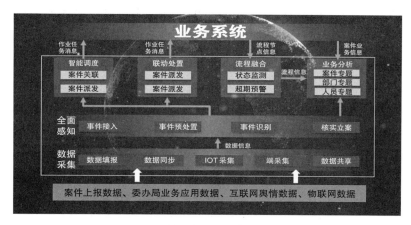

图5-2　江北区智慧城管——全业务融合平台功能图

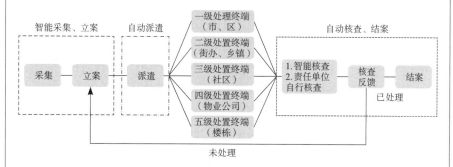

图5-3　江北区智慧城管扁平化管理业务流程图

提升问题有效监督能力:2019年以来,主动有效上报各类城市管理问题463981件,有效上报率达97.07%,针对群众投诉处置类案件实行每案必核实(查),核实(查)率99.81%,按时核实(查)率90.74%,同比2018年分别提高0.03%、0.32%,监督效能逐步增强。

提升问题快速处置能力:2019年以来,依托江北智慧城管处置各类城市管理问题492892件,按期处置456220件,按期处置率89.20%,

> 环比2018年提高3.50%。延期率3.46%，同比2018年下降8.41%。缓办率0.36%，较2018年下降0.22%。
>
> 提升问题处置响应能力：2019年以来，江北智慧城管处置办结各类城市管理问题491918件，结案率96.75%，超期处置减少16816件，同比下降33.13%。
>
> 提升问题长效管理能力：2019年以来，江北智慧城管在案件总量明显上升的情况下，返工率同比下降1.75%。

二、降低了城市运行成本

重庆市通过智能化、人性化等综合手段"多管齐下"，大大降低了城市的运行成本。一方面，智能化的普及使得市政设施的能源及资金消耗得到了有效控制和压缩。政府内部智能管理系统的运用，以及政府与社会的资源结构、组织结构的连接、整合为城市管理流程优化提供了持续改进的空间，在空间结构调试优化的过程中，城市的运行成本也有所下降。另一方面，"众管"下的社会公众参与，让公共服务供给精准瞄准需求，降低了公共服务在提供过程中的非必要成本。

在"大城三管"实践中，重庆市通过启动并投入多种智慧化设施来减少传统由于各个环节运行需要所产生的人力和物力投资成本。就政府部门纵向结构调试而言，通过"智慧办公"的有效利用，一方面，过去依靠纵向组织传递信息的中间环节的层级可大幅度减少，实现组织的扁平化。一些助理类的机构、职位完全可以压缩甚至裁撤，缩减很多不必要的流程和由此所产生的行政管理成本。另一方面，改变了政府办公人员的行为方式，进而压缩组织层级。在智能技术加持下政府办公升级为智慧办公，办理者通过网页、手机App等形式快速浏览基本要素、受理条件、申请资料、办理地点、办理流程等基本信息，在办理业务前做好充分准备，网上预约后到场提交资料即可，相比以往能够节约大量到场办理因为材料不全、补填表格、流程不熟悉而产生的时间成本。

重庆市大足区的"城管机器人"视频智能分析应用系统通过非现场智能化发现、自动化检测提醒和非现场智能化处置，逐步降低人力巡查发现投入，减少基层工作人员的工作投入，带来直接经济效益；重庆市云阳县投入建设可进行"单灯控制"及"自行调节亮度"的"智慧路灯"，相比以往全线路灯同亮同关的模式，"智慧路灯"可随着夜间时间段人流量、车流量变化及季节变化等自动调节亮度，节约能耗，既满足了人们的日常需求，又大大降低了不必要的市政成本；沙坪坝区充分依托和利用"互联网+"等信息网络手段助推建渣管理与服务的同时，坚持"人防"与"技防"结合，依托智慧城管系统，为城管一线执法队员配备单兵执法终端，在各相关部门建立建渣监管协作联动终端，实现"人""技"融合一体，截至目前全区降低建渣监管人力成本60%以上，执法效能提高70%以上，在提高重庆运行效率的同时极大地降低了资本消耗。

同时，通过"众管"，重庆市政府加强了与非政府主体之间的沟通合作，增加了网络结构下的社会资本，增进了不同主体之间的互信。比如"马路办公"与"大城三管"有机融合过程中，不断涌现出"路长制""街长制""巷长制"等创新经验，如九龙坡区、荣昌区推出"街长制"；渝中区、南岸区将"马路办公"与"门前三包"结合，率先实行"五长制"。传统管理中一些出于不信任而设置的流程环节能够随着互动交流频率升高而逐渐失去存在的必要。政府适度放权，促进社会全面参与。给足社会组织、志愿者、公益人士、商家、市民参与社会治理的空间，将群众满意度作为具体反馈指标，依据指标反向制订措施，有针对性地采取措施。通过及时发现问题，反馈倒逼管理手段及时调整促进有效供给，控制、压缩无效行政成本，打造管理精细、服务到位、运营高效的社会共治样本。

第三节　以人为本的管理理念，提高了市民满意度

面对公众多样化和个性化的服务需求，"大城三管"的创新实践在改善

市民生活环境的同时不断完善向公众提供服务的手段和渠道，提升服务质量。"山清水秀城美"的重庆增加了市民的幸福感，"干净整洁有序"的重庆提高了市民的满意度，"宜业宜居宜游"的重庆增进了居民的归属感。

重庆市通过精细化管理，营造"山清水秀"之城，不断提升居民的满意度、幸福感和归属感。通过推进立体绿化、生态绿廊、滨江生态修复，重庆对城市待建地、边坡、堡坎进行绿化治理，建立生活垃圾分类高位协调机制等管理措施，致力于为居民营造"推窗见绿、出门见景、四季见花"的"宜业宜居宜游"生活环境，提升了居民的幸福感；通过优化城市基础设施建设，针对排水、污水和垃圾处理设施等市政设施系统升级，重庆更好地提升了城市管理的整体功能，营造"望得见山、看得见水、记得住乡愁"的"山清水秀"之景，提升了居民的归属感。

专栏5-4　基础设施优化中的"厕所革命"

在全市开展新增公厕建设过程中，重庆市更加注重人性化设施的配套建设。

为方便老幼及行动不便者如厕，全市打造与男、女厕所间区别的第三卫生间，除具有无障碍专用厕所的卫生设施外，还增加了婴儿及儿童等卫生设施，包括多功能台、安全抓杆、挂衣钩和呼叫器、儿童坐便器、儿童安全座椅等。蹲位男女比例由1:1改为2:3，更多照顾到如厕时间较长的女性需求。

主城区繁华地段或有条件的区域，公厕还推出免费覆盖WiFi、手机充电等便民服务项目，并逐步推行带有空调的公厕。为了减少触摸带来的污染，重庆未来公厕在设计上尽量让市民不用手，比如把大门去掉，不需要用手推拉；采用感应式龙头，伸手自来水就来；蹲位冲洗也都尽量用脚踩或感应式。重庆公厕建设或造型别致，充满了无数智能元素，或配备无性别厕所，或自带背景音乐，提供WiFi、空调等贴心设施；配有喷香系统，自动散发清香，24小时保障厕所内空气质量。不少公厕还兼顾如厕舒适性，内部电视、沙发、饮水机、婴儿床一应俱全；打开水龙头有热水，免费供应厕纸，人性化服务更加贴心（图5-4）。

图5-4 璧山区标准化公厕建设图

"大城众管"的实施促进决策方式从单一走向多元，大大提升了居民的满意度。政府、企业和市民多方共同参与城市建设与管理，坚持协调协同，健全党委领导、政府负责、市场助力、社会协同、公众参与的城市治理格局。广泛吸纳专家、市民代表、社会组织等公众参与，勤劳之手同向发力，形成共建共治共享格局。在这个社会共同体共同治理的过程中，公众作为主人翁的幸福感在逐渐增加。如重庆市"马路办公"秉承"第一时间发现问题、第一时间处置问题、第一时间解决问题"的理念，使得城市管理者在走进大街小巷和居民社区的同时，也走近市民心中。据调研了解，全市在专项活动中已开展"马路办公"1.1万次，排查发现问题2.9万个，专项活动中交办的市容环境问题得到100%整改。据2020年9月关于"大城三管"中对"马路办公"意见的最新民调显示，市民对城市管理满意度已达96.02%，创历年新高（图5-5）。

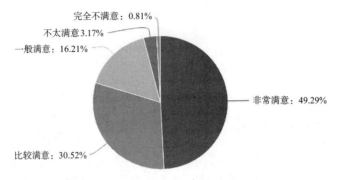

图 5-5　市民对"马路办公"的满意度调查情况

专栏 5-5　深入推进"马路办公"治理机制

领导机制：市城市管理局组织 10 个巡查组，每组每周不少于 2 次马路巡查和马路督办。各市县党政负责人每周不少于 1 次带队开展"马路办公"。区县城市管理部门领导班子成员每人每周不少于 2 次"马路办公"。

巡查整改机制：建立发现问题—交办问题—处置问题的运转机制，采取现场交办、专项交办、重点交办、综合交办等方式向责任单位下达整改任务，并明确处置时限，限期办结。

调研机制：以普遍性、源头性、长期性问题为重点，通过马路调查、马路会议等方式，到群众意见多的地方去，到矛盾突出的地方去，扎实展开专题调研。

曝光机制：对发现的难点问题、市民反映强烈的热点问题，每月拍摄制作曝光视频，通过典型曝光、高位督办的方式推动突出问题有效整改。

考核机制：将各区县工作机制建立、运行情况和工作成效纳入每月排名、季节考核内容，对严重影响城市形象及存在重大安全隐患的城市综合管理问题，一经查实将进行考评扣分。考评情况由市政府办公厅定期通报并将结果运用到区县经济社会发展年度实际考核指标体系中。

专栏5-6 "马路办公"案例——马路上办、马上就办，办就办好

案例一：华福大道治理

华福大道是重庆中心城区通往西南方向的主要货运通道，经过的重卡、货车较多，沿线施工工地多，噪声污染严重。重庆市政府办公厅督查一室工作人员带队，同市城市管理局、九龙坡区政府、大渡口区政府相关负责人一起走上华福大道，责任当场理清，大渡口区段交给大渡口城管局加强对货物超载和运输过程中的滴漏现象查处力度；九龙坡区出资解决交通设施不全的问题、设立禁鸣交通标志牌等；两区政府在道路两旁种植树木以减少扬尘（图5-6）。

居民小王："现在扬尘减少太多了！天气好的时候也敢打开自家窗户了。"

图5-6 华福大道治理前后对比图

案例二：牛角湾垃圾站改造

建设初期，对于垃圾站搬不搬的问题，璧山区城管局与区水利局由于出发点不同导致意见不一，居民因为有人同意改有人同意搬也出现意见不一的问题。"马路办公"机制推动"当面锣，对面鼓，在垃圾站旁边一起商量解决办法。"最终通过管理人员和居民实地感受，使得改造工作顺利启动。2020年1月标准化垃圾收集站掩映绿荫中，没有异味（图5-7）。

居民小李："在附近的小生意也被带得好起来了，现在每天能收入七八百元！"

图5-7　牛角湾垃圾站改造前后对比图

案例三：共享单车秩序治理

政府、企业和市民共同参与治理共享单车乱停乱放问题。重庆市高新区是山城为数不多的平地城区，共享单车数量巨大，一时间乱停乱放成为城市管理难题，有人希望一禁了之，但是就影响了靠此交通生活的居民。而后，高新区城市管理局相关负责人、镇街干部、共享单车运营公司员工、市民代表共同到达现场，发表看法，提出建议。一个月后，高新区形成一套由城市管理局监督、运营公司主管、商户参与的三方共建共治共享机制，城管部门和运营公司共同选点设停车位，城管部门开发应用程序在线管理，市民发现共享单车乱停乱放问题拍照上传，运营公司派人现场整改、在线反馈，城管部门后台实施监督。

居民小张："车子找的时候好找，放的时候好放，特别是停私家车的时候因为共享单车占位的烦恼少了很多！"

重庆市社情民意调查中心民调显示，2019年年底，市民对城市管理工作满意度得分达92.9分！2020年11月，《人民日报》对重庆市"马路办公"机制相关内容进行了宣传报道（图5-8）。

图5-8 《人民日报》报道重庆市"马路办公"

在"大城三管"理念的引导下，各区县根据自身情况均采取不同举措来提高居民满意度和幸福感。九龙坡区借助"五长制+网格化"机制夯牢"众管"基础，拓展网格化管理手段，引导一批社会单位负责人、人大代表、政协委员、居民群众、党员代表担任路长、巷长、楼长、店长、志愿者，深度下沉到基层网络，逐渐形成全民共治的格局。2020年共整治各类问题16万余件。同时，九龙坡区还建立起区级"老杨群工中心"、镇街"老杨群工站"、村社"老杨群工室"及"老杨群工点"，将"老杨群工"触角延伸至基层"神经末梢"，聚焦群众反映集中的突出问题，实现"有事找老杨，老杨帮您忙"服务承诺，真正实现了人民城市人民建；北碚区通过创新"双长制"构建城市综合管理格局，建立"智慧五长数字监管栏目"，发现、解决难题5万余件，助推一大批重难点问题的整改落实；长寿区园林绿化管护考评机制引入人大代表、政协委员、社区干部、居民代表及有关部门领导对园林管护单位进行随时考评抽检，解除考评不合格的公司管护合同，较实施"众管"方案之前园林绿化管护水平得到提高；綦江区采取网友"找茬式"城市管理方式；奉节县"烟头兑换礼品"活动采取由乡镇街道牵头，而后延伸至各村、社区，充分调配参与人员共同参与生活环境的监督管理；

荣昌区成立"昌州管家"城市志愿者党支部，党员深入基层示范带动，让群众"听见好声音、看见好作风"；万盛区根据居民的参与程度和期盼进行老旧小区改造，各个环节问计于民，尊重民意；垫江县创新"三访三事三评"，明确政府、社会组织、社区居民角色定位，打通服务群众最后一公里……切实做到为人民服务。人民群众的幸福感和满意度在"大城三管"的创新实践中稳步提高。

第四节　形成多元共治模式，激发了城市活力

"大城三管"创新实践在一定程度上缓解了政府作为单一治理主体在城市公共服务供给中所面临的活力不足、能力有限的问题。在充分发挥政府主导和兜底作用的同时，积极引入市场在配置城市服务资源和提供城市服务中的效率与专业能力，有效激活了重庆"宜业宜居宜游"的城市活力。

重庆市采取政府、居民与市场多元主体共治模式，激发了城市活力。北碚区采取的"2+N"模式，杨家坪街道采用的"五长制+网格化+志愿者"模式；荣昌区进行的"五长制+网格化"的拓展模式；南岸区实行的街长、路长、院长、楼长和居民小区长的"五长制"等，均通过完善"皆管理、利互惠"的良性互动机制，建立多元主体间的合作、协商、伙伴关系，促进各方利益协调，带动了一体化基层社会治理的城市整体氛围，提升了城市活力。

专栏5-7　改造精细化为城市添动力

城市夜景营造光影美：重点围绕"山、水、城、桥"四大元素特色资源，根据不同季节、天气、时段，精心设计"立体山城""光影江城""魅力桥都"等夜景灯饰名片。例如，南岸区着手运用世界一流水准的高科技手段营造南山夜间"星空光影秀"建设项目，让夜色中的南山亮起来，让夜色中的重庆活起来。该项目覆盖南山数平方公里，白天

时灯杆设备就像南山森林中的一棵树，夜晚时却会随着音乐发出不同的光影，从主城其他区域看南山，"风景与文化共舞，颜值与内涵齐飞"，这场光影秀就像是南山之上的银河一般璀璨（图5-9）。

图5-9 重庆市夜景灯光俯瞰图

市政设施打造独特美：隧道和下穿道涂装颜色寓意"温馨重庆"——"城市即为家"，乳白色明亮、温馨，可以营造出家一般温暖、整洁的环境；"朝气重庆"——米黄色带给人温暖，朝气蓬勃，使人心情欢畅、轻松愉快；"山水重庆"——深蓝色是古色古香、淡雅沁心的色彩。重庆的山山水水，水乳交融，在五光十色中特色鲜明地彰显着自我。

专栏5-8 铜梁区融入地域特色创新提升"五小"设施

设施1：斑马线设计。采用绿底白纹，两端印以体现尊老爱幼以及其他行人过街的人文图案，体现了以人为本、尊重生命的安全理念。

设施2：城区雨污、燃气、电力等井盖设计。采用铜梁龙、荷花等体现铜梁特色的图案，让城市更具灵气，让呆板的道路有了活力，通过井盖的分类设计，也可以让大众更好地参与城市管理。

设施3：果皮箱设计。采用与铜梁区安居古城相呼应的仿古造型，箱体中央印以"原乡风情，大美铜梁"城市宣传标语，四角配以铜梁的特色文化——龙和祥云作图案,果皮箱的改造有利于大众自觉养成保护环境、不乱扔垃圾的习惯,成了体现铜梁地域文化特色的景观小品。

设施4:城区导视牌设计。与城区果皮箱相配套,同时添加了中英文双语标识,导视牌在温馨引路的同时,将铜梁地域文化展现得淋漓尽致。

设施5:配电箱设计。以人工手绘方式,选取了适合铜梁本地人文风情的图案,对配电箱外表进行美化,美化后的配电箱同人行道绿化浑然一体,引市民驻足观看、争相拍照,俨然成为城区一道亮丽的风景线、网红的打卡点。除五小设施外,铜梁区还对人行道进行了改造提质,将老旧人行道改造为生态、自然的彩色透水沥青混凝土路面,让道路增加"色度",市民感受到"温度"(图5-10)。

图5-10　铜梁区"五小"设施设计图

第六章

"大城三管"的理论及实践贡献

"大城三管"是习近平总书记城市管理重要论述在重庆的实践和延续,凸显了重庆城市管理的本质特征与核心价值,奠定了新时代重庆城市管理模式的基石。"大城三管"契合了山地城市的特点,是山地城市管理的典范,为山地城市打造"高质量发展、高品质生活"提供了样本。"大城三管"也是当代城市管理思想在重庆的探索和实践,丰富了世界城市管理理论的成果和实践。

第一节 "大城三管"是重庆落实习近平总书记关于城市管理重要论述的积极探索

"大城三管"城市管理创新模式是习近平总书记关于城市管理重要论述和中央城市工作方针在新时代的伟大实践,是城市管理精细化、智能化和人性化"三化"特征的集中体现。本章梳理了习近平总书记城市管理重要论述和我党城市管理工作方针的演变历程,分析了"大城三管"模式与城市管理科学化、精细化、智能化和人性化的关系,指出习近平总书记城市管理重要论述和中央城市管理工作方针在大城细管、大城智管、大城众管中的具体运用与落实。

党的十八大以来,习近平总书记就城市管理工作发表了一系列重要讲话,作出了一系列重要指示,为中国特色的城市管理和城市治理现代化指明了前进的方向,提供了根本遵循。下面介绍习近平总书记关于城市管理科学化、精细化、智能化的重要论述(表6-1)。

习近平总书记关于城市管理重要论述对"大城三管"的指导意义　　表6-1

论述名称	论述主要内容	对"大城三管"的指导意义
科学化、精细化、智能化	广泛运用信息技术,推进"数字城管",特别是大中城市要大力采用"万米单元网格管理法"和"城市部件管理法",实现管理手段的现代化,促进城市管理精细化、科学化、智能化。提高城市管理水平,要在科学化、精细化、智能化上下功夫	城市管理科学化、精细化、智能化既是城市管理现代化的重要内容,也是实现城市管理现代化的必由之路。大城众管和大城智管是落实总书记城市管理"三化"的具体举措,是提高重庆城市管理水平的主要手段
城市管理要像绣花一样精细	不断完善城市管理和服务,彻底改变粗放型管理方式,让人民群众在城市生活得更方便、更舒心、更美好。城市管理要像绣花一样精细。越是超大城市,管理越要精细。对北京这样的超大型城市来说,背街小巷最能体现精细化管理水平。城市的精细化管理,必须适应超大城市。这是世界级的难题,但是世界级的城市必须解决这个难题	精细化管理的指向是改善对人民群众的服务。城市精细化管理要注重背街小巷的管理。城市精细化管理要适应超大城市运行管理的特点。这些都是大城细管要遵循的重要原则
统筹政府、社会、市民三大主体	统筹政府、社会、市民三大主体,提高各方推动城市发展的积极性,使政府的有形之手、市场的无形之手、市民的勤劳之手同向发力。要发挥财政资金四两拨千斤的作用,鼓励社会资本参与城市建设、经营、管理。在共建共享过程中,城市政府应该从"划桨人"转变为"掌舵人",同市场、企业、市民一起管理城市事务、承担社会责任	总书记对如何统筹三大主体,调动各方面积极性,参与城市管理,形成共建共治共享的局面作了精辟论述,是重庆开展"大城众管"的根本遵循。比如,推进市政公用服务市场化,发挥企业的作用。比如发挥街道、社区的积极性,把城市管理和治理重心放到基层社区
城市治理现代化	要推动城市治理的重心和配套资源向街道社区下沉。抓好"政务服务一网通办""城市运行一网统管"。要履行好党和政府的责任,鼓励和支持企业、群团组织、社会组织积极参与,发挥群众主体作用,调动群众积极性、主动性、创造性,探索建立可持续的运作机制。运用大数据、云计算、区块链、人工智能等前沿技术推动城市管理手段、管理模式、管理理念创新,从数字化到智能化再到智慧化,让城市更聪明一些、更智慧一些,是推动城市治理体系和治理能力现代化的必由之路,前景广阔	城市治理是推进国家治理体系和治理能力现代化的重要内容。总书记关于城市治理现代化的重要论述为城市管理的未来发展指明了方向。推动城市治理重心下移与抓好城市综合管理服务平台"一网统管"是进一步深化"大城三管"工作的两大重点

重庆"大城三管"是习近平总书记以人为中心的治理观的集中体现。在2014年两会期间与上海市代表团座谈时，在谈到加强和创新社会治理时，习近平总书记强调，加强和创新社会治理，关键在体制创新，核心是人，只有人与人和谐相处，社会才会安定有序。2015年12月20日至21日，在中央城市工作会议上习近平总书记指出"城市的核心是人，关键是十二个字：衣食住行、生老病死、安居乐业。城市工作做得好不好，老百姓满意不满意，生活方便不方便，城市管理和服务状况是重要评判标准。""抓城市工作，一定要抓住城市管理和服务这个重点，不断完善城市管理和服务，彻底改变粗放型管理方式，让人民群众在城市生活得更方便、更舒心、更美好。"习近平总书记在2017年视察北京时提出"人民城市人民建、人民管，光靠政府力量不够。北京有自己的好传统，如'朝阳群众''西城大妈'，哪里多一些红袖章，哪里就多一份安全、多一份安心。"

坚持人民城市为人民，既是"发展为了人民、发展依靠人民、发展成果由人民共享"的具体体现，也是充分调动各方面积极性的有效途径。要秉持"城为民建、市为民享"理念，围绕群众满意度和获得感，以人的感受为标准，以人的需求为导向，去考量城市管理工作的措施、步骤、细节和成效，给老百姓更高的生活品质。要心怀民忧、体恤民情，倡导人性化、亲民性管理，寓管理于服务中，多一分劝导，少一分指责，让城市管理工作不仅有力度，更有温度。要完善城市管理便民服务体系，促进"管理上水平、百姓得实惠"，努力实现"城市，让生活更美好"。

城市让生活更美好，不仅是政府的事情，要达成这一目标，还要凝聚合力，调动一切积极因素，要推动广大市民共同参与，要尊重市民对城市管理的知情权、参与权、监督权，编制通俗易懂、实用有效的漫画版市民文明手册，开展最美城区、最美社区、最美阳台、最美屋顶、最美岸线等评比活动，媒体每天都要有城市管理方面的报道、每周都要有城市陋习方面的曝光，让市民广泛知晓，动员全社会参与，真正做到"人民城市人民管"。

"大城众管"正是习近平总书记以人为中心理念在城市管理中的重要应用。重庆市北碚区探索实行多元主体参与的城市管理模式，坚持"人民城市人民管，管好城市为人民"，调动各类主体积极性，积极探索推行"党委统领、政府主导、部门联动、属地负责、社会协同、公众参与"的"2+N""大城众管"多元参与模式，组建书记、区长任双组长的议事协调机构，创新推出"智慧双长制"；推行"双长制"（双街长、双路长）工作模式，"双街长"由城管局和街道负责人共同担任，"双路长"由城管局机关人员与各社区书记或主任共同担任；建立"共建共享"社会氛围，完善"皆管理、利互惠"机制，使政府的有形之手、市场的无形之手、市民的勤劳之手同向发力、形成合力，集聚促进城市发展正能量；引入市场运作，吸引社会力量和社会资本参与城市管理，如将全区17个街镇生活垃圾收运委托市环卫集团负责实施；重大项目人大审议，凡是达到一定规模的重大民生项目，必须由"人大代表"集中审议，没有公众的参与，项目一律不能启动；动员公众参与，将每周五下午定为"全民动手日"，区领导、72个区级部门、17个街镇全部参与，由各街镇统筹，以社区为单位，开展打扫环境卫生、劝导不文明行为等全民动手活动。

重庆"大城三管"体现了习近平总书记对城市精细化管理的重要论述。2017年全国"两会"期间，习近平总书记参加上海代表团审议时强调："城市管理应该像绣花一样精细。城市精细化管理，必须适应城市发展。要持续用力、不断深化，提升社会治理能力，增强社会发展活力"。

"大城细管"正是重庆市对习近平总书记关于城市精细化管理重要论述的有效实践。重庆市大力开展"五长+三级书记"的"马路办公"城市综合管理实践，"五长"即街长、路长、巷长、楼长、店长，"三级书记"即区委书记、街道党工委书记、社区居委会书记，定期开展"马路办公"，在渝中窗口地区、10条重点道路、42条主干道、29条支次干道、背街小巷及楼栋、临街门店，共设街长（副街长）24名、路长98名、巷长417名、楼长1493名、店长7586名。全面推行城市综合管理"马路办公"，街长每周不少于2次，其中街道主要领导实行每日轮值制；路长、巷长、楼长每天不少于2次，街长每周召开1次碰头会，每月组织召开工作例会不少于1次，路长每月组织召开工作例会不少于2次，巷长和楼长不定期组织召开工作例会、院坝会或座谈会。"五长+三级书记""马路办公"城市治理机制推行以来，开展巡查约45万次，巡查发现大小问题约46万个。"五长+三级书记""马路办公"社会治理机制将城市综合管理责任压实到"最后一米"、落实到"最后一人",基本实现"马路上办""马上就办",及时发现掌握处置市民关注、社会聚焦的城市管理问题(表6-2)。

习近平总书记关于城市管理的重要论述以及
重庆"大城三管"的践行举措   表6-2

习近平总书记关于城市管理的重要论述	重庆市"大城三管"的具体践行举措
2017年,习近平总书记在视察北京时提出"人民城市人民建、人民管"	(1)推广实行"五长制"和"门前三包"政策,带动形成基层党建、居委会、业主委员会、物业公司、驻社区单位、群众团体、社会组织、志愿者等共同参与的社区治理架构,畅通了公众参与城市治理的渠道,围绕城市治理突出问题和重大事项,开展社会公众共商共议活动。 (2)推行"双长制"(双街长、双路长)工作模式。 (3)开展坡坎崖绿化美化、老旧小区改造和社区服务、人行道、便民步道、市民公园、公厕、山城步道等一系列民生项目建设。 (4)通过城管开放日活动、试点"垃圾分类"积分兑换奖励、网友"找茬式"城市管理工作、"最美阳台""最美庭院"评选等强化与市民沟通及情感联结
2017年,全国"两会"期间,习近平总书记参加上海代表团审议时强调"城市管理应该像绣花一样精细"	(1)全面推行城市综合管理"马路办公",街长每周不少于2次,其中街道主要领导实行每日轮值制;路长、巷长、楼长每天不少于2次,街长每周召开1次碰头会,每月组织召开工作例会不少于1次,路长每月组织召开工作例会不少于2次,巷长和楼长不定期组织召开工作例会、院坝会或座谈会。 (2)"五长+三级书记""马路办公"社会治理机制将城市综合管理责任压实到"最后一米",落实到"最后一人",基本实现"马路上办""马上就办",及时发现、掌握、处置市民关注、社会聚焦的城市管理问题。 (3)城市管理局以制度标准化为切入点,建立网格化管理执行体系,形成集"案件发现、分流交办、任务处理、情况反馈、核实结案、结果评价"于一体的标准化工作运行流程,让管理活动得到了约束和规范
2018年,"进博会"期间,习近平总书记在上海提出"一流城市要有一流治理,要注重在科学化、精细化、智能化上下功夫。既要善于运用现代科技手段实现智能化,又要通过绣花般的细心、耐心、巧心提高精细化水平,绣出城市的品质品牌"	(1)完善市级"智慧城管"系统架构,提出建设全市"一数、一云、一网、一中心、五应用"的智慧城市管理体系。 (2)积极探索区级智慧城市管理建设。江北区建设"1322"架构信息化服务平台,渝北区建设市级数据资源调配中心、市级事件处置中枢中心、市级一体化综合指挥调度中心、市级融合应用展示中心等"四个中心",全面提升智慧城市综合管理服务能力。 (3)利用新一代信息技术手段,在城市管理业务中开展了一批智慧化的应用示范。市级完成桥梁结构运营状态监测系统(马桑溪大桥、高家花园大桥、大佛寺大桥)、城市桥隧信息管理系统、城市园林绿化管理信息平台、两江四岸城市照明智能监控系统建设,推进执法指挥调度智能平台、园博园数字景区等示范项目建设。 (4)深化"AI+视频"行业应用,构建城市管理视频智能分析融合平台,延伸应用深度和识别精度,强化算力、算法,实现58类城市管理问题的智能动态识别、自动立案派遣、远端核查评价等智能化流程

重庆"大城三管"还体现了习近平总书记城市管理智能化的重要论述。习近平总书记在2017年"两会"期间与上海市代表团座谈时指出：走出一条符合超大城市特点和规律的社会治理新路子，是关系上海发展的大问题。要强化智能化管理，提高城市管理标准，更多运用互联网、大数据等信息技术手段，推进城市治理制度创新、模式创新，提高城市科学化、精细化、智能化管理水平。2018年，"进博会"期间，习近平总书记在上海考察时进一步强调"一流城市要有一流治理，要注重在科学化、精细化、智能化上下功夫。既要善于运用现代科技手段实现智能化，又要通过绣花般的细心、耐心、巧心提高精细化水平，绣出城市的品质品牌。上海要继续探索，走出一条中国特色超大城市管理新路子，不断提高城市管理水平。"

"大城智管"是重庆市对习近平总书记城市管理智能化重要论述的具体实践。江北区智慧城管按照"一套流程、一个标准、一个网格、多网合一、一网并行"的标准，打造全新的"跨层级、跨地域、跨系统、跨部门、跨业务"协同管理和服务的新型智慧城市运营管理平台，用智慧城管赋能"两高"示范区和成渝地区双城经济圈建设。江北区明确了"1322"架构体系，即一个城市管理大数据中心，综合监督管理、业务管理、惠民服务与市民参与三大平台，智慧城市运营管理中心和全业务融合平台两个支撑，大数据分析平台和部件物联网两个辅助。智慧城管已有大数据分析平台、综合监督平台、城市执法等21个系统上线运行。将全区共770个责任主体纳入智慧城市管理综合监督平台，实行了责任主体全监管，主动有效发现并解决城市问题243万余个。江北智慧城管信息系统建成上线运行以来，在全国文明城区建设、城市品质提升等领域持续发挥重要作用，获得了2017年中国最具幸福感城市治理创新范例奖、2017年中国"互联网+"政务类十佳优秀案例奖、2019年中央网信办"网信创新工作50例"奖等奖项。

第二节 "大城三管"是重庆践行习近平
生态文明思想的创新实践

"为什么建设生态文明、建设什么样的生态文明、怎样建设生态文明、谁来建设生态文明"是习近平生态文明思想的基本问题。习近平生态文明思想是生态文明建设的根本遵循和行动指南,其实践规范包括"一个中心、六项原则",是习近平生态文明思想实践方法的一般价值观念、目标和原则,是行动性理论范式。"一个中心"即坚持以人民为中心,一切为了人民,依靠人民,由人民共享生态文明建设成果;"六项原则"即坚持人与自然和谐共生,坚持绿水青山就是金山银山,坚持良好生态环境是最普惠的民生福祉,坚持山水林田湖草是生命共同体,坚持用最严格制度最严密法治保护生态环境,坚持共谋全球生态文明建设。重庆市"大城三管"有效践行了"一个中心、六项原则"。

重庆行政辖区总面积8.24万 km^2,常住人口超过3000万,不仅远大于其他三个直辖市,甚至大于宁夏、海南等省。广阔的行政辖区和复杂的治理层次意味着复杂的城市问题。自东北向西南横贯重庆的盆周山地和平行岭谷构成了重庆的"胡焕庸线":渝西地区主要为方山丘陵及岭谷地形,70%以上为城镇建设适宜区,以1/3的土地承载了全市2/3的人口;渝西地区城镇密集,是成渝城市群的重要组成部分,也是全国重要的制造业基地,推动城市和产业转型发展是必由之路。渝东南和渝东北地区主要为高山和中山地形,80%以上为生态地区,既是长江上游生态保护的核心地区,还承担着扶贫攻坚的重任。处理好保护和发展的关系,寻求特色化、生态化的城镇化道路是重要挑战。

重庆地处三峡库区腹心地带,是长江上游生态屏障的最后一道关口。重庆生态环境好不好,关系全国35%的淡水资源涵养和长江中下游3亿多人的饮水安全。习近平总书记高度重视重庆生态环境建设,强调"把修复长江生态环境摆在压倒性位置,共抓大保护、不搞大开发""加快建设山清水秀美丽之地""在推进长江经济带绿色发展中发挥示范作用""要深入抓好生态文明建设,坚持上中下游协同,加强生态保护与修复,筑牢长江上游重要生态屏障"。重庆担起"上游责任",以精细化的管理理念,自2018年始全力推进两江四岸的生态修复工程,整治滨水岸线,治理消落带,打造亲水空间,全面提升"两江四岸"整体形象,加强"四山"生态保护和生态修复;出台《重庆市人民政府办公厅关于印发主城区坡地堡坎崖壁绿化美化实施方案的通知》(渝府办发〔2019〕109号),要求按目标时序分阶段分区域,全市全面展开坡坎崖绿化美化生态修复工程,以小"切口"打开大生态格局,带动城市生态环境整体提升;以"众管"的理念加强政府管理部门的纵向连接,构建市、区(县)、镇(街)、村(社区)四级体系的"河长制""林长制"工作机制,有效达到了"水长治长清、林常治常绿"的生态保护效果,这既是对长江上游重要生态屏障重任的勇于担当,又深刻践行了习近平生态文明思想。

"大城三管"实践中坡坎崖绿化美化、城市公园建设等集中体现了习近平生态文明思想中以人民为中心的理念。习近平总书记在中国共产党第十九次全国代表大会报告中提出了坚持以人民为中心的发展理念,科学回答了中国特色社会主义事业发展为了谁、依靠谁、发展成果由谁享有的根本问题。生态文明建设是中国特色社会主义事业发展"五位一体"总体布局的重要组成,也应坚持以人民为中心,主要体现在以下三个方面:

首先,为了人民。习近平生态文明思想强调,人类关心自然、保护自然的根本目的是满足人民的需要。党的十八大报告指出,"建设生态文明,是关系人民福祉、关乎民族未来的长远大计。"推进生态文明建设是我们党坚持以人为本、执政为民,维护最广大人民群众根本利益的集中体现。总书记强调,"良好生态环境是最普惠的民生福祉。民之所好好之,民之所恶恶之。环境就是民生,青山就是美丽,蓝天也是幸福。发展经济是为了民生,保护生态环境同样也是为了民生。既要创造更多的物质财富和精神财富以满足人民日益增长的美好生活需要,也要提供更多优质生态产品以满足人民日益增长的优美生态环境需要。要坚持生态惠民、生态利民、生态为民,重点解决损害群众健康的突出环境问题,加快改善生态环境质量,提供更多优质生态产品,努力实现社会公平正义,不断满足人民日益增长的优美生态环境需要"。在以上生态理念的指引下，重庆市积极作出回应，全面开展坡坎崖生态修复工程。坡坎崖生态修复不仅是一项生态建设工程，而且还是一项人居环境改造工程，在做好生态修复的同时又为市民打造了休闲、健身和娱乐的好场所。大多坡坎崖绿化美化后变为市民休闲游憩的小公园，园内设计了休闲亭、观景平台、休闲座椅、特色健身步道、公共厕所、直饮水机等一系列便民服务设施。场地空间设计整合了儿童、老人等主要使用人群的需求，满足了周边社区居民日常休闲游憩需要。

其次，依靠人民。习近平总书记指出，"生态文明是人民群众共同参与、共同建设、共同享有的事业，要把建设美丽中国转化为全体人民的自觉行动。每个人都是生态环境的保护者、建设者、受益者，没有哪个人是旁观者、局外人、批评家，谁也不能只说不做、置身事外。要增强全民节约意识、环保意识、生态意识，培育生态道德和行为准则，开展全民绿色行动，动员全社会都以实际行动减少能源资源消耗和污染排放，为生态环境保护作出贡献。"重庆坚持美好环境与幸福生活与市民共同缔造的原则，以坡坎崖美化项目为载体，积极打造政府主导、部门负责、社会协同、群众参与的城市"共建共治共享"新范例。一是在项目选址时，广泛征求群众意见，将群众通过公开邮箱、电话热线等方式反映集中的地块优先纳入项目建设。项目建设中结合"义务植树日"活动，组织群众积极参与绿化栽植、认建认养，让爱绿、植绿、护绿成为人民群众的共识和自觉行动。二是项目建成后，通过社会公开招标确定管护单位，邀请热心群众参与管护巡查和监督，巩固建设成果。三是组织开展"最美坡坎崖绿化美化项目"评选活动，鼓励引导全社会共同关心支持项目建设，并通过媒体广泛宣传报道，不断扩大市民知晓度和认同感，努力营造全民参与、共享城市绿色空间的良好氛围。

最后，人民共享。习近平总书记指出，"山峦层林尽染，平原蓝绿交融，城乡鸟语花香。这样的自然美景，既带给人们美的享受，也是人类走向未来的依托……我们要维持地球生态整体平衡，让子孙后代既能享有丰富的物质财富，又能遥望星空、看见青山、闻到花香。"这就意味着，在习近平生态文明思想中，生态环境正义的根本在于人与人在利用环境、保护生态中的平等，即人民共享生态系统服务。重庆市璧山区是有名的"公园城市"，截至2021年1月璧山区已建成公园34个，实现了市民15min可步行到达公园广场的愿景。璧山的公园不仅生态良好，更有不同标签与特色，无论是喜欢清静的老人，还是追求新鲜的年轻人，亦或是孩童，都能找到属于自己的最爱。地处东岳庙原址的东岳体育公园以群众体育为根，足球、篮球、排球、网球、羽毛球、门球、徒步、路跑等场地广布，数百件健身器材散落其中，与山水、历史、艺术熔为一炉，充分体现了生态与健身融为一体的建设理念，是璧山体旅融合的匠心之作；以汽车露营为主题的秀湖汽车露营公园内设小车停车区、大巴停车区、房车露营区、帐篷露营区、烧烤区、儿童游乐区等六大功能区，建有800余个大小停车位、100余个帐篷营位、33个房车营位，满足了年轻人旅途休憩及多样化的休闲露营需求；枫香湖儿童公园占地800余亩，是迄今为止全国最大的无动力驱动游乐设施儿童主题公园，以儿童娱乐为主题，包括16个主题娱乐区和10个特色场景区，让无数孩子流连忘返（表6-3）。

习近平生态文明思想中的"一个中心"及重庆的践行举措 表6-3

习近平生态文明思想		重庆"大城三管"的践行举措
一个中心：坚持以人民为中心	为了人民	（1）构建市、区（县）、镇（街）、村（社区）四级体系的"河长制""林长制"工作机制，有效达到了"水长治长清、林常治常绿"的生态保护效果。 （2）全面开展坡坎崖生态修复工程。坡坎崖生态修复不仅是一项生态建设工程，而且还是一项人居环境改造工程。在做好生态修复的同时又为市民打造了休闲、健身和娱乐的好场所。大多坡坎崖绿化美化后变为市民休闲游憩的小公园，园内设计了休闲亭、观景平台、休闲座椅、特色健身步道、公共厕所、直饮水机等一系列便民服务设施。场地空间设计整合了儿童、老人等主要使用人群的需求，满足了周边社区居民的日常休闲游憩需要
	依靠人民	重庆坚持美好环境与幸福生活与市民共同缔造的原则，以坡坎崖美化项目为载体，积极打造政府主导、部门负责、社会协同、群众参与的城市"共建共治共享"新范例。一是在项目选址时，广泛征求群众意见，将群众通过公开邮箱、电话热线等方式反映集中的地块优先纳入项目建设。二是项目建成后，通过社会公开招标确定管护单位，邀请热心群众参与管护巡查和监督，巩固建设成果。三是组织开展"最美坡坎崖绿化美化项目"评选活动，鼓励引导全社会共同关心支持项目建设，并通过媒体广泛宣传报道，不断扩大市民知晓度和认同感，努力营造全民参与、共享城市绿色空间的良好氛围

续表

习近平生态文明思想		重庆"大城三管"的践行举措
一个中心：坚持以人民为中心	人民共享	重庆市璧山区着力打"公园城市"。璧山区已建成公园34个，实现了市民15min可步行到达公园广场的愿景。璧山的公园不仅生态良好，更有不同标签与特色，无论是喜欢清静的老人，还是追求新鲜的年轻人，亦或是孩童，都能找到属于自己的最爱

"大城三管"实践中坡坎崖绿化美化、严格的生态环境制度等集中体现了习近平生态文明思想的"六项原则"。

其一，坚持人与自然和谐共生。习近平总书记指出，"人因自然而生，人与自然是一种共生关系"。为了人与自然和谐，永续人与自然生命共同体，人类必须利用自身力量促进人与自然良性互作、和谐共生，终止人与自然恶性互作、非和谐共生。重庆市践行"尊重自然、顺应自然、保护自然"理念，依据各类坡坎崖不同的立地条件和地形地貌，精心建设了一批特色鲜明的坡坎崖绿化美化项目，有力提升了城市品质。编制《重庆市坡坎崖绿化美化实施方案图则》《重庆市坡坎崖绿化美化设计导则》，坚持一地一策，保护原有地形和植被，注重适生观花、色叶、闻香植物品种应用。两江山地运动公园作为坡坎崖绿化美化示范项目，最大的特色就是依山就势、因地制宜，突出山地公园独特的文化魅力。整个公园建设基本没有改变场地原始标高，并巧妙地利用原有地形，设置丰富的活动场地。公园还在充分保护原生植物群落和地形地貌特征的前提下，对建筑弃渣场地进行生态重构。南岸区呼归石坡地，利用自然裸露石阶，融合海绵城市理念，打造岩石花境，建成呼归石花阶游园；巴南区花溪河口边坡充分保护自然生态，运用乡土植物，建设湿地公园，成为消落区的生态修复示范样本。同时，坡坎崖建设还将城市历史文化融入项目建设，完善配套服务功能，增强绿地可进入性，实现坡坎崖绿化美化与生态、文化、休闲、防灾等多种功能相融合，满足市民游憩活动需要。位于鹅公岩大桥旁的九龙坡区凌江园，利用高边坡，结合地形地貌，突出孝文化主题，与重庆的山、水、桥、崖等景观融为一体，彰显独特的山城魅力。

其二，坚持绿水青山就是金山银山。习近平生态文明思想强调自然就是财富,提出绿水青山就是金山银山,保护自然就是保护生产力、就是增进人类福祉。这是发展与保护之间正的相互作用的根本基础。这一理念在重庆坡坎崖建设中也被体现得淋漓尽致。沙坪坝区红岩联线红梅林坡坎崖绿化美化项目依托周边红色资源打造了红岩精神网红旅游场所,将白公馆东侧约2万m^2梅林、渣滓洞南侧约1.8万m^2梅林、白公馆至渣滓洞沿线约0.8万m^2的梅花栽植区以及穿梭梅林景观区的1.2km步道有机结合。此项目根据地形地貌,增加步行道路,完善了游客的步行体系,布置集散场地及观景台,增强景点联动性,满足了游客集散及休憩需要。为充分彰显红岩精神,该项目在保留优质自然资源的情况下补植约1900棵红梅,新建了步道、休闲空间和城市绿地,老铁路的历史文化价值被重新发掘,成为市民休闲好去处、网红打卡地。渝中区虎头岩隧道旁万科半山公园坡坎崖绿化美化项目是山城步道建设示范项目半山崖线步道的一段,依山而建、绿树环绕,可以远眺滨江美景。该项目将红岩村、红岩革命纪念馆等红色景点串联起来形成红色旅游片区,同时依托坡地自然条件,修建登山步道和多级观景平台,再利用历史遗存的基础设施促进新旧融合,加强已破坏区域的生态修复,形成郁郁葱葱的山体美景,吸引了众多市民和游客前来观景。

其三,坚持良好生态环境是最普惠的民生福祉。习近平总书记要求:"加快改善生态环境质量,提供更多优质生态产品,努力实现社会公平正义,不断满足人民日益增长的优美生态环境需要。"以良好的生态环境是最公平的公共产品、是最普惠的民生福祉为基本原则,本质上就是以生态环境公平正义为基本原则。两江山地运动公园是两江新区第一个大众性运动主题公园,公园建设坚持"以人民为中心"的工作思路,将运动的概念泛化,把怀旧运动、场地运动、脑力运动、休闲运动四大运动主题全面纳入建设范围,强调全民参与、共享生态文明建设成果。目前,完成的一期建设,已经设置了滑板、篮球、羽毛球、网球、乒乓球、儿童乐园、滑草、"绿境攀岩"8个大众运动项目;在后续建设中还将打造太极广场、瑜伽平台、户外器械健身区、骑行步道、慢跑绿道等运动场景,能够兼顾老人、青年、少年、幼儿全年龄段人群、全时间段运动健身的需求。目前,公园周边集聚了棕榈泉、同舟世纪苑、春城澜山等10余个居住小区,10余万居民,公园建设将以往的渣场和荒地变成了休闲运动公园，建设前后对比十分明显。开园后，公园深受周边群众喜爱，游人络绎不绝，是习近平总书记"良好生态是最普惠的民生福祉"科学论断的鲜活案例。

其四，坚持山水林田湖草是生命共同体。这一原则就是以生态环境系统治理为原则，习近平同志要求深刻认识、尊重、顺应这一客观规律，并强调"要从系统工程和全局角度寻求新的治理之道，不能再是头痛医头、脚痛医脚，各管一摊、相互掣肘，而必须统筹兼顾、整体施策、多措并举，全方位、全地域、全过程开展生态文明建设"。坡坎崖生态修复工程注重项目建设的系统化，以示范点串联景观线从而带动城市环境整体提升，是习总书记生态文明建设系统化理念的重要实践。坡坎崖绿化美化工程与山城步道、"两江四岸"治理提升等项目建设相互衔接，与环境整体治理相融合，有效带动了城市整体环境的提升。重庆市对城市内部山脊线，即鹅岭—佛图关—虎头岩—平顶山中央山脊线、龙王洞山—照母山—石子山北部中央山脊线沿线进行全面覆绿和林相改造，山脊线是坡坎崖分布的重要区域，起着连接城市绿地系统的重要功能。重庆市通过对山脊线的绿化美化、增设观景平台，串联起城市的山城步道，提升了整个城市的绿化品质。

其五，坚持用最严格制度最严密法治保护生态环境。党的十八届三中全会明确提出，"建设生态文明，必须建立系统完整的生态文明制度体系，实行最严格的源头保护制度、损害赔偿制度、责任追究制度，完善环境治理和生态修复制度，用制度保护生态环境"。"十三五"期间，重庆市始终把践行习近平生态文明思想作为重大政治任务，出台了《重庆市生态环境损害修复管理办法》《重庆市环境行政处罚裁量基准》《关于实施汽车排放检验与维护制度的通知》《重庆市建设项目环境影响评价文件分级审批规定（2020年修订）》《深化生态环境保护"放管服"改革规范畜禽养殖业环境管理的指导意见》《重庆市生态环境违法行为有奖举报办法（试行）》等一系列重要文件。大气、水域和土壤等多方面的环境问题得到有效改善。"十四五"期间，重庆市立足筑牢长江上游重要生态屏障任务要求，着力构建"确权—保护—修复—利用—监管—联动"六位一体的制度体系，用更严密的制度和政策保护生态环境。

其六，坚持共谋全球生态文明建设。正如习近平同志所指出的，"地球是全人类赖以生存的唯一家园"，生态文明建设关乎人类未来，"建设美丽家园是人类的共同梦想"。中国虽然还是一个发展中国家，但因超大人口和经济规模，已成为全球生态文明建设日益突出的重要参与者、贡献者、引领者，有责任、有能力通过深度参与全球环境治理，增强在全球环境治理体系中的话语权和影响力，积极引导国际秩序变革方向。重庆市作为中国乃至世界生态文明建设的重要一员，"十四五"期间，把应对气候变化摆在更加重要的位置，把碳达峰、碳中和纳入生态文明建设整体布局，全面提高资源利用效率，推进污泥、餐厨垃圾、建筑垃圾资源再生利用，健全废旧物资循环利用体系，提高废弃电子产品、废铅蓄电池、废钢、报废汽车、废塑料回收利用水平，实现生产系统和生活系统循环链接，全面推进资源能源节约集约循环利用，促进经济社会绿色低碳循环发展（表6-4）。

习近平生态文明思想中"六项原则"及重庆的践行举措　　表6-4

习近平生态文明思想		重庆"大城三管"的践行举措
六项原则	坚持人与自然和谐共生	两江山地运动公园作为坡坎崖绿化美化示范项目，最大的特色就是依山就势、因地制宜，突出山地公园独特的文化魅力。整个公园建设基本没有改变场地原始标高，并巧妙地利用原有地形，设置丰富的活动场地。公园还在充分保护原生植物群落和地形地貌特征的前提下，对建筑弃渣场地进行生态重构
	坚持绿水青山就是金山银山	充分借助山水城市、红色文化的优势，重庆将城市建设与历史文化相结合打造了一批吸引市民和游客的网红景点，如彰显革命精神的沙坪坝红梅林、突出孝文化主题的九龙坡凌江园、山城特色的穿楼轻轨、被称为东方麦加城的钓鱼城景区和璧山的房车营地等
	坚持良好生态环境是最普惠的民生福祉	两江山地运动公园坚持"以人民为中心"的工作思路，把怀旧运动、场地运动、脑力运动、休闲运动四大运动主题全面纳入建设范围，强调全民参与、共享生态文明建设成果。在后续建设中还将打造太极广场、瑜伽平台、户外器械健身区、骑行步道、慢跑绿道等运动场景，能够满足全年龄段人群、全时间段运动健身的需求
	坚持山水林田湖草是生命共同体	坡坎崖生态修复工程注重项目建设的系统化，以示范点串联景观线从而带动城市环境整体提升，重庆市通过对山脊线的绿化美化、增设观景平台，串联起城市的山城步道，提升了整个城市的绿化品质

续表

习近平生态文明思想		重庆"大城三管"的践行举措
六项原则	坚持用最严格制度最严密法治保护生态环境	"十三五"期间,出台了《重庆市生态环境损害修复管理办法》《重庆市环境行政处罚裁量基准》《关于实施汽车排放检验与维护制度的通知》《重庆市建设项目环境影响评价文件分级审批规定(2020年修订)》《深化生态环境保护"放管服"改革规范畜禽养殖业环境管理的指导意见》《重庆市生态环境违法行为有奖举报办法(试行)》等重要文件。"十四五"期间,重庆市立足筑牢长江上游重要生态屏障任务要求,着力构建"确权—保护—修复—利用—监管—联动"六位一体的制度体系,用更严密的制度和政策保护生态环境
	坚持共谋全球生态文明建设	"十四五"期间,把应对气候变化摆在更加重要的位置,把碳达峰、碳中和纳入生态文明建设整体布局

第三节 "大城三管"是重庆由城市管理迈向城市治理的有效尝试

首先,"大城三管"是重庆市构建服务型政府的有效尝试。积极转变政府职能,建立服务型政府是重庆城市管理走向城市治理的必由之路。服务型政府是以社会发展和人民群众的共同利益为出发点,以为人民服务为宗旨并承担相应服务职责的现代政府治理模式。建设服务型政府是我国行政体制改革的基本方向和重要内容。十九届五中全会明确提出建设人民满意的服务型政府,优化政府服务,提高办事效率,加强各类公共服务供给。以往的城市管理多注重城市基础设施建设以及城市的经济发展,忽视了城市民生建设、对群众的服务以及社会管理,使得城市就业、住房、医疗、上学以及养老等民生问题日益加重,社会矛盾的凸显严重影响了城市稳定、和谐发展。

在此背景下,"大城三管"正是重庆市转变政府职能,建立服务型政府的有效实践。"大城三管"强调持续推进民生项目建设,将服务型政府的理念落到实处。民生项目的建设包括坡坎崖绿化美化,山城步道的修建,智能环卫公厕的大量增设,公园和休闲广场的建设,以及老旧小区改造等。截至2020年年底,中心城区公厕数量达到3540座,每万人(含暂住人口)拥有公厕4.25座,建成区公厕密度达到4.31座/km^2;建设半山崖线步道、重钢步道等16条,约172km。截至2021年5月底,重庆市中心城区坡坎崖绿化美化累计完成项目298个,面积1357.5万m^2,中心城区外各区县累计完成项目787个,面积1104.3万m^2;启动老旧小区改造1842个。"大城三管"始终坚持党建引领,有效促进了基层党建与社会治理深度融合。这些民生项目从根本上服务了民众,体现了服务型政府的理念。

其次,"大城三管"是重庆城市管理主体由单一化向多元化转变的有效尝试。"大城众管"发动群众参与城市管理,形成多元主体参与城市治理的局面。重庆从2017年开展"发现重庆之美"系列推选活动,通过活动的开展,让市民广泛地参与推选,广泛地了解城市管理工作的内容和取得的成绩,2019年整个活动最后总的关注点击量在2700万人次,在推动市民广泛关注和参与城市管理中发挥了重要作用。重庆大力推行"五长制"和"门前三包",2019年主城区累计签订"门前三包"责任书12万份,成立重庆市"城市提升"志愿服务队伍111支,累计招募志愿者4000余人。

最后,"大城三管"是重庆推动城市管理方式由粗放型向精细化转变的有效尝试。"大城细管"完善和细化了城市管理的法规制度和标准体系。截至目前,重庆市城市管理局向市市场监管局申请标准升级立项20项,行业立项36项,形成了一批既符合国家一流要求、又具有重庆特色的"大城细管"标准;建立城市精细化管理体系。重庆市城市管理局结合部门设置,成立城市综合管理工作领导小组,负责全市运行的统筹规划、牵头抓总、指挥调度、协调运转;建立网格化管理执行体系,形成集"案件发现、分流交办、任务处理、情况反馈、核实结案、结果评价"于一体的精细化、标准化的工作运行流程;借助大数据等新一代信息技术手段打造全市政务服务"一张网",提高精细化管理水平(表6-5)。

城市管理向城市治理转型的具体方式及重庆"大城三管"的践行举措　表6-5

城市管理向城市治理转型的方式	重庆市"大城三管"的具体践行举措
转变政府职能，建立服务型政府	（1）全面推行城市综合管理"马路办公""五长+三级书记"社会治理机制，将城市综合管理责任压实到"最后一米"、落实到"最后一人"，基本实现"马路上办""马上就办"，及时发现、掌握、处置市民关注、社会聚焦的城市管理问题。 （2）持续推进坡坎崖绿化美化，山城步道修建，智能环卫公厕大量增设，公园和休闲广场建设，以及老旧小区改造等民生项目建设
管理主体由单一化向多元化转变	（1）开展"发现重庆之美"系列推选活动，通过活动的开展，让市民广泛地参与推选，广泛地了解城市管理工作的内容和取得的成绩。 （2）通过城管开放日活动、试点"垃圾分类"积分兑换奖励、网友"找茬式"城市管理工作、"最美阳台""最美庭院"评选等强化与市民沟通及情感联结。 （3）黔江区以暑期学生体验城管活动、城管开放日活动强化城市管理与市民联结；涪陵区试点"垃圾分类"积分兑换奖励，激发居民参与热情；巴南区以"巴南城管"微信公众号运营为手段强化城市管理的市民参与
管理方式由粗放型向精细化转变	（1）形成了一批既符合国家一流要求，又具有重庆特色的"大城细管"标准。 （2）城市管理局以制度标准化为切入点，建立网格化管理执行体系，形成集"案件发现、分流交办、任务处理、情况反馈、核实结案、结果评价"于一体的标准化工作运行流程，让管理活动得到了约束和规范。 （3）积极探索区级智慧城市管理建设。江北区建设"1322"架构信息化服务平台，渝北区建设市级数据资源调配中心、市级事件处置中枢中心、市级一体化综合指挥调度中心、市级融合应用展示中心等"四个中心"，全面提升智慧城市综合管理服务能力

第四节　"大城三管"奠定了新时代重庆城市管理体系的基石

经过长期实践探索，重庆构建了"大城细管""大城众管"和"大城智管"的城市管理战略蓝图，奠定了新时代重庆城市管理体系的基石。随着中国特色社会主义进入新时代，科技进步、文化繁荣，人民群众对于美好生活的追求愈发迫切、对于生活品质的要求不断提高，无疑赋予了城市管理工作新使命。重庆市委市政府在习近平总书记关于城市管理的一系列重要论述下，紧扣"城市管理要像绣花一样精细""城市的核心是人""促进城市管理精细化、科学化、智能化"等重要论断，立足重庆市情创造性地提出"大城三管"理论，有效回应了新时期解决重庆城市问题的顶层设计需求，建立起了重庆市城市管理的基本框架，彰显了重庆市领导班子的智慧。"大城三管"为重庆城市管理打好基础、谋划长远，奠定了新时代重庆城市管理的理论基石，将重庆城市管理战略性地构想为以"大城细管"为目标，"大城众管""大城智管"为手段的蓝图。"大城细管"的核心是下足绣花功夫，弘扬工匠精神，在细节上做文章，于细微处见功夫；"大城智管"强调的是手段，顺应大数据智能化发展趋势，实现城市管理智能响应、精准处置；"大城众管"强调的是合力，其核心是调动各类主体积极性，释放每个社会细胞的活力，形成共建共享、共管共治格局。

在云计算、大数据、人工智能等技术飞速发展的时代，国家治理体系现代化和治理结构的转型也为城市管理工作实现质的突破带来了新机遇。抓住机遇、用好机遇，让技术服务于城市管理，让城市问题的解决融入新技术快速发展的时代背景中、嵌入到国家治理体系现代化和治理结构转型系统的现实要求中。"大城三管"的战略性构想为重庆城市管理工作指明了发展方向，确立了目标愿景，建立了实施路径。重庆在"大城三管"理论的指导下，在城市管理领域开展了以"城市提升行动计划"为总揽，"马路办公""七大工程"等系统工程为着力点的一系列城市管理改革，全方位提升城市品质，为山水之城、美丽之地注入新能量。

第五节 "大城三管"突出了重庆城市管理的本质特征与核心优势

重庆依据自身多山地、丘陵，且山水分割，呈现出多中心组团的特征，提出"大城三管"的城市管理理念，"大城三管"正是重庆城市管理的本质特征与核心优势的体现。

"大城细管"的本质特征与核心优势主要体现在多样化的管理方式上，依据区域特色实行差别化的管理手段。重庆山水分割、多中心组团的地理特征，致使每个区域的地理特征、人文特色各不相同，需要城市管理者采取差别化、精细化的管理手段，满足不同区域不同居民群体的需求。"大城细管"具体体现在标准体系精细化、精准识别参与主体需求和智能化手段的精细化应用这三个方面。城市精细化管理需要政府部门制定详细的工作规范、操作流程、部门职责、绩效考评机制以及法律保障制度等，并在实际工作开展过程中不断丰富和完善。城市问题涉及的参与主体众多，应精准识别不同参与主体的需求，以实际需求为导向并争取更多支持城市管理的社会力量，从而助力政府部门进行高效的城市精细化管理。此外，城市精细化管理离不开现代信息技术的智能化支持和运用，需要政府部门基于人工智能、区块链等技术开展线上线下协同联动，精准识别城市问题、群众需求，精准解决问题、提供服务，为"大城众管"和"大城细管"的顺利进行奠定基础。

"大城众管"的本质特征和核心优势体现在有效的动员与市场引入体系。重庆地处西南地区，相较于其他直辖市，经济发展略显落后，城市管理经费投入不足，因此引导企业、社会组织、专家和市民共同参与城市治理，减轻城市管理成本尤为必要。以"人民城市人民建、人民城市人民管"的方针，充分动员市民、社会中介组织、专业技术组织和人才等社会主体从传统的"被管理者"真正成为城市管理的主体，营造齐抓共管的浓厚氛围，打造共建共治共享的城市治理格局。提高社会公众对城市治理工作的认识，鼓励广大市民和社会各界群策群力共谋城市发展，充分激发公众参与的动力和活力，着力营造人人参与治理的良好氛围。充分发挥市场在资源配置中的决定性作用，引导资源要素聚集，政府在基本公共服务供给保障中的标准落实和监督问责，推进城市管理服务市场化改革，善用政府购买服务、PPP合作等市场化手段，发挥市场在社会治理中的作用，构建政府与市场合作的长效机制。

"大城智管"契合了重庆作为主城区人口近千万的特大城市，且人口分布过于分散的特点。山水分割、多中心组团的地理特征造成人口分布不够集中，再加上人口规模庞大，重庆城市管理难度较大，靠传统仅仅依靠"人治"的城市管理手段不再可行。因此，基于特殊的市情区情，重庆必须改变传统"人治"的管理方式，借助大数据等新一代信息技术进行城市管理。"大城智管"的本质特征与核心优势体现在城市管理过程中的智通能融、智感能知、智策能决、智联能动、智服能惠及智监能察。智通能融强调立足城市管理现状,逐步完善数据资源的采集、交换、共享等,实现城市管理信息的融合互通;智感能知强调运用智慧城市发展过程中先进的智能感知、语音识别、自动检测等技术,实现城市管理的信息可视化和管理技术智能化;智策能决强调运用数据挖掘、人工智能等智能化手段有效识别业务信息,为城市高效管理、城市科学规划提供决策支持;智联能动强调依托高水平的信息技术构建针对主管部门和社会公众的信息系统平台,一方面能够促进不同主管部门之间的信息共享和业务协同办理,另一方面可以吸引更多的社会公众参与城市管理,从而实现协同共治;智服能惠强调响应政策号召构建一体化平台,既可以优化各级部门的城市管理方式,又可以为公众提供更加便捷、高效的生活服务;智监能察强调运用智能化手段扩大城市管理问题巡察的覆盖范围并提高问题处理效率。

第六节 "大城三管"破解了山地城市管理难题,提供了"两高"城市样本

重庆"大城三管"契合了山地城市的特点,是山地城市管理的典范,为山地城市打造"高质量发展、高品质生活"提供了样本。重庆处于西部大开发的重要战略支点、"一带一路"和长江经济带的连接点上,习近平总书记要求重庆打造成为内陆开放高地、山清水秀美丽之地,实现推动高质量发展、创造高品质生活的目标。城市发展是高质量发展的载体,城市管理是高品质生活的根基。"两高"目标城市的实现离不开城市整体品质的提升,而城市整体生活品质的提升必须以城市管理水平的进步为基础,而这在山地城市绝非易事。

重庆特殊的自然环境在为重庆塑造了"立体城市"标签和各种"网红打卡地""8D魔幻现象"等令人惊奇的景观的同时,也受山区地形、环境条件的影响和制约而给重庆城市管理工作在城市空间管控、生态改善、共管共治等方面的城市品质提升带来了困难。山地城市各构成要素借助山水地形的坡

度、坡向、山体位置和形态的变化而生，山中有城，城中有山，地形复杂，即使是城区也多"坡坎崖"等崎岖地貌，加大了城市升级改造的难度，加之气候多变，年平均雾日达到104天，这对以照明为代表的市政设施带来了严峻考验。目前，重庆市城市综合管理工作面临着如下问题：部分城市综合管理问题还比较突出，城市新老环境问题交织，一些痼疾顽疾容易出现边治理边反弹现象；城市环境品质还存在短板，尽管中心城区整体环境品质改变明显，但仍存在薄弱环节；城市精细化管理水平有待进一步提升；城市综合管理体系有待进一步完善。山地城市困境的解决需要人类更大的智慧和更多的方案，它关乎世界、关乎中国。山地不宜发展城市，这在21世纪的今天似乎早已成为共识，但重庆作为山地城市的典型代表打破了这一论断。

近年来，重庆实施以大数据智能化引领的创新驱动发展战略行动计划为代表的"八项计划"，基本建成国家重要智能产业基地、全国一流智能化应用示范之城和数字经济先行示范区。智慧城市研究院的成立为重庆城市智能化管理水平提升提供智力支持，有力地推动了产业转型升级、城市升级改造；打造城市管理智能化平台，高效率解决城市问题，目前已将人脸识别、电子签章等78个共性技术和业务协同能力组建，为市民提供多样性的城市服务；推进数字城管平台智慧化升级，实施市区一体化智慧城市管理平台项目建设，努力建成"一网统管""云端赋能"城市"智理"，推进"智慧城管"建设，完成数字城管市级监管平台升级改造和区县数字化城市管理平台建设，实现数字城管全覆盖，建立起以江北区"1322"架构为代表的智慧城管模式。

为修复生态，还江于民。2018年开始，重庆启动"两江四岸"治理提升工作，取缔沿江污染源，调整码头、工厂、市场等功能布局，着力恢复江岸线生态廊道功能，为市民营造亲水的绿意空间。山城重庆的立体城市景观令人神往，但中心城区建筑密度过大、公共空间少，城市功能存在明显短板。尤其是一些难以开发的"边角地"，经常被人开垦用来种菜或倾倒垃圾，严重影响人居环境。为破解这一难题，重庆近年来积极探索"变废为宝"，将大量坡、坎、崖"边角地"改造成为开放式的社区体育文化公园，为市民建起家门口的免费"健身房"。目前，重庆中心城区已建成投用60个社区体育文化公园，2020年年底已达到92个，可服务周边群众约350万人。北碚区"邮票广场"充分利用城市社区里的边角绿地，结合地形，在绿地间巧妙设置广场、休闲座椅等，联合部门、街道"马路办公"，因地制宜打造以邮票广场为载体的社区新绿地。"邮票广场"的管护机制是采取"谁建设、谁管护"的原则，实行建设单位直接管理、行业管理部门指导管理、社区居民直接参与管护的"三管"机制，既减缓工作人员压力又扩大了社会参与。

重庆按照"高质量发展、高品质生活"目标要求，深入推进城市人居环境提升，大力推进大城细管、大城众管、大城智管，着力提升城市精细化管理水平，切实增强了群众的获得感、幸福感和安全感。"大城细管"将城市管理的触角延伸到社区和网格，让城市管理再无小事和死角；"大城众管"吸引各方建立起由不同社会主体构成的"五长＋网格＋志愿者"架构，让城市管理不再是政府"一家之事"，真正实现人民城市人民建；"大城智管"为先进技术在城市管理中的运用奠定了基础，让城市管理向高效、智能的方式转变。以"七大工程"为着力点，以"两江四岸"核心区整体提升为突破口，重庆花大力气破解了城市管理难题，打造出干净整洁有序、山清水秀城美、宜业宜居宜游的城市环境，成为全国人民心中的"网红"城市。"大城三管"为山地城市管理树立了新标杆，为"推动高质量发展、创造高品质生活"的"两高"城市提供了新案例。

第七节 "大城三管"丰富了城市管理理论成果

"大城三管"作为在习近平总书记关于城市管理一系列重要论述指导下建立的本土理论，立足重庆市情，是市委市政府对重庆城市管理以往优秀工作经验总结和科学技术方法的结合，是对城市管理理论的综合运用，在不断摸索中探索出的"细管""众管"和"智管"相结合的综合管理理念。假设不大胆，不能有新发现，证据不充分，不能使人信服。"大城三管"理论打破传统城市管理理论的束缚，挣破了旧有思想的牢笼，大胆创新，在其他城市、其他理论关注精细化管理、智慧城市、公众参与等单一城市问题时，便将城市管理整体发展战略规划全方位整合，基于综合管理理论对未解决的问题提出新的假设，并基于假设在重庆城市管理工作实践中寻求证实，用一个又一个鲜活的城市管理案例予以证实，在逐年拔高的群众满意度中获得认可。"大城三管"理论的发展既吸收了全球其他城市管理理论的精华，又对其他理论中的"先天性缺陷"以及与重庆市本土实际需要相结合可能出现的"水土不服"等问题着力进行了避免，丰富了世界城市管理理论成果。

一、确立了城市管理的公共价值和公平精神

"大城三管"理论以提升城市整体品质为价值追求，以公共性为价值取向，是公共利益最大化的体现，这与新公共管理理论指导下的城市管理有着很大的不同。新公共管理追求"3E"，即经济（Economy）、效率（Efficiency）和效益（Effectiveness），强调公共行政经济价值的优先性和公共行政的工具性价值，弱化了公共行政的目的性价值的考虑；注重个人"经济"属性，而忽视人的社会与政治属性；注重经验的实证主义分析方法，混淆了公共部门与私营部门的区别，使公共行政管理成为追求效率的工具，从而丧失了政府追求民主与公平的"公共性"（何颖，2014）。"大城三管"理论坚持公平公正的政府立场，在借助智能化手段提升城市管理效率的同时，体现了政府在治理城市过程中的责任担当和正当性。新自由主义政策虽然能提高效率，增强某个国家、城市、集团的竞争力，然而其代价是削弱社会公平，扩大贫富差距（张庭伟，2004）。而"大城三管"则兼顾社会公平和效益，基于整个市域内涵出发，走各区县城市管理协同发展的道路，没有将偏远区县抛之脑后；对能推动城市高质量发展、创造高品质生活的城市管理关键环节给予了全面的关注，把全市域、全领域统一纳入"大城三管"建设正是公共性和公平性的体现。

二、明确了人民城市人民管、人民城市人民享的城管理念

"大城三管"以城为民建、市为民享的"人民城市人民建，人民城市为

人民"理念指导城市管理行动,引导、动员市民、社会参与城市管理,解决市民群众关切的热难点问题,提升城市整体生活品质让全体市民共享。这不仅形成了以城市管理局为主体,"网格"为基本单元自上而下的"链式"组织体系,还吸引社会力量以志愿活动、"五长"等形式参与其中,有效动员市民、其他社会主体参与城市管理过程,破解了苏联综合城市管理理论对城市管理的组织功能注意得很不够的问题(陈光庭,1986)。所有社会单元都是治理的主体和行动者,城市由他们共同建构,城市由他们共同治理,行动的果实由它们共同分享。

多中心治理理论在建构"中心—边缘"结构的破解方案时通常又不自觉地回到了"中心—边缘"的思维模式之中。未来的城市治理模式不应当是一种所谓的"多中心"格局,而是中心与边缘的不平等关系被全面消解的格局,在其中,中心与边缘的区分不再适用,即迈向一种既没有中心也没有边缘、多元治理主体共生共在和共建共享的新情境(张桐,2019)。

"大城众管"理念是将市民、企业、社会主体共同动员起来参与城市管理,"核心是众,发动老百姓共建共享,城市管理是大家的事,全面推进环卫、园林、交通、绿化、民生服务、安全各个领域应用的广度和深度。""发现重庆之美"市民点赞系列活动即是一项具有代表性的活动,"发现重庆之美——2020重庆最美环卫工暨最美坡坎崖调查推选活动"参与市民超过7000万人次,让市民自主选择、"用脚投票"衡量重庆城市管理工作,既充分实现了建设人民城市的目标,又借此引导市民参与到日常城市管理中去。这种开展多样化志愿服务、监督投诉的做法,突破了中心—边缘单向方式,向多元多向的方式转变。

三、树立了从实践中来、到实践中去的城管意识

"大城三管"是以习近平总书记关于城市管理的重要论述为指导,在此基础上结合重庆城市管理工作的现实需要而提出的创新理念,有别于对新城市主义理论的批判源于其强化脱离实际的理想模式(张衔春,2016)。整体性治理理论则面临政府角色定位的困境和治理责任的归属困境(史云贵,

2014),以及支撑条件不具备的问题(吴晓凯,2020)。"大城三管"对政府城市管理责任有着明确定位——提升城市整体生活品质,以城市管理局为主导部门,联合环保等部门开展城市提升行动,在"大城三管"的指导下对城市开展有机更新。在"大城三管"的理念指导下产生了渝中区"五长+三级书记"、江北区"1322"智慧城管架构、沙坪坝区智能古树系统、北碚区"智慧双长制"等一系列城市管理实践成果,充分论证了"大城三管"的实践性和前瞻性。

第七章

"大城三管"面临的新形势与新挑战

当前,重庆面临全新的发展环境和时代趋势,重庆"大城三管"正站在新的历史起点,面临新形势、新难题和新机遇。一方面,国家治理能力与治理体系现代化,要求重庆市加快由城市管理向城市治理转型。从发展趋势看,国内外城市治理逐渐呈现出治理领域综合化、治理方式法治化、治理体系标准化、治理重心基层化、治理主体多元化、治理理念人性化、治理手段智慧化的趋势,以城市综合管理带动城市治理体系和能力现代化迫在眉睫。另一方面,重庆作为西部大开发的重要战略支点和"一带一路"、长江经济带的连接点,承担着带动西部大开发和努力推动高质量发展、创造高品质生活的重要历史使命。在成渝双城经济圈战略背景下,如何更好地提高"山城"的管理水平,是当前重庆上下迫切需要破题的时代问题。此外,目前重庆城市管理也面临着诸如法律法规不健全、管理标准相对滞后、部门权责关系不清晰、规管部门衔接不顺畅、马路办公、五长制等经验做法仍未制度化,社会力量参与城市管理仍相对不足等一系列挑战。与重庆在国家发展战略中的使命责任,与全市经济社会发展需要、城市发展新要求和人民群众对美好生活的期望相比,仍然存在一定差距。

第一节 "大城三管"面临的新环境

通过聚焦国家层面和地方层面,从宏观角度出发研判"大城三管"所面临的国家形势,从微观角度准确把握重庆城市管理工作的时代定位,系统激发城市管理工作新动能,奋力开创重庆"大城三管"新局面。

一、领导关怀:"人民城市人民建,人民城市人民管"的理念

科学的城市管理体制、机制是前提,精细化是提高城市管理水平的主要路径,智能化是城市管理的技术支撑,人性化才是城市管理的目标。

2019年在中华人民共和国成立70周年大会上,习近平总书记指出,"前进征程上,我们要坚持中国共产党领导,坚持人民主体地位""不断满足人民对美好生活的向往,不断创造新的历史伟业。"同年11月,习近平总书记考察上海时又指出"城市是人民的城市,人民城市为人民",2020年12月在中央全面深化改革委员会第十七次会议上讲话指出:"我们以人民为中心推进改革,坚持加强党的领导和尊重人民首创精神相结合,坚持顶层设计和摸着石头过河相协调,坚持试点先行和全面推进相促进,抓住人民最关心、最直接、最现实的利益问题推进重点领域改革,不断增强人民获得感、幸福感、安全感。"

自2018年"大城三管"提出并践行以来,习近平总书记又多次强调要坚持人民群众的主体地位,强调城市建设和改革发展都是为了人民的理念。因此,城市管理应以人民群众的满意为最终落脚点(图7-1)。

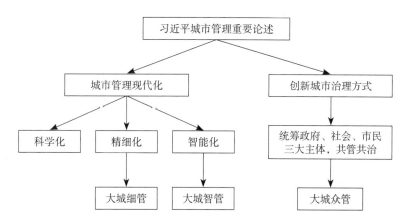

图7-1 习近平城市管理重要论述与"大城三管"创新实践的关系

二、国家战略：国家治理能力与治理体系现代化建设的趋势

城市治理是国家治理体系和治理能力现代化的重要组成部分，"十四五"规划和2035年远景目标对今后城市治理工作提出了新的要求，强调要大幅提升城市治理的科学化、精细化、智能化水平，提高特大城市风险防控能力。成渝地区双城经济圈建设的提出，为构建成渝协同治理城市管理体系提供了契机，做好成渝之间城市管理和执法区域协作是新的课题。

习近平总书记强调，"推进国家治理体系和治理能力现代化，必须抓好城市治理体系和治理能力现代化。"2020年4月，习近平总书记赴浙江考察时，在杭州城市大脑运营指挥中心指出，"让城市更聪明一些、更智慧一些，是推动城市治理体系和治理能力现代化的必由之路，前景广阔。"同年10月份在深圳视察时强调，"要树立全周期管理意识，加快推动城市治理体系和治理能力现代化，努力走出一条符合超大型城市特点和规律的治理新路子。要强化依法治理，善于运用法治思维和法治方式解决城市治理顽症难题，让法治成为社会共识和基本准则。要注重在科学化、精细化、智能化上下功夫，推动城市管理手段、管理模式、管理理念创新，让城市运转更聪明、更智慧。"由此可见，城市管理当中智能化手段的应用，管理的精细化，是实现城市治理体系和治理能力现代化的必由之路。

2020年，"十四五"规划和2035年远景目标的建议对今后的城市管理和城市治理工作又提出了新的要求，强调要大幅提升城市科学化、精细化、智能化治理水平：

一是创新城市治理方式，以"智管"促"细管"。运用新一代信息技术建设城市综合运行管理服务平台，加强对城市管理工作的统筹协调、指挥监督、综合评价，推动城市治理"一网统管"；从群众身边小事抓起，以绣花功夫加强城市精细化管理。

二是进一步深化城市管理体制改革，加强部门协调、依法治理。建立健全党委政府统筹协调、各部门协同合作、指挥顺畅、运行高效的城市管理体系；坚持依法治理，注重运用法治思维和法治方式解决城市治理突出问题；

加强城市管理执法队伍建设，推进严格规范、公正文明执法。

三是加强特大城市治理中的风险防控，加强应急体系建设。全面梳理城市治理风险清单，建立和完善城市安全运行管理机制，健全信息互通、资源共享、协调联动的风险防控工作体系，实现对风险的源头管控、过程监测、预报预警、应急处置和系统治理；实施城市建设安全专项整治三年行动，加强城市应急和防灾减灾体系建设，综合治理城市公共卫生和环境，提升城市安全韧性，保障人民生命财产安全。

四是加强社区建设和管理，满足居民公共服务需求。开展完善社区设施补短板行动，因地制宜对居住社区市政配套基础设施、公共服务设施等进行改造和建设；推动物业服务企业大力发展线上线下社区服务业，满足居民多样化需求；建立党委领导、政府组织、业主参与、企业服务的居住社区治理机制，推动城市管理进社区，提高物业管理覆盖率；推进智慧社区建设，实现社区智能化管理；开展美好环境与幸福生活共同缔造活动，发挥居民群众主体作用，共建共治共享美好家园。

根据十九届五中全会的最新精神，结合重庆城市管理工作实际，"十四五"时期重庆"大城三管"工作有以下几个方面值得关注和着力：

一是把握城市建设从整体上进入城市更新阶段的态势，把工作重心更多地放到城市运行管理上来。落实"三分建设，七分管理"，按照高质量发展和高品质生活的要求，着力改善人居环境，着力提升城市品质。

二是建立和完善老旧小区改造和社区管理长效机制。根据城市更新行动加强城镇老旧小区改造和社区建设的要求，城市管理和执法部门需要进一步重心下移，拓展"马路办公"的内容，与街道、社区密切协作，建立和完善老旧小区改造后以及完善居住社区的长效管理机制。进一步深化"大城细管"，为社区居民提供精细化的管理和服务。

三是吸引各方力量参与城市治理，形成多元共治的城市治理模式。"规划和远景目标建议"也提出了"提高城市治理水平"的任务，"十四五"期间，在坚持党建引领和政府负责的前提下，在进一步深化城市管理综合行政执法体制改革的同时，要深化"大城众管"的广度和深度，充分发挥市场作用，吸引社会力量和社会资本参与城市管理，发挥街道社区城市管理和服务中的基础作用，引导社会组织、市场中介机构和公民法人参与城市治理，形成多元共治、良性互动的城市治理模式。

四是加大信息技术的投入，提高城市风险防控能力。十九届五中全会"规划和远景目标建议"提出"加强特大城市治理中的风险防控"。重庆是特大城市，而且是特色鲜明的山地城市，地形复杂多变，预防自然灾害的挑战更大。特大城市的风险防控是一项十分复杂的系统工程，涉及城市工业危险源、公共场所、基础设施、自然灾害、公共交通、突发公共卫生事件、恐怖袭击和破坏活动、群体性事件等诸多因素，以及公安、交通、安监、食药监、消防、医疗、城建、城管等众多部门。流动人口对公共服务的压力，公共秩序的影响；失业风险，流动摊贩的增加，容易发生执法冲突，成为引发社会舆论关注的焦点。城市基础设施运行的安全性（如垃圾处理厂、窨井盖、广告牌匾）都是城市管理要重点关注的风险防控领域。因此，"十四五"时期，重庆需要加大智慧城管的投入，利用现代信息技术提高风险防控能力。

五是推进成渝地区双城经济圈建设，构建成渝协同治理城市管理体系。"规划和远景目标建议"提出，优化行政区划设置，发挥中心城市和城市群带动作用，建设现代化都市圈，推进成渝地区双城经济圈建设。这里面涉及加强城市管理和执法的区域协作，为促进区域协调发展服务的问题。"十四五"期间，做好成渝之间城市管理和执法区域协作是新的课题。

如今，国家治理体系和治理能力创造了政府治理的中国模式和社会治理的中国经验；未来，国家治理体系和治理能力将向制度化、民主化、法治化、高效化和协调化迈进。而在这样的大环境下，"大城三管"要精准把握国家战略，顺应国家政策发展方向，向更加科学化、人性化、智能化和多元化方向迈进。

三、技术推动：新一轮技术革命催生城市管理的新动能

随着移动互联网和智能终端的快速普及，技术革命下不断催生的技术创新倒逼城市治理的不断升级，也必然是城市现代化的发展趋势，和城市管理

现代化的主要手段。城市若想"跑"起来，那么城市管理水平必须"踩下油门"获得新动能。总书记指出：整个城市是一个生命有机体。对城市复杂巨系统的综合管理，就必须强化智能化管理，提高城市管理标准，更多运用互联网、大数据等信息技术手段，提高城市科学化、精细化、智能化管理水平。

随着4G技术成熟，世界早已进入海量数据爆发的大数据时代，无论是人们的日常消费生活，还是政府的政务处理手段，都有从线下转为线上的大趋势。当前，5G时代已经全面开启，新一代通信技术的发展与应用将会带来万物互联的全新时代。在未来，人与人、物与物、人与物之间通过数据信息进行联系将会日益紧密，想要实现更具效率的城市管理，就势必要以技术改革为基础，对愈发丰富且复杂的数据进行处理，对城市管理系统进行优化。"大城三管"面向新的时代需求与挑战，必须与时代发展同步更新，从而真正实现智慧城市的建设，催生城市管理的新动能。

四、竞争拉动：成渝双城经济圈发展战略的驱动

2020年1月，成渝地区双城经济圈建设正式提出，既是国家推动高质量发展的战略抉择，又是成渝地区高质量发展的必然趋势，为加强成渝两地城市管理协作提出了新的要求。

成渝双城"东进西拓"且彼此串联已成为发展战略的科学选择和实践建设的大势所趋。我国要实现社会主义现代化并最终建成社会主义现代化强国，必须制定和实施高质量发展战略，在若干重点地区或若干核心增长地域取得战略突破。成渝地区双城经济圈的建设和发展，需要持续不断全面深化改革，通过城市管理改革推动体制机制创新。

因此，在深刻领会把握推动双城经济圈建设的总体要求基础之上，"大城三管"要提高城市管理站位、找准城市管理方位、明确城市管理定位，加快提升重庆的城市发展水平，提高城市的综合竞争力，带动成渝经济圈建成具有影响力的高品质"宜业宜居宜游"之地，打造带动全国高质量发展的重要增长极和动力源。

第二节　国内外城市治理的新趋势

随着我国城镇化的快速发展，城市管理进一步向城市治理转型，逐渐呈现出治理领域日益综合化、治理方式日益法治化、治理体系日益标准化、治理重心日益基层化、治理主体日益多元化、治理理念日益人性化、治理手段日益智慧化等趋势。"大城三管"正是中国城市治理新趋势的集中体现（图7-2）。

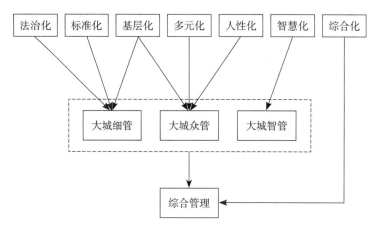

图7-2 "大城三管"集中体现了当代中国城市治理发展趋势

一、治理领域日益综合化，城市综合管理高位协调机制逐步建立

传统的城市治理一般指狭义上的城市管理，主要是市政管理，对城市的市政工程、公用事业、园林绿化、市容和环境卫生以及城市规划、房地产等行业的管理。广义的城市管理是指城市人民政府对整个城市的工业、商业、基本建设、基础设施、公安交通、城建环保、文化教育、体育卫生、公用事业等各项工作的综合管理。① 随着城市的发展，所包含的要素愈来愈多，目前城市管理逐渐向广义发展。由此可见，城市治理所覆盖的业务范围愈来愈

---

① 城市管理基本知识. https://wenku.baidu.com/view/f12f4ecadd88d0d232d46a27.html.

大，且向着综合治理的方向发展。学者俞可平认为，城市治理就是对城市公共生活的规范化管理，其主要目的是维护正常的城市生活秩序，提高城市生活品质。城市治理的核心要素是城市的公共政策和市政规划，从"广州国际城市创新奖"获奖案例来看，城市治理的重点领域逐渐包括：城市生态环境、城市公共交通、城市公共安全、城市公共卫生、城市公共文化、城市公共水源、城市社会保障、城市社会救助、城市社区治理、新老市民融合和城市社会问题等[①]，治理的领域逐渐扩大且复杂化。

在这一背景下，我国城市治理领域逐渐由分部门管理转向单一部门牵头协调的综合管理。城市管理工作要树立系统思维，从构成城市的诸多要素、结构、功能等方面入手，对事关城市运行管理的重大问题进行深入研究和周密部署，系统推进城市管理各方面的工作。在城市层面，城市管理体系化建设的首要任务是建立健全城市管理的高位协调机制。这是解决城市管理中部门分割、条块分割和多头交叉管理问题的重要举措。只有城市综合管理高位协调机制能够把城市管理各有关部门、下级政府以及相关企业整合成一个体系，形成综合管理的合力。目前，厦门、武汉、北京、郑州等城市采取了不同方式推进城市综合管理机制。

厦门确立城市综合管理机制。厦门市进一步确立城市综合管理机制，对市城市综合管理委员会（以下简称"市城管委"）及其办公室（以下简称"市城管办"）进行进一步升级，通过深化城市管理体制改革，为人民管好城市，抓重点、补短板、破难点，推动城市管理走向城市治理，让人民群众生活得更方便、更舒心、更美好。厦门市建立科学决策体系，发挥市城管委对城市综合管理的指挥、统筹、协调、监督作用，落实城市综合管理格局，厘清各级人民政府和相关部门职责，重点解决部门间管理职责既有交叉、又有盲区，管理与执法存在脱节甚至倒置等问题，实现"纵向到底、横向到边，管理无缝隙、责任全覆盖"。市城管委由市委市政府主要领导挂帅，市直相关部门和各区区委、区政府主要负责人作为成员，负责统筹推进城市综合管理

---

① 俞可平.世界城市治理创新的最新趋势[EB/OL]. http://www.urbanchina.org/content/content_7191404.html.

工作。市城管委负责研究审议城市综合管理工作的相关政策、制度、规定和方案标准，规划城市综合管理工作中长期目标；讨论决定城市综合管理工作的发展方向、工作筹划、重大问题和重要事项；组织开展对城市综合管理工作中的新情况、新问题进行调研，研究解决城市综合管理工作中的突出问题，切实起到"把方向、出政策、作决策、解难题"作用。市城管委下设市城管办，由市政府分管副市长兼任主任。市城管办负责牵头抓好市城管委的决策落实并组织实施，统筹全市城市综合管理各项工作，协调全市城市综合管理重要事项，并通过严格监督考核、牵头组织专项行动等方式，破解城市综合管理中的热点、难点和职责交叉等问题，切实推动高颜值厦门建设加速推进。

武汉建立城市综合管理体制。《武汉市城市综合管理条例》规定，武汉市建立市人民政府统一领导，市、区分级负责，以区为主，街道办事处（包括乡镇人民政府，下同）、社区为基础，部门联动的城市综合管理体制。市人民政府制订城市综合管理工作目标，建立城市综合管理协调和调度机制，研究解决城市综合管理中的重大问题，组织管理全市城市综合管理工作。区人民政府是各自辖区内城市综合管理工作的责任主体，负责领导、组织、协调本级各部门、街道办事处开展城市综合管理工作。市、区城市管理部门是本级城市综合管理工作的主管部门，根据本条例授权履行下列职责：组织编制本级城市综合管理工作计划、实施方案和考核标准，经本级人民政府批准后组织实施；指挥、协调、监督本级城市综合管理相关部门开展城市综合管理工作；组织开展本级城市综合管理考核工作；行使城市管理相对集中行政处罚权；完成本级人民政府和上级交办的其他工作。

市国土规划、城乡建设、交通运输、水务、房屋、工商行政管理、环境保护、食品药品监督、质监、民政、公安、商务、文化、教育、旅游、信息产业、卫生、园林、广播影视等城市综合管理相关部门在各自范围内履行城市综合管理职责，依法向各区下放城市综合管理职权，制定规范和标准，指导和监督区级相关部门开展城市综合管理工作，并接受本级城市综合管理主管部门的指挥、协调、监督和考核。市、区城市综合管理主管部门应当按照城市综合管理考核标准，定期对相关部门和单位的城市综合管理工作进行监督检查和考核，公布考核结果，同级人民政府依据考核结果进行奖励或者处罚。城市综合管理相关部门不接受城市综合管理主管部门指挥调度、不履行或者不正确履行本条例规定的城市综合管理职责的，城市综合管理主管部门可以向监察机关提出责任追究建议。监察机关应当按照《中华人民共和国行政监察法》等法律、法规和有关规定及时予以处理。

武汉市挂牌成立城市管理执法委员会，负责城市综合管理规划、协调、指挥、监督、考核。下设17个机关处室、11个直属单位、17个区城管委（局），其中，机关处室包括办公室、督查室、组织人事处等17个，直属单位包括城管执法督察总队、市桥梁维修管理处、市环境卫生科学研究院等11个，区城管委（局）包括江岸区城市管理委员会、桥口区城市管理委员会等总计13个区城管委，以及武汉东湖新技术开发区城市管理局、武汉经济技术开发区城市管理局等4个区城管局。

同时，完善城市管理考评奖惩机制。武汉市城市管理执法委对城市综合管理实行地毯式考核，每天派出上百人监督检查、进行考评，通过对全市区、管委会及主次干道，街道管理的数千条背街小巷、公交站点进行检查并记录结果，且汇总检查结果进行评估排名。市城管委按照公开公正的原则，对考评情况进行通报，对城区、街道管理负责人实施奖惩。连续3个月排名垫底区的区长要在电视媒体上，向全市人民作检讨。对累计三次不达标的街道，则建议相关区按问责办法免去主要行政负责人职务，有效调动各区域的工作积极性。

二、治理方式日益法治化，由行政主导向依法治理转变

城市治理方式逐渐由行政主导向依法治理转变。随着我国法治国家的进一步建设，法律法规制度的不断完善，公民法律意识的增强，城市治理的方式也逐渐由行政主导向依法治理转变。2015年，党的十八届四中全会提出全面推进依法治国。十九大报告提出要"坚持和完善中国特色社会主义制度，不断推进国家治理体系和治理能力现代化"。十九届四中全会上，习近平强调"必须坚定不移走中国特色社会主义法治道路，全面推进依法治

国,坚持依法治国、依法执政、依法行政共同推进,坚持法治国家、法治政府、法治社会一体建设"。法治化作为一种新的城市治理模式,它着眼法治目标、普及法治观念、追求法治价值,致力于推动城市发展的制度化、规范化、人性化,与国家治理现代化有机契合。目前,我国城市治理方式法制化方向的发展主要体现在两个方面。

1. 各地纷纷加快城市综合管理条例立法工作

2015年,《中共中央 国务院关于深入推进城市执法体制改革改进城市管理工作的指导意见》要求各地深化综合执法改革,加强综合行政执法,组建综合行政执法队伍,构建综合行政执法体制;同年,中央城市工作会议要求统筹规划、建设、管理三大环节,提高城市工作的系统性。2016年《中共中央 国务院关于进一步加强城市规划建设管理工作的若干意见》中明确提到,全国各地要"创新城市治理方式,推进市县两级政府规划建设管理机构改革,推行跨部门综合执法。"2019年,全国住房和城乡建设工作会议上又再次强调继续深化城管执法体制改革,加快建设城市综合管理服务平台。为响应国家的号召,全国各地展开了综合执法体制改革,组建综合执法队伍,在市、区和乡镇(街道)层面建立综合执法管理机构。在此基础上,各地也开始探索城市综合管理体制机制的建设。武汉市、吉首市、湖南省、孝感市、厦门市等地相继出台并实施了本地化的城市综合管理条例,如表7-1所示。

全国各省市《城市综合管理条例》立法工作梳理　　表7-1

省市	城市综合管理条例名称	实施时间
武汉市	《武汉市城市综合管理条例》	2013年3月1日
吉首市	《湘西土家族苗族自治州吉首市城市综合管理条例》	2015年7月1日
湖南省	《湖南省城市综合管理条例》	2017年8月1日
孝感市	《孝感市城市综合管理条例》	2017年11月1日
株洲市	《株洲市城市综合管理条例》	2018年3月1日
双鸭山市	《双鸭山市城市综合管理条例》	2019年10月1日
乌海市	《乌海市城市综合管理条例》	2020年1月1日
厦门经济特区	《厦门经济特区城市综合管理条例》	2021年5月1日
伊春市	《伊春市城市综合管理条例》	2021年5月1日

其中，武汉市的城市综合管理条例最为典型，《武汉市城市综合管理条例》(以下简称《条例》)于2012年11月28日市第十三届人大常委会第六次会议审议通过，2013年1月15日省第十一届人大常委会第三十四次会议批准，从2013年3月1日起施行，是全国实行最早的城市综合管理条例。

在城市综合管理体制和机制方面，鉴于城市综合管理涉及面广、情况复杂，必须建立权责明确、行为规范、运转协调、监督有力的管理体制。因此，《条例》规定：一是在总则中明确城市综合管理实行"市人民政府统一领导，市、区分级负责，以区为主，街道、社区为基础，部门联动"的城市综合管理体制，力图使相关部门在各负其责的基础上，齐抓共管，形成合力，形成"纵到底、横到边，管理无缝隙、责任全覆盖"格局。同时，在《条例》中体现分级管理，明确了市、区、街、居民委员会的具体职责。二是明确市区城市管理部门为城市综合管理工作的主管部门，赋予其指挥、协调、监督本级城市综合管理相关部门开展城市综合管理工作的职权，以加强部门之间的统筹协调和指挥调度，变单一管理为各方配合的管理，由专业管理向综合管理过渡。三是明确规划、建设、交通、水务、房管、工商、环保、公安、园林、民政、质监、食品药品监督等二十多个城市综合管理相关部门和供水、供电、供气、供热、邮政、通信、公共交通、物业服务等社会服务单位在城市管理中的职责，以达到部门联动的效果。

为了使城市综合管理做到"层层有人抓、事事有人管、交办有人接、件件有落实"，形成职责清晰、管理规范、监督有力、协调高效的运行机制，《条例》规定：一是以区为主，属地管理，明确市、区管辖权限，对可能产生的职责不清、管理空白等问题，设置解决途径。《条例》规定城市综合管理和相关行政执法活动实行属地管辖，由该管理事项或违法行为发生地的区级城市综合管理相关部门管辖；对专业性强、影响重大或者跨区域的管理事项或违法行为，由市级城市综合管理相关部门指定管辖或者直接管辖。对城市管理中的管理空白和涉及多个部门管理职责等方面的问题，由区人民政府明确管理责任和牵头责任部门，并建立互动、联动、协调管理的工作机制；超出区人民政府职权范围的，可报市人民政府确定。二是建立"问题及早发现和快速处置"的工作机制。《条例》规定通过部门巡查和群众举报投诉等发现方式,多渠道、全方位及时发现问题;针对由于部门职责不清、案件移送过程中问题难以得到及时处理的情况,《条例》作出规定,对不属于本部门职责范围的举报、投诉事项,应当及时移送有权查处的部门,并将移送情况告知举报、投诉人;举报、投诉涉及多个部门管理职责的,接到举报、投诉的部门应当在其职责范围内先予处置或者制止,再及时通知其他相关责任部门依法处理,以遏制违法行为进一步扩大,提高处理效率。三是实行信息共享。《条例》规定城市综合管理各部门应当将职责范围、管理规范、执法依据、执法程序、处罚标准等信息向社会公开,同时应当建立健全信息共享机制,互相通报行政许可、行政强制和行政处罚等有关行政管理信息,查处违法行为时需要向其他部门和单位查询、复印档案等有关资料的,其他部门和单位应当提供。四是建立健全执法协作和联动机制。《条例》规定城市综合管理相关部门应当建立健全执法协作和执法联动机制,在行政执法活动中需要其他相关部门协助的,相关部门应当予以协助。五是加大监督考核力度。《条例》规定市、区城市综合管理主管部门定期对相关部门和单位的城市管理工作进行考核并公布考核结果,同级政府依据考核结果进行奖励和处罚;同时赋予城市综合管理主管部门一定的追责建议权,对城市综合管理相关部门不接受城市综合管理主管部门指挥调度、不履行或者不正确履行《条例》规定的城市综合管理职责的,城市综合管理主管部门可以向监察机关提出责任追究建议。监察机关应当按照《中华人民共和国行政监察法》等法律、法规和有关规定及时予以处理。

此外,在城市管理规范和标准制定上,为了实现"城市基础设施完善、市容整洁、环境舒适、交通畅通、景观优美、秩序井然、空气清新"的城市面貌,《条例》专设一章针对此次立法的主要调整范围,分别就城市公共基础设施、公共客运交通、道路交通安全、市容环境、环境保护、园林绿化、湖泊保护等相关领域的管理事项制定明确的管理规范和标准,提出具体管理要求,解决职能部门和管理单位"管什么""管到什么程度"的问题。

最后,在法律责任设置方面,《条例》根据武汉市城管工作实际作了规定:

一是按照依法行政、权责一致的原则,对城市综合管理相关部门、单位及其工作人员不作为、乱作为的行为,分别作了行政问责、行政处分和刑事责任追究方面的具体规定。二是在对现行法律规定进行梳理、归集基础上，对城市管理中突出的重点、难点管理事项进行重申，对相应违法行为的查处作出规定。三是结合城市管理实践中反映出的问题，对上位法未作规范或者虽有规范，但措施不足、力度不够的部分管理内容，在法规的立法权限范围内作出相关创设性规定。

这部国内首部的城市综合管理类地方性法规主要有四大创新：一是体制创新，以立法的形式固定城市管理中好的经验与做法，完善城市综合管理格局，实行市政府统一领导、市区分级负责，以区为主，街道、社区为基础，部门联动的管理体制；二是机制创新，进一步理清政府及部门责任，填补空白，弥补缝隙，减少部门间推诿扯皮，形成城市管理合力，构建长效机制；三是明确城市管理范围、细化城市管理标准，实现城市管理时间和空间上的全覆盖，为城市管理者提供法律依据和保障，重点解决"怎么管"和"管到什么程度"的问题；四是解决突出问题，不简单照抄照搬上位法，而是根据武汉实际，有针对性地作出若干规定，使城市管理参与者知道"什么该做""什么不该做"以及违反规定的法律后果。

2. 各地纷纷以法律法规的精细化促进城市管理的精细化

法制化就是把应用法律规制制度化、程序化，将这些行为纳入到法律规制的范畴，由相应的制度对其进行规定、制约，这既利于行为的规范化、程序化，提高效率，也利于对其进行监督与约束，更利于保障人民的合法权利。推进城市治理体系和治理能力现代化，很重要的一条就是以城市管理的法制化为城市特色发展铺平道路，创造条件。城市管理必须依法进行，离不开行政执法。法治化就是要强化依法治理，善于运用法治思维和法治方式解决城市治理顽症难题。目前，城市管理中仍然存在法制不健全、执法不够严的问题。要完善法规，抓紧填补城市管理领域的立法空白，及时修订不符合精细化管理要求的法规、规章。要从严执法，重点是加强行业管理和综合执法的衔接，强化多部门联合执法，形成工作合力；用好用足法律资源，切实做到违法必究、执法必严，树立法律权威。在实践探索方面，东京、新加坡和上海在城市管理法制化方面走在前列。

首先，东京通过建立完善的城市治理法规体系带动城市管理精细化。日本对城市管理的各项事务规定全面、详细，法律和地方法规与条例等构成了较为完整的法律体系。如1950年颁布的《建筑基准法》对日本城市管理中违章建筑的控制起到了至关重要的作用；《道路交通法》《轻犯罪法》在对待摊贩的做法上以疏导结合为主，即允许其在一个地方经营，但是明令要求遵纪守法以达到社会和谐共生的目的。

东京在道路交通、停车设施建设和管理、地下综合管廊管理、消火栓设置、垃圾处理、水环境管理、户外广告设置、街面秩序等城市治理重点领域均设置了相应法规、规章，形成了完整健全的城市治理法规体系。其中，在道路交通方面，东京都建设局主要依据《道路交通法》《道路构造法律》等规定，制定详细的设计、建设标准体系，指导监督道路建设的铺装材料使用、宽度设置等。停车设施方面，东京都的停车设施为机动车停放和自行车停放提供便捷和有序服务；东京的汽车停车场规划由东京都市整备局负责，东京都建设局依据《道路交通法》《停车场法》《车库法》《东京都停车场条例》《自行车法》等规定，对停车设施建设和管理进行指导、监督。地下综合管廊管理方面，作为道路合法的附属物归东京都建设局管理。建设局成立专门的地下综合管廊管理部门，根据《共同沟法》《共同沟法实施细则》等规定管理地下管廊。消火栓设置方面，日本的《消防法》对消火栓的设置有相应的标准和规定，而且制定了"消防设备师"制度，规定持有消防设备执照的人才能进行消火栓的安装和维修。垃圾处理方面，东京垃圾治理依据《环境基本法》，建立《循环型社会形成基本法》框架，确保社会的物质循环利用，抑制自然资源的消耗量，降低生态环境的负荷。一方面，颁布实施《废弃物处理法》，确保废弃物的妥善处理；另一方面，颁布实施《资源有效利用促

日本东京城市管理法制化的具体做法以及相关法律法规　　表7-2

编号	城市管理具体领域	法律法规
1	道路交通	《道路交通法》《道路构造法律》
2	停车	《道路交通法》《停车场法》《车库法》《东京都停车场条例》《自行车法》
3	地下综合管廊管理	《共同沟法》《共同沟法实施细则》
4	消火栓设置	《消防法》

续表

编号	城市管理具体领域	法律法规
5	垃圾处理	《环境基本法》《循环型社会形成基本法》《废弃物处理法》《资源有效利用促进法》
6	水环境管理	《河川法》
7	户外广告设置	《景观法》《户外广告法》《东京城市景观条例》《东京都户外广告条例》
8	街面秩序	《轻犯罪法》

进法》，根据3R原则（减量化、再利用、再循环），建立减少垃圾、珍惜资源的环保节约型生活方式。水环境管理方面，东京的水环境由环境局负责，河流设施建设由建设局负责。早在1896年，日本已颁布实施《河川法》，强调治理的防洪排涝。户外广告设置方面，东京都市整备局（下设城建政策部内的绿化景观科）根据《景观法》《户外广告法》《东京城市景观条例》《东京都户外广告条例》，负责东京户外广告规划。《东京都户外广告条例》详细规定了禁止设置广告的区域，还设置了禁止设置广告的部位。街面秩序方面，街面管理中涉及的违法事项，一般经规劝后，都会得到有效制止和解决。针对少数规劝无效的违法行为，会采取诉诸法院的形式，通过司法程序解决。若存在违反《轻犯罪法》的行为，警察会对其执法（表7-2）。

其次，中国香港和新加坡在建立严格、完备、具体、周密的城市管理法规体系的同时，还强化了执法的可操作性和执法力度。新加坡在城市管理过程中的法律法规体系遍及城市管理各个领域，做到"无事不立法"，严密的法网覆盖城市管理各个领域。完备系统的法律法规体系确保了城市管理中对各类不文明陋习施行严管重罚的可行性，也为营造出新加坡文明有序、整洁靓丽的城市环境提供了最为有力的保障。建立完善的城市管理法规体系、罚款制度、考评制度和对管理资金的经营是城市管理的基本方法，它们构成了新加坡城市管理方法体系的基本内容。新加坡法规体系的完整性做到了"无事不立法"，使城市执法人员每项工作都有法可依，法规体系对规定的内容、制定办法以及惩罚都进行了详细而具体的规定，增强了执法人员的可操作性。此外，在考评过程中将考评项目体系化以及对每项指标列出十分具体的评分标准，有效减少了考评中的人为主观评判程度，硬化了考评工作。

新加坡对城市中建筑物、广告牌、园林绿化等城市管理硬环境的方方面面都作了具体的规定。其特点一是强调法规的完整性。政府对城市管理的各个方面都进行全面立法，做到了"无事不立法"，使城市执法人员的每项工作都有法可依。二是突出法规的操作性。城市管理法规对规定的内容、制定办法以及惩罚都进行了详细而具体的规定，既避免执法随意性又增加了可操作性。三是强调城市管理执法的严格性。新加坡强调城市管理执法"严"字当头，另外，还拥有一支素质精良的法纪监督稽查队伍和遍及社会各阶层的群众监控网络。四是执行罚款严格。新加坡良好的城市环境很大程度上还依赖于渗透到城市管理方方面面的罚款制度；政府对于执行罚款给予高度重视，通常派专人进行监督。

中国香港在城市管理方面的法规和标准已比较配套和具体，且覆盖面宽，切合实际，操作性强。比如针对市政管理（《污水处理服务条例》等），针对市容和环卫管理（《空气污染管制条例》《噪声管制条例》等），针对园林绿化管理设计（《郊野公园条例》等），针对城市土地管理（《香港规划标准与准则》等），针对公众事务管理（《道路交通规则》等）。此外，香港负责城市管理的各个部门，甚至每名公务人员都有着清晰的分工安排。以食物环境卫生署为例，该署共有一名食物安全专员和两名副署长分别负责食物安全、环卫执法和行政发展三个方面的工作。食环署非常重视对街头小贩的管理，对小商小贩采用审批管理和日常监管相结合的办法进行规范管理，效果良好。香港的公众街市和熟食市场的档位，以及持牌流动小贩等，均由食环署统一审批发牌、统一管理，审批与监管合一，监管力度很大。内地是工商部门审批和发放牌照，城管部门进行日常市容卫生管理，造成批、管脱节，城管不能进行收牌处理，管理力度非常小。

香港执法处罚力度大，处罚程序科学。随地吐痰、乱抛垃圾、非法张贴、犬只粪便污染街道4项可以判拘役，最高至6个月；在店铺6m范围内积存垃圾的，由执法人员书面通知业主1h内清理完毕，否则会被检控；食肆违例占用公共地方，一经裁定，最高可被罚款1万元及监禁3个月，滞交每日加罚300元；楼房虫鼠为患，未按时消灭的最高可被罚款5000元，滞交每日加罚500元；空调系统滴水，一经裁定，最高可被罚款1万元，滞交每日加罚200元，并向法庭申请强制执行命令，加重处罚等。市民犯法严惩，执法人员一视同仁。执法人员的行为受其上级主管和廉政公署的双重监督，如发现执法人员徇私枉法，则要对执法人员进行调查和指控。执法者本身不对违例者直接罚款而是发出传票，违例者到指定地点去交款或申辩。这种对处罚权力的分离配置，提高了执法效率，减少贿赂执法者的情况，增强了执法力度，保证了清正廉洁。

三、治理体系日益标准化，城市管理精细化水平逐步提升

标准化就是要建立健全城市管理标准体系，为精细化管理提供标尺和依据。目前，城市管理领域的标准建设还存在"缺、低、散、虚"等问题。要对标国际标准，城市管理的各个方面都要向世界先进水平看齐，这是一条基本原则。要完善体系，聚焦技术标准、管理标准等领域，没有标准的要尽快制定，偏低的标准要抓紧提高，相互打架的标准要进行梳理，逐步实现城市管理标准的全覆盖、精细化、高水平。

其中，上海市的城市管理标准化主要体现在以下几点：

首先，管理工作体系标准化。对于新设的标准、修改的标准，由上海市标准化委员会统筹协调各相关部门，以法规、条例、文件等形式逐步推行。利用新一代信息技术，建立健全监督中心和指挥中心管理体制，从而实现精准、高效、全时段、全方位覆盖城市管理。建立标准化效能监察体系，监察实施过程、实施结果，并实施量化考核。其次，管理制度标准化。城市管理制度标准化有助于推进城市管理法制化。标准的优势在于制定和推行的效率高，但约束力不足，需要法规助力。上海市通过城市管理制度标准的量化或技术性规范的细化为法规更好地规范执行提供技术支撑与保障。而且，标准作为科学、技术和实践经验的总结，也可以通过法规来配套推进，进而提升城市管理水平。但法律法规体系和标准体系在制定主体、法律效力和分类依据等方面都是不一样的，上海市通过加强两个体系及制定主体之间的衔接和配合来推进依法治市。最后，城市管理工作各领域流程标准化。在安全领域，组织制定了《重点单位重要部位安全技术防范系统要求》《住宅小区安

全技术防范系统要求》等，涉及安全管理的地方标准20余项。在公共管理领域，上海市建立了一套系统的城市管理标准，确定了"8+1+1+1"整体架构，共包括56部实体标准。在公共服务领域，上海在全国率先发布了养老、医保等民生服务类地方标准，《社区居家养老服务规范》等多项地方标准上升为国家标准，现正将试点成果向全行业辐射推广。在社会治理领域，近年来，上海市制定了《社区事务受理服务中心建设服务规范》《社区公益服务项目绩效评估导则》等一批地方标准。在行政权力运行领域，制定了《行政审批办事指南编制指引》《行政服务中心服务规范》等一批地方标准，逐步完成全部1124项行政审批事项标准化建设，实现了行政审批标准化全覆盖。第四，针对现行管理标准存在的问题进行标准化的全面修订。上海市针对现行老城厢、市政设施、绿化养护等城市管理标准存在的问题进行了全面的修订。修订以行业主管部门为主导，制定单位联合上海市质量技术监督局、上海市标准化委员会、上海市法制办、上海市标准化研究院以及大学科研院所、行业协会、社会组织、企业等，吸引社会公众参与。在前期研究的基础上，上海市政府通过讨论、征询、拟订、修改、试行、推广等程序，不断完善城市管理中出现的缺散、低效等问题。

新加坡遵循一套可操作的城市管理考评制度，也是新加坡城市管理的一个有效方法。其考评项目非常体系化，对每项指标都有十分具体的评分标准，这就减少了考评中的人为主观评判程度，硬化了考评工作。其考评项目主要分为城市硬件设施的维护管理和城市的清洁管理两大类，包括建筑物必须每五年粉饰一次，以及公共电器、卫生、电梯、娱乐设施、开敞空间、公共场所抽烟、吐痰、乱丢垃圾等方面的具体条款。新加坡在进行城市管理的过程中十分注重对城市管理资金的经营。市镇理事会的主要经费来源是按月收取居民的杂费，占总费用的70%～80%；而政府根据所收取杂费的一定比例（一般为20%～30%）进行补贴。市镇理事会对管理资金的运营合理而高效，大部分直接投入到日常城市管理中，而将其余的一小部分投资商业与服务业，通过市场运作，使管理资金增值，以增加城市管理的经费。

成都城市管理以"三化"为总要求（即细化标准组成、强化标准质量、优化体系结构），以"标准体系构建＋重点标准研制"为工作载体，不断深化标准化工作。2017至2021年间已累计参与或组织制定国家标准5项、行业标准1项、地方标准15项、团体标准5项和委内标准65项，通过标准体系管理的各类标准数量增长了71.37%，全面涵盖了环境卫生、广告招牌、城市照明、市政设施、市容秩序、行政执法、智慧城管等主要业务领域，为实现"全国一流、国际先进"工作目标提供了有效保障，有效提升了城市管理科学化、精细化水平。

搭建标准体系框架。2017年，针对成都市城市管理委员会的主要职责和承担的重点工作，组织制定了《成都市城市管理标准体系》（以下简称"2017版《体系》"），并于2017年11月印发实施。构建了由基础通用标准、城市管理业务标准2个子体系组成的成都市城市管理标准体系框架。通过构建标准体系并实施动态管理，实现了以下目标：①确定整个标准化工作的总体框架和发展蓝图，明确工作重点和发展方向；②在城市管理全过程中实施全面系统的标准化管理，提升标准的应用水平；③持续推进标准化工作，推动城市管理精细化水平不断提升。2017版《体系》的框架结构图如图7-3所示。

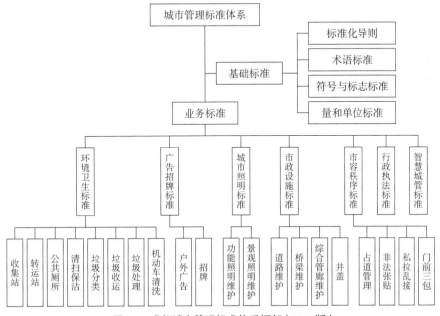

图7-3　成都城市管理标准体系框架（2017版）

持续调整完善标准体系。2017版《体系》实施过程中，结合生活垃圾分类、共享单车、综合管廊等新业务需求，以及总结实践经验，在2017版7个业务标准体系的基础上不断优化和细化标准体系框架。明晰了各项业务的标准现行水平，并指明了后续制修订国家、行业和地方标准的重点方向。

优化标准供给结构。一是开展"补短板，强弱项"专项工作。通过分析纳入标准体系管理的各类标准条目数据，能够从宏观、全局的角度，了解、把握、展示各项标准的制定、修订、执行状况，为有序、高质量地开展具体标准的制修订工作提供参考。经过三年的标准化建设，相对于2017版《体系》中的255项标准，成都城市管理标准体系的现行标准已增长到437项，增长71.37%。其中，地方标准28项，在原有4项的基础上增长600%，委内标准138项，在原有48项的基础上增长187%。二是开展标准实施和贯标的智能评估。利用标准共享服务平台数据分析功能，对相关单位使用国家标准、行业标准、地方标准和委内标准的贯标情况，进行及时的抓取，并形成数据统计模型，便于掌握各类标准的使用情况和制定需求，为标准化发展方向提供智能分析帮助。

提高标准供给质量。一是实施特色性重点标准项目。以"责任清晰、流程科学、过程可控"为要求，坚持问题导向，于2018年10月正式出台涵盖成都城市管理全部职能板块和业务领域的《成都市城市管理精细化标准》，针对不同地域、时间段，区分主街干道、背街小巷、重点节点等，设置不同的管理标准要求，以树状图形式设定管理流程，提出了考核与评价标准。国内多个城市先后来蓉学习考察，人民日报、新华网都作了积极的宣传报道。2018年全省住建工作会上，成都城市管理精细化标准工作经验得到省住建厅的肯定，鼓励各地市州借鉴学习。目前，该项标准正在按地方标准要求进行提升。二是强化关键领域标准供给。在地方标准编制上，编制了《生活垃圾分类设施设备设置规范》DB5101/T 3—2018、《成都市智慧城市市政设施城市照明基础数据规范》《成都市智慧城市市政设施城市道路桥梁基础数据规范》《球墨铸铁可调式防沉降检查井盖安装及维护技术规程》DB5101/T 4—2018等4项标准。在委内标准编制上，编制了《成都市背街小巷环境综合整治工作指导标准》《成都市农村人居环境综合整治指导标准》《成都市机动车清洗站管理规范》等13项标准。另外,还积极参与编制国家标准5项、团体标准5项,稳步提升了成都城市管理标准体系的科学化、制度化、精细化水平。

四、治理重心日益基层化,基层治理创新模式逐步涌现

基层治理是国家治理体系和治理能力现代化的重要基础,是国家治理的"最后一公里",是以人民为中心发展理念的根本体现。2016年2月出台的《中共中央 国务院关于进一步加强城市规划建设管理工作的若干意见》中明确提到,"完善城市治理机制。落实市、区、街道、社区的管理服务责任,健全城市基层治理机制。进一步强化街道、社区党组织的领导核心作用。"党的十九大报告强调,推动社会治理重心向基层下移。目前各地相继涌现了各种促进城市治理重心向基层下移的模式,如北京的"街巷吹哨、部门报到"模式、杭州的"城市大脑"模式以及成都的"社区党建引领"模式。

1. 北京市"街乡吹哨、部门报到"模式

"街乡吹哨、部门报到",正是北京市推动"重心下移"的重要举措。2018年以来,北京市大力推行"街乡吹哨、部门报到"工作机制。该机制以党建为引领,通过街道乡镇管理体制机制创新,使社会治理重心进一步向街乡下移,使问题发现、处置更加及时有效,破解基层治理"最后一公里"难题。实现"街乡吹哨、部门报到",关键是发挥好党建引领作用,将党的政治优势、组织优势转化为城市治理优势。为此,北京市委明确要求,加强党对街道乡镇工作的领导,提升街道乡镇党(工)委的领导力和组织力,建立健全党建工作协调委员会,形成地区事务共同参与、共同协商、共同管理的工作格局。

从实践来看,"街乡吹哨"主要是围绕群众所需吹好"日常哨",围绕重点工作吹好"攻坚哨",围绕应急处置吹好"应急哨"。"日常哨"是指群众日常关心的问题。例如西城区居民下水管道出现问题,及时将问题反馈给街巷长,街巷长报给街道,街道启动"吹哨"机制,区城管委等相关部门"报到",通过更换排水管道、改造公厕、调整与邻近胡同的管线衔接,从而彻底解决管道问题。"攻坚哨"是指城市管理中对居民以及周边环境产生较大

负面影响，且难以解决的重点问题。例如针对拆除违建、治理群租房和开墙打洞、背街小巷整治提升等重点工作，街乡会以"吹哨"的形式组织集中会商，开展综合整治。朝阳区三里屯北三里南42号东侧有一条百米小巷，曾经遍布酒吧、夜店，噪声扰民和环境脏乱差等问题突出。对此，三里屯街道党工委主动"吹哨"，会同有关部门，先后治理开墙打洞35户，拆除违建800多平方米，绿化美化300m^2。"应急哨"是针对城市管理中的突发事件而言。例如针对城市道路、地下管线、消防、防汛等应急处置事项及时"吹哨"，能够有效统筹各类服务管理资源，实现快速反应，减少损失。2018年8月11日，房山区大安山乡发生罕见的山体崩塌灾害，乡里及时吹响"应急哨"，各有关部门迅速赶赴现场处置，保证了人员和车辆安全。

"街乡吹哨"重点是强化街道乡镇党组织的领导作用，充分发挥其统筹协调功能，"部门报到"则重点将各类城市管理力量在街乡下沉并推动基层治理力量聚合，确保基层一线、群众身边的事"有人办、马上办、能办好"。执法力量到街乡综合执法平台"报到"，是"部门报到"的一种重要方式。目前，北京市不少街道乡镇已建立实体化综合执法平台，按照"区属、街管、街用"的原则，普遍采用"1+5+N"模式，即以1个城管执法队为主体，公安、消防、交通、工商、食药5个部门常驻1~2人，房管、规划国土、园林、文化等部门明确专人随叫随到。

2.杭州市的"城市大脑"模式

信息技术的应用使得城市治理更加精细化，有效促进了基层治理的发展。杭州城市大脑以社区制为基础划分出网格，依托网格化管理机制和网格员作用的发挥，使网格内地理数据更加真实丰富，确保将社会治理的基础信息完整且真实地记录下来，并实时更新，为基层治理现代化提供了基础数据支撑。

从平台建设看，城市大脑统筹推动社会治理"大平台"建设，打破部门间的"壁垒"。余杭区以"基层治理四平台"为主干，统筹推进"大平台"建设，对接打通省协同、市协同、省商事主体登记系统、区综合办公平台、区智慧市场监管、钉钉等20多套相关基础系统和业务系统。同时，根据《杭州市城市大脑数据规划》要求，以"一总九分"为整体架构，开发余杭区城市大脑社会治理项目,上对接省市相关业务部门,下对接区级各部门,实现数据互补、功能扩展和智能提升,有效促进了基层社会治理社会风险的预警预测预防能力。

又如下城区推出城市大脑数字驾驶舱,建立了1个区级驾驶舱、8个街道级驾驶舱、X个特色数字驾驶舱的"1+8+X"体系,初步构建起全领域、全覆盖的数字治理现代化体系,在城市管理、基层治理和突发事件处置方面,发挥了较大的作用。在疫情防控期间,下城区城市大脑数字驾驶舱充分发挥指挥中枢作用,联合武林大妈群防群治,"城市大脑+武林大妈",实现了线上和线下联合防控的治理成效。

依托城市大脑的大数据分析能力和成熟的物联网感知技术,社会治理可从"救火式"转变为"预警式"。2018年,余杭区建筑工地曾发生200多起"铁屑入眼"工伤事故,通过工伤数据分析模型,全区工伤事故区域、时段、作业、致害物、起因物等被多维分析并标签化处理,问题的症结终于找出了。同样的预警在交通领域更清晰可见。2019年,余杭区交警部门依托4300路监控、970余路卡口、860个路口的成套信号及控制系统,交通平均速度较2018年同期提升9%,延误指数较2018年同期下降3%。

从治理机制来看,城市大脑使单部门治理走向协同治理。社会治理中应急管理和部门协同是难点,通过数字化管理,应急事件研判能力大大提升,部门协同处置更为高效。下城区"八二八"建国北路塌陷事件中,潮鸣街道就是运用了"一键指挥"功能,在数据算力、部门协同和社区支持下,10min内疏散了小区居民792户,避免了重大事故的发生。同样的场景也发生在余杭区临平街道,社区在居民区内发现涉嫌"低散乱"非法食品加工点,经城市大脑协调各部门联合执法,从发现到取缔只花了2个多小时,这在以往是很难实现的。

3. 成都市"社区党建引领"模式

党的十八大以来,以习近平同志为核心的党中央高度重视党建对基层社会治理工作的引领功能。近年来,成都市武侯区经济转型升级加快,人口总量增加迅猛,社会结构趋于多元,群众诉求复杂多样,发展任务繁重艰巨,社会治理挑战严峻。随着新情况、新问题、新挑战在社区聚集,党建引领社区治理的难度、广度、复杂程度也进一步凸显。按照"守正创新"的思路，武侯区在把握城市基层党建内在逻辑与特大城市社会治理内在规律的基础上，整体设计"一核四联"新机制——领导核心是系统中枢，组织联动建系统架构，责任联结筑系统主体，资源联用优系统驱动，服务联做强系统功能。"一核四联"领导有力、协调有序、运转有效，"最大变量"转化为"最大增量"，为系统性、持续性增强党建引领基层社会治理整体效应提供了可借鉴的思路。

第一，加强领导核心，把牢政治方向。一是区级层面，统筹组织领导力量。成立由区委书记任组长的党建领导小组和社区发展治理领导小组，并设立由组织部部长为主任的区委社区发展治理委员会，将党的建设"指挥中枢"与社区治理"智慧中枢"统筹起来，做到党建与治理同谋划、同部署、同考核。二是街道层面，深化街道职能转变改革。取消街道招商考核五大职能，把加强党的建设摆在街道职能首位，引导街道党工委把主要精力投入到党的建设、社区发展、公共服务、综合管理、维护平安等工作上来，把人财物力重点向基层党建、公共管理、公共服务、公共安全等职能倾斜。三是社区层面，强化党组织战斗堡垒作用。明确社区党组织是社区各类组织和各项工作的领导核心，强化社区党的建设、教育引导群众、发展居民自治、统筹社区服务、协助公共服务职能。把辖区"两新"党组织纳入社区党委管理，强化党组织政治属性和政治功能。建立实施社区事务准入制度，严格落实社区"减负十条"，让社区"瘦身""归位"。

第二，推进组织联动，汇聚工作合力。一是成立街道（社区）区域党委，实现组织力量"横向整合"。采取"结构席位制"，联合驻区机关、企事业单位和"两新"组织，在街道、社区两个层面，分别建立区域党员代表会议，组建区域党委，实行街道（社区）党委、区域党委"双党委"同步运行，书记"一肩挑"，促进了街道（社区）与驻区单位联系从松散型、随意性向稳固型、制度化转变。二是建立网格（行业）党支部，实现组织力量"纵向延伸"。在党员人数超过100人的社区设立党委，将党支部建在网格片区，将党小组建在院落、楼栋，纵向形成以"社区党委—网格党支部—院落（楼栋）党小组"为链条的党组织服务体系。以此，把党组织划小，让党员骨干增多，把党组织服务触角延伸到每个院落、楼栋，覆盖到每一个居民家庭。三是推行"1+N"孵化模式，实现组织力量"联合积聚"。按照"区域引领、分步覆盖"的原则，充分发挥街道"两新"党工委、社区"两新"党支部"孵化器"功能，在非公有制企业和社会组织中，采取单建、联建、派建等多种方式，推进党组织进楼宇、进园区、进协会，创新开展"两新"组织党建联盟，进一步健全"两新"组织基层服务体系，凝聚社会服务工作力量和资源。

第三，落实责任联结，深化共驻共建。一是建立三级责任体系。构建区、街道、社区党建引领社区治理三级责任体系，实行日常督查、每月函告、两月例会、每季小结，半年召开一次联席会，年底进行全面总结，压紧压实责任、层层落实责任。优化完善权责清单、职责清单分类标准，动态调整事项，全面实行监督问责。二是推行"三张清单"管理。摸清辖区公共和服务资源家底，找准社区党组织与驻区单位的利益结合点，建立群众需求、辖区资源和服务项目"三张清单"，聚焦组织联建、资源共享、项目共建等重点内容，组织驻辖区单位与街道签订共建责任书、与社区签订共建项目协议书。三是开展双向评议考核。坚持街道社区与驻区单位、联系部门共驻共建责任双向互评制度，建立以社区居民满意度为主要衡量标准的社区治理评价体系和评价结果公开机制，每半年开展一次互评活动。强化考核结果运用，将评议结果作为评选先进基层党组织、考核任用干部、推选"两代表一委员"的重要依据。

第四，强化资源联用，夯实基础保障。一是统筹部门，实现党群阵地共建共享。针对阵地功能不优不全的问题，统筹国资、建设、房管等部门，通过国资划拨、公建配套、底商返租等方式，高标准建成街道、社区、商圈市场等各类党群服务中心（站）107个，以党群服务引领社区综合服务，构建以街道、社区和园区（商圈、楼宇）党群服务中心（站）为支撑的15min社区生活服务圈。二是打包资源，实现社区服务共建共享。把政法、民政、文化等20多个部门投向社区的资金项目打包使用，在社区建成日照中心、图书室等公共服务设施160余个。协调机关、学校、企业等驻区单位，发挥各自在教育、文化、体育等阵地场所，以及信息文献、人力资源、专业技能等方面的优势和特长，共同参与社区基础建设和服务群众工作。近3年驻区单位出专家、出经费、出资源等累计折合资金达1.6亿余元。三是人才流动，实现党建人才共育共享。采取选聘优秀社区党组书记兼任街道党工委委员、专业党建指导员下沉、双向交叉任职等方式，实现党建资源共享、党建情感共生、党建生态共融。先后选派420余名党建指导员下沉到企业、楼宇、院落开展工作，互派90余名人员交叉任职、挂职学习，选拔储备社区后备干部300余人，选聘16名优秀社区党组织书记兼任街道党工委委员。

第五，推行服务联做，实现共建共享。一是深化"民情专递"，实现群众诉求共理。面向驻区单位、居民群众聘请热心为群众服务、党员群众认同度高的同志担任"民情专递员"，全天候、多渠道收集驻区单位、院落群众的意见建议。社区能办理的及时办理，涉及驻区单位的通过社区民情议事会协商办理，社区不能办理的及时上报街道，协助相关部门办理。二是开展"双向任职"，实现群众工作联做。以街道为主体，以社区为平台，开展社区党员与区域党员"双向任职"工作，社区党员进驻区单位、非公有制企业和社会组织任"党建服务员""理论辅导员"，驻区单位、非公有制企业和社会组织党员进社区担任"民情接待员""信访接待员"和"社区社会事务协调员"等。三是推行"项目认领"，实现群众困难共解。组织驻区单位结合自身实际，围绕民生建设中的突出问题，推行长（短）期"项目式"志愿服务，建立志愿服务积分卡，组织辖区各类党员结合实际，在自身建设、服务凝聚群众等方面，广泛开展"1+3"公开承诺制，开展党员奉献日、党员责任区、党员先锋岗活动。

五、治理主体日益多元化，协同治理模式日渐成熟

城市治理现代化的一个重要特征，就是治理主体多元化。除了政府或其他公共权威机构外，企业组织、民间组织、社区组织甚至市民在城市治理中日益发挥重要作用。越来越多过去为政府所拥有的城市管理和服务职能正在转移给其他民间组织和企业组织，它们与城市政府一起形成了一个多元化的城市治理结构。但在这个多元化的城市治理结构中，政府或其他城市公共

权威机构依然起着主导性的作用,发挥着其他任何非政府组织无法替代的作用。多元主体参与的协同治理模式已经逐渐在一些城市开始尝试。这其中代表性的案例包括东京的城市公共服务外包模式、纽约的社会组织赋权模式、新加坡的组建市镇理事会模式和珠海横琴的城市服务运营商模式等。

1.东京的城市公共服务外包模式

东京的城市开发建设和更新项目以社会力量为主,城市公共公益设施采取政府和社会企业共同建设的模式,政府广泛通过采购社会服务、推动公共服务制度改革来实现城市公共设施的有效运维,通过设立协议会机制(联席会议),推动开发建设或经营维护项目开展,提高城市活力。同时,在城市治理方面,社会力量也发挥着重要功能。东京在城市管理过程中,会得到来自社会的参与力量,保障市民和社会组织权利的同时明确其责任。要求市民履行一定的城市管理义务,企事业单位须履行"生产者扩展责任",增强环保意识。政府鼓励各方参与到城市管理工作中,并建立志愿者注册系统,统一提供技术指导和培训(表7-3)。

东京城市管理社会主体参与情况 表7-3

城市管理具体领域	参与内容
道路交通	道路协会(社会公益团体)参与道路的规划、设计和交通组织决策
停车管理	社会企业参与停车设施的建设和运营; 社会组织(如停车场协会、自行车协会)积极推动停车设施的管理完善和落实; 东京都各区级建设所雇佣协管员上街巡视和规劝自行车违法停放行为,在违法停放的自行车上放置警告条
城市休憩设施	在一些特定路段区域(例如企业负责开发的新综合商业区内),允许开发企业采用更高标准设置城市休憩设施,但维护的经费和管理须由建设企业自行承担
窨井盖设置	窨井盖的设计、建设工艺完善等工作由井盖协会等社会组织开展
消火栓设置	消火栓和其他消防设施的监督、改善工作由消防协会等社会组织开展
生活垃圾收集和清理	各区一般通过购买社会服务,指定清运企业完成收集和清运
公园实际建设、维护	让社会民间资金参与融资,政府通过允许融资企业在公园设置商业设施,以经营盈利作为其投资回报
公园管理	指定社会企业负责管理,建设局负责许可审批、项目监察

续表

城市管理具体领域	参与内容
户外广告规划	实行广告协会自律管理的制度，由东京户外广告协会（其机构性质为公益社团）参与管理细则制定，设置专业标准，依法推动、维护户外广告景观管理

其中，在道路交通方面，具体的建设和维护由道路的归属部门（国道、市道等）通过社会采购，指定专业公司负责实施作业。值得注意的是，东京的道路规划由都市整备局负责，道路设计、建设、维护和占用管理由建设局负责，交通组织（包括路上划线、红绿灯设置等）由交管部门负责。同时，道路协会（社会公益团体）会参与道路的规划、设计和交通组织决策。停车管理方面，具体的管理实施采取属地化原则，交由各区、市、町、村下设管理机构负责。同时，社会企业参与停车设施的建设和运营，社会组织（如停车场协会、自行车协会）积极推动停车设施的管理完善和落实。同时，东京都各区级建设所雇佣协管员上街巡视和规劝自行车违法停放行为，在违法停放的自行车上放置警告条。城市休憩设施方面，城市休憩设施一般作为道路合法的附属物，由建设局或道路权属机构负责建设和维护。建设局根据城市休憩设施的规划、建设和维护标准，进行统一管理；在一些特定路段区域（例如企业负责开发的新综合商业区内），为提升城市活力和提高设施档次、服务质量，建设局允许开发企业采用更高标准设置城市休憩设施，但维护的经费和管理须由建设企业自行承担。窨井盖设置方面，建设局负责按照建设标准对路面各类窨井盖建设和维护进行指导、监督，具体的建设和维护由窨井设施的权属机构负责。井盖协会等社会组织也会参与到窨井盖的设计、建设工艺完善等工作中来。消火栓设置方面，日本对消火栓的设置有相应的标准和规定，而且制定了"消防设备师"制度，规定持有消防设备执照的人才能进行消火栓的安装和维修。同时，东京的消防协会等社会组织，也积极加入到消火栓和其他消防设施的监督、改善工作。生活垃圾收集和清理方面，生活垃圾收集、清运和资源回收事务由各区负责实施，各区一般通过购买社会服务，指定清运企业完成收集和清运。公园建设、维护及运营方面，东京都建设局负责公园的建设、维护和运营管理。在公园实际建设、维护方面，

其发展趋势是让社会民间资金参与融资，政府通过允许融资企业在公园设置商业设施，以经营盈利作为其投资回报。在公园管理方面，其发展趋势是指定社会企业负责管理，建设局负责许可审批、项目监察。1983年，东京都立公园管理业务委托民间机构管理。2000年3月，制定了有效运用民间资金、经营能力以及技术的基本方针。2003年9月开始，由地方公共团体指定管理者实行管理。2004年和2005年，在东京都立小山内里公园首次开始实行指定管理者管理。户外广告规划方面，实施政府许可与登记制度，对户外广告设置的位置、形式、规格、色彩等，进行审核、审批和登记，同时，也实行广告协会自律管理的制度，由东京户外广告协会（其机构性质为公益社团）参与管理细则制定，设置专业标准，依法推动、维护户外广告景观管理。

2.纽约的社会组织赋权模式

市长推进纽约市基金。市长推进纽约市基金成立于1994年，旨在推进城市服务领域的合作伙伴关系，以建立一个更强大、更公正的纽约市。基金会由市长任命的董事会管理，市长同时任命一批公民和商业领袖组成咨询委员会，为董事会提供建议和协助。2020年，市长基金、市长经济机会办公室以及卫生和心理健康部门获得了纽约市第二个社会创新基金拨款，旨在评估纽约市民心理健康的整体情况，支持以社区为基础的非营利组织，为低收入和高危人群提供心理健康服务。市长基金作为政府主导的平台型组织，以整合各方资源、推动社会创新为目标，在青年成长、城市扶贫及心理健康方面孵化了不少品牌项目及组织。

向非营利组织提供数十亿美元资金用于向全市提供关键性服务。每年纽约市都会向非营利组织提供数十亿美元的资金，用以向全市社区提供关键性项目和服务，这些资金来自政府财政、企业捐赠及其他慈善基金会，主要的领域包括健康与城市服务基金、市议员自主资金、艺术与教育基金等。政府部门预算会通过各种方式支持社会组织提供社会服务，如作为全国最大文化基金的纽约市文化事务部每年高达逾亿美元的预算通过定点资助一些文化机构，链接一些市属平台组织以及以属地化方式下沉到各区、市议员辖区和社区来进行资助。

推出一系列针对社会组织领袖的培训计划。2016年由纽约市非营利发展联盟制定的《纽约市善治蓝图》是一项针对非营利组织的CEO、执行董事和董事会领导的培训计划，为应邀报名的社会组织领袖提供资源和工具等方面的免费培训。培训整合了城市治理的最佳实践案例、组织管理及其他理论政策资料，为社会组织领导人提供了一系列组织运维、可持续决策、社会创新的工具包。2017年年底，民政部印发了《关于大力培育发展社区社会组织的意见》，希望通过一系列举措使社会组织"成为创新基层社会治理的有力支撑"。如何在健全社会组织管理制度的同时，搭建多渠道筹资募款、标准化采购管理、针对性品牌孵化等全面、多元的支持举措，纽约市的经验可以提供很好的借鉴。

3.新加坡的组建市镇理事会模式

新加坡通过市镇理事会组建、定期会议等方式激励市民、承包商、基层领袖等参与城市管理。新加坡城市管理的主要负责机构为"市镇理事会"，"市镇理事会"把居民、城市管理中的承包商、基层领袖和政府部门都看作是自己的合作伙伴，始终保持着有效的沟通。市镇理事会定期与建屋局、环境发展部等相关的政府部门举行会谈，通过宣传海报、布条、教育手册以及主办大型的活动来教育居民，同时还通过与基层领袖的定期会面以了解居民的问题和需求。此外，市镇理事会还定期与建筑、清洁和维修承包商会面，特别是重视与最基层的清洁员工进行定期交流。新加坡非常注重发挥公民参与管理的作用。

城市管理中的公民参与正发挥着越来越重要的作用。因此，新加坡在城市管理中采取了多种促进公民参与的方法。如在市镇理事会中吸纳了很多普通居民。市镇理事会每2个月召开一次理事会会议，理事与居民共同商讨城市管理中的具体问题。可见，通过市镇理事会这样的组织，可以使居民以城市管理者的身份进行参与，同时也使管理更加符合公众的需求。新加坡不但以法制来保证城市管理工作的权威性，同时也充分利用基层领袖的作用以解决硬性执法中不易解决的一些难题。市镇理事会在进行执法或者协调城市管理中以执法者身份出现常常产生难以调解的问题，通常就请出相应选区的基层领袖进行调解，从而切实解决问题。

4. 珠海横琴的城市服务运营商模式

"物业城市"是横琴新区于2017年年底在"大物业、大综合、大法治"的基础上提出来的一种新型城市治理模式。其核心理念是运用市场化机制,通过"专业服务+智慧平台+行政力量"相融合的方式,对城市公共空间与公共资源、公共项目实行全流程"管理+服务+运营",从而有效解决政府大包大揽下所产生的"九龙治水"问题。2018年5月24日,珠海大横琴集团有限公司与万达物业发展有限公司签订战略合作框架协议,通过"专业服务+智慧平台+行政力量"相融合的方式,对城市公共空间与公共资源、公共项目实行全流程"管理+服务+运营"。按照协议,大横琴集团和万科物业将发挥各自在城市管理、服务与运营方面的优势,推动横琴打造"物业城市"样板,成为全国"物业城市"试点城市,最终形成"物业城市"可复制、可推广经验。物业城市模式可以理解为:将整个横琴新区"打包"作为一个物业进行统筹管理,部分可通过社会各大专业团队实现的事务,全面交由社会力量进行服务运营,达到降低政府人力资源投入、提升政务服务质量、强化城市管理质量、精准化专业化治理城市的理想效果。通过对公共资源盘活运营逐步实现减少财政资金投入的目标,以"管理+服务+运营"模式进行系统性、体系化城市运作,最终实现城市运行的良性循环。

"物业城市"这种城市治理新模式,是通过引进企业承接政府部分公共管理服务职能,让企业深度参与,打造社会治理工作的专业平台,按照市场化进行运营,盈利部分进行反哺,解决城市长期投入高产出低的问题,不断提高社会治理水平。同时建立大数据指挥中心,将行政管理资源与物业公司的专业优势相融合,推进全方位、全过程、全覆盖的社会治理方式;通过"物业公司+大数据中心+大综合执法",实现"物业城市"的内部协调运作。由物业公司代替执法人员在一线服务,通过提高服务质量有效化解矛盾,用群众的办法解决群众的问题,利用大数据进行汇总分析,真正做到有的放矢,为政府实行大综合执法提供方向引导和服务保障。通过"物业城市"App系统,整体提升城市治理水平,打造城市治理新品牌,形成一个由物业公司、志愿者、爱心企业、商家、市民、政府部门共同参与的社会治理"新生态圈",实现"人民城市人民管"的物业城市治理模式,实现政府和企业在城市管理、服务与运营方面的优势互补，解决政府服务难覆盖的问题。同时，推进传统城市管理向市场化、服务化、专业化转型，打造管理精细、服务到位、运营高效的"星级城市"样板。

从横琴的发展实践结合国内外的城市治理理念可以总结出"物业城市"，是指在城市治理现代化创新探索过程中，创新性地引入市场化和社会化机制，通过"专业服务＋智慧平台＋行政力量"相融合的方式，以专业化的服务总包、模块化的服务划分、社会化的治理结构、精细化的治理手段，将城市公共服务整体外包，对城市公共空间与公共资源、公共项目进行全流程"管理＋服务＋运营"的政府、市场、社会多元主体协同治理（图7-4）。

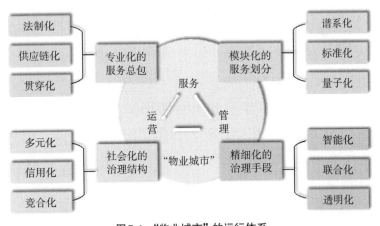

图7-4 "物业城市"的运行体系

六、治理理念日益人本化，由管理向服务转变

习近平总书记在2019年考察上海市时提出"人民城市人民建，人民城市为人民"的城市管理理念；同年在考察兰州时又再次强调"城市是人民的，城市建设要贯彻以人民为中心的发展思想，让人民群众生活更幸福。"两次无一不彰显着以人为本的城市管理理念。近年来，"以人为本"管理越来越受到城市管理部门和人民群众的重视。具体而言，"人本化"的城市治理理念主要体现在两方面：城市服务设施注重以人为本，体现人性化细节；城市管理执法注重柔性化治理手段，体现城市温度。

1. 城市服务设施注重以人为本，体现人性化细节

在城市建设的规划建设和设施布局中，充分考虑到市民的实际需求，提供便捷、舒适的公共服务。如东京都、大阪市街道完善的停车系统，让市民不管在城市高密度的商业中心区域、人流交通密集的交通枢纽区域，还是在狭小的居住社区区域，都会快速地就近找到便捷的停车场所，满足停车需求。同时，城市设施和管理制度，细微地体现人性化关爱。如东京都、大阪市公共空间的无障碍设施，在主要的道路和公共建筑设施内，不仅做到全覆盖，而且设计合理，使用通畅、方便，让无障碍设施使用者具有优先感和被关爱感。在城市管理理念上，处处体现"人"这一核心要素，满足市民的需求，大到城市更新的区域设施综合服务质量升级，小到精致、平整、防滑的窨井盖，让市民切身感受到城市建设和管理者事无巨细的认真、用心和细致，是城市精细化管理的根本出发点。

具体而言，东京路面交通组织合理便捷、有序安全，道路划线辨识度高、清晰醒目。特别是在一些混行路段，清晰地用划线标识行人区域、自行车区域和汽车行驶区域，各行其道（图7-5）。

图7-5　东京人行道设计

窨井盖设计方面，东京路面的窨井盖不仅美观、平整、碾压无响动，而且非常注重和旁边路面的色调、甚至外观纹路的一致和协调。每个窨井盖上都醒目标有该窨井的用途，诸如"雨水""污水""给水""电信""消防"等字样。令人赏心悦目的是，有的窨井盖的图案设计和内容非常独具匠心，具有

文化韵味，一般会选择突出城市或周边环境的名胜、植物、传统特征的图案，也会选择辨识度高的生动可爱的卡通图案，反映出城市建设者对城市设施细节完善的关注、认真和努力（图7-6）。

图7-6　东京窨井盖设计

路面标识方面，东京街头路面印有一系列具有提醒、警示、指引等功能的标识，通过整洁、醒目、生动活泼的图案，让行人一目了然获得服务或者规范信息。例如：禁止吸烟、禁止自行车骑行、禁止停放自行车、过马路安全提醒、地下设施标识等。同时，有趣的标识设计，也成为道路的一道风景，提升城市观赏性（图7-7）。

图7-7　东京路面标识

垃圾处理方面，东京垃圾处置主要分为产业废弃物和一般废弃物两大类。产业废弃物约有20种，包括工业垃圾和餐饮行业餐厨垃圾，采取"谁产生，谁付钱处置"的原则进行收费处置，对有可燃性、污染性、放射性、感染性等的产业垃圾，采取特别的处置措施。一般废弃物主要包括生活垃圾

（家庭和企事业机构产生）、厕所排污、特别管理废弃物。东京环境局对东京都生活垃圾资源化利用提供分类指导，各区负责制定属地生活垃圾资源化分类方法。以港区为例，主要分为：塑料资源垃圾（包括塑料材质的薄膜、杯盒、瓶盖、软管、包装材料、衣架等）、其他资源垃圾（包括瓶、罐、废纸、书、报、杂志等）、可燃垃圾（包括带有无法清洗顽固污渍的塑料物品、餐厨垃圾、碎纸、橡胶皮革制品、衣物、婴儿尿布等）、不可烧垃圾（包括陶器、玻璃、金属、电灯泡、小型家电制品、易燃气体瓶和打火机等）、大型垃圾（边长在30cm以上的物品）。各区为提高搬运效率，按照垃圾的种类（可燃烧、不可燃烧、大件）分别规定搬运方法。对可燃烧垃圾，用整洁干净、外观统一、行驶灵活的小型封闭式货厢车，按照属地处理原则或东京二十三区清扫一部事务组合的统筹和协调（针对没有处置设施的区），从收集现场直接搬运到就近或指定的垃圾焚烧处理厂的封闭场。对不可燃垃圾，则搬运到中转站，通过集装车或船舶运送到两处位于临海区域的不可燃烧垃圾处理中心，进行破碎分拣处理。对大件垃圾，通过收运中转，运送到大件垃圾处理厂，进行破碎分拣处理（图7-8）。

图7-8　东京垃圾处理设施设计及布置

路面吸烟方面，东京设置禁烟街道，并通过地图信息和路面标识公示行人。但在一些特定开阔的街道空间，设置公共吸烟点（图7-9）。

图7-9　东京禁烟街道标识

无障碍设施方面，都市规划局按照相关法规、标准，在全市实施统一的无障碍设施计划，对室内公共空间的无障碍设施建设进行指导。公共空间和公共设施的无障碍设施主要由空间和设施的权属机构负责建设和维护。东京无障碍设施非常人性化，充分考虑设施使用的便捷性、连续性、通畅性和安全性，处处显示城市的关爱和温度。

厕所方面，东京公共厕所干净、整洁、无异味，设施质量和维护水平世界一流。设施功能非常人性化，细节考虑周到，无障碍设施完备，通常设有母婴厕室（位）、孩童暂放专座等。东京公共厕所建设和管理取得的成效，与20世纪80年代东京推行的"公厕革命"是分不开的。政府、社会、市民都非常重视公共厕所的环境、质量和服务水平，视为城市文明和社会发展水平的重要指标之一，并将每年的11月10日定为"日本厕所日"，宣传和推广"公厕文化"。据"厕所地图·东京都区域"统计，截至2014年，东京中心城区623km²范围内，各类公共厕所合计共6900余处，每平方公里超11处（图7-10）。

图7-10　东京厕所设置及设计

2.城市管理执法注重柔性化治理手段，体现城市温度

柔性化治理是指政府、社会组织和公众等治理主体，秉持以人为本、平等自主、公平正义的基本理念，采取理性沟通、协同合作等非强制性手段，共同应对城市生活中的公共事务。与传统城市管理模式相比，柔性化治理旨在构建一种多元参与、友好合作、协同共治的治理形态。在这种形态下，政府的强制性管控色彩逐渐淡化，友好协商、协同合作的引导者角色日趋显现；参与者之间不再是单一向度关系，而是互利合作、平等协商的多元关系；各种交往行动也不再是命令服从，而是互利共赢。城市治理不是空中楼阁，必须建立在相应的社会基础之上。这种社会基础不仅仅是指过硬的物质条件，还包括公众对治理活动的信任、支持与配合等"软"基础。实践证明，政府、社会组织、企业等多元主体与公众之间良好的互动关系，能形成较为默契、相互理解和密切配合的交往关系，进而奠定城市治理的稳固基础。

东京的柔性化治理恰恰蕴含这些要素，既在价值导向层面表达了以人为本的目标追求，又在实际运行中彰显出包容、关怀、灵活、信任等现代城市治理的内在特质需求。东京的城市街面秩序管理主要由东京都政府和下设各区相关管理机构负责和实施，对违规行为采取以规劝、疏导为主的柔性化的治理手段。针对城市街面秩序存在的主要违规违法行为，采取不同的措施进行管理。街面管理中涉及的违法事项，一般经规劝后，都会得到有效制止和解决。针对少数规劝无效的违法行为，会采取诉诸法院的形式，通过司法程序解决。若存在违反《轻犯罪法》的行为，警察会对其进行执法。例如，针对街头流浪露宿和乱设摊这两种城市治理的典型问题，东京市政府采取的对应的柔性化治理手段包括：

首先，对街头流浪露宿进行规劝与援助。据统计，2016年东京都内街头露宿者有1463人。其治理措施包括建设局下设的区市町村的建设所，负责对露宿者进行规劝。同时，福祉事务所、警察署等部门协力进行处置和援助。

其次，对乱设摊行为人进行规劝。乱设摊视为非法占用城市道路的行为，由区市町村的建设所、巡逻警察对乱设摊行为人进行规劝。同时，也会

在指定区域和规定时间，允许一些特定设摊行为，如在周末的公园划定空地，开设跳蚤市场，让有需要的市民进行二手物品交易。甚至在周末，在人流密集的银座中心商业区主要路段，也会临时禁止车辆通行，作为步行街，在街头允许临时摆设咖啡休憩座椅，供市民享受周末逛街休闲时光，让街区既可漫步，又有暖暖的温度。

七、治理手段日益智能化，治理效率大幅提升

智能化就是要更多地运用信息技术手段，推进城市管理制度创新、模式创新。加强基础数据库建设，摸清家底，建立基础数据库，是强化精细化管理的基本依据。要加强信息技术的广泛应用，改变依靠人海战术的传统做法，更多地运用互联网、物联网、大数据、云计算等信息技术，提高城市管理的效率和水平。当前新的信息网络技术日益成为城市治理不可或缺的工具。信息网络技术改变了人类的行为方式和生活方式，同样也已经改变了城市管理的手段和方式。离开信息网络技术，城市生活已难以想象，与此相适应，信息网络技术对于城市治理的作用变得极其重要。众多的城市创新项目都与运用信息网络技术改善城市生活直接相关，特别是城市交通、市民参与和社区服务。"智慧城市"的兴起，典型地反映了信息网络技术对于城市管理创新的意义，也在很大程度上预示了未来城市生活的形态。目前国内很多城市已经开始利用大数据、物联网等新一代信息技术展开城市治理，并取得了显著成效。这其中具有代表性的城市是上海和杭州。

上海市城市管理智能化主要做到了以下几点：

首先，坚持"一网统管"。上海把推进"一网统管"建设作为提高上海城市治理能力现代化水平的"牛鼻子"工程，充分发挥网络化管理的体制机制优势，着力在数据汇集，系统集成，联勤联动、共享、开放上下功夫，加快建设城市运行管理信息系统，不断提升城市管理精细感知、精确认知、精准行动能力，保障城市安全运行有序。

其次，坚持大部制改革。以网格化管理监督指挥中心为基础，形成市、区、街镇三级城市运行平台架构。市城运中心牌子挂在市政府办公厅，副

主任担任主任，由市总值班室、应急局等负责日常运作；区城运中心为编制20个的正处级事业单位，牌子挂在区政府办公厅，原则上区府办副主任任城运中心主任；街镇城运分中心为编制15个的正科级事业单位，原则上由街道办主任或镇长担任主任，最低也是由副书记、副主任、副镇长担任；推动各级联勤联动、调动资源快速高效处置问题。同时，紧紧围绕"一屏观天下、一网管全城"的目标定位，按照三级平台（市、区、街镇）、五级应用（市、区、街镇、网格、社区）的基本架构，升级形成覆盖市、区、镇街三级的以"1+3+N"网格化管理为核心的城市运行管理系统（"1"即是城市管理领域的各类部、事件问题。"+3"即融入了110非警务警情、政法综治和市场监管业务、"+N"即逐步纳入公共卫生、防台防汛、基层治理等内容）。

再次，依托城市信息模型（CIM）平台，打造数字孪生城市。在现有基础上进一步摸清底数，建立完善城市综合管理基础信息库，做到基础数据全面翔实、动态实时、互联共享，这是实现智能化管理的前提。要做到城市管理智能化，首先要整合相关数据资源和现有数据采集渠道，建立涵盖空间地理数据、业务数据的城市综合管理数据中心。其次是开发适应城市综合管理需要和应用导向的新增数据库，比如社区统一基础信息资源数据库（可与社会综合治理数据库相衔接，涵养人口、部件、事件）等。最后还要丰富和完善数据信息采集手段，综合利用各类监测监控手段，强化视频监控，城市环境监控，供水、交通等城市运行监控，数据资源的实时采集、动态更新。建设城管大数据中心和城管综合执法智慧平台，促进所有远郊区县与市级平台的数据共享对接。依托CIM平台，上海市实现了城市治理各要素的"一图汇聚"（集成1500多万个城市部件、26000多公里地下管线、4000多个建设工地、14000多个住宅小区、3600多处历史保护建筑、近13000栋玻璃幕墙建筑和实时的执法车辆、巡逻人员、物联设备等数据）。

最后，打造智能化应用场景和数字化解决方案。推进城市管理智能化，要顺应大数据智能化发展趋势，全面运用信息技术手段，把握完整可靠的信息流和数据链，使其成为城市管理状况描述、诊断、决策、反馈、控制的基础，实现城市管理智能响应、精准处置。以问题为导向，源头管控、过程监测、预报预警、应急处理和综合治理，探索创新研发疫情防控、违建治理、防台防汛、智慧电梯、玻璃幕墙、深基坑、燃气安全、群租治理、渣土管理、修缮工程、历史建筑保护、架空线等高频多发难题顽症的智能化应用场景和数字化解决方案。

在数字城管发展基础上，杭州立足地方实际，不断创新发展，大力推进数字城管向智慧城管的转型升级，不断提升管理效能和服务能力，形成智慧城管的"杭州模式"。通过运用物联网、云计算、大数据、智能感知、智能视频等现代信息技术，解决各类空间、立面、街面的"城市病"。

一是标准制定方面，立足行业管理要求，制定包括城市运行安全、设施完好、市容秩序等在内的数字城管事件和部件立结案规范。目前已涵盖管理类别282类，杭州标准也已作为蓝本上升为国家、行业标准。二是问题发现方面，在全国首创信息采集市场化做法，引入社会力量参与城市管理。三是指挥协同方面，基于市辖城域统一平台，将市、区、街、社层面的网络单位纳入数字城管体系，并成立市、区两级协同平台。通过协同平台增强对问题处置的指挥协调，形成"一级监督、两级指挥、按责处置"的格局，建立了闭合式的工作流程，确保问题及时解决。四是资源整合方面，借助政务外网，搭建了资源整合、信息共享、互联互通的交互平台，实现了城市管理多路径保障。五是机制创新方面，出台全国第一部关于数字城管的地方规章《杭州市数字化城市管理实施办法》；运行考核中，提出了"问题及时解决率"的唯一指标，并将结果纳入市级层面考核体系，确保问题指挥得动、处理得好。六是服务互动方面，推进共治共享的创新平台，以"贴心城管"手机App为载体，先后推出了停车泊位查询、公厕查询、人行道违停自助罚缴、犬证在线申请、停车包月缴费等26个网上办事模块，实现城管事项"掌上办"，深化"最多跑一次"改革；通过"我来爆料"模块，市民可以随手上报城管问题、实时查询处置情况，还能获得红包，完善了社会参与机制，更是在"美丽杭州"长效管理中发挥了积极作用。

第三节 "大城三管"面临的新挑战

虽然"大城三管"在实践中取得了很大成效，但是也面临若干挑战。问卷调查结果显示，城管部门还需要进一步加强城市治理。65.25%的受访者认为路桥井盖沉降要及时维修，破损要及时更换；63.43%的受访者认为非机动车停车要有标准，缓解交通拥堵、乱停乱放的问题；61.54%的市民认为老旧社区拆迁要合规，严管违章私搭乱建行为；60.69%的被调查者赞同建筑垃圾全密闭运输，保证环境空气质量（图7-11）。除此之外，还有不少市民建议加强地下管道清理、建立智慧垃圾桶、增设立体化节能公厕等。

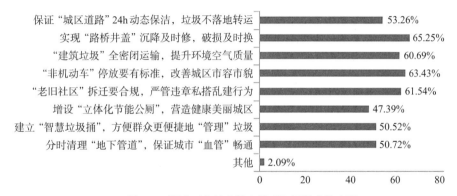

图7-11 调查对象认为城市管理仍需提升的方面

经分析，重庆"大城三管"的挑战主要体现在六个方面，如地方法规建设滞后、规建管部门不衔接、多元协同治理机制尚未建立、长效机制建设仍需加强等，这些均阻碍了重庆城市治理品质的进一步提升。

一、城市管理领域法规体系尚不健全

第一，法规不够完善。作为我国第一部全国范围的城管执法规范，城市管理的上位法《城市管理执法办法》于2017年5月1日实施，但其只是国务院条例，与其他部门的法规从地位上比相差较大，且其规定的内容较宏观，

在具体执法实践中尚需根据实际进一步探索细化，增强可操作性。如成都、武汉等地先后出台了结合本市实际的城市综合管理条例，而重庆市的《重庆市城市综合管理条例》还处于立法调研阶段，当前城市管理综合执法主要依靠《重庆市市容环境卫生管理条例》《重庆市市政设施管理条例》等地方条例，从权威性层面与国家法律相差甚远，远不够支撑城市管理执法工作。例如，就道路施工而言，公安交通法规定晚上10点前不得施工，环保相关法规定晚上12点以后不得施工，城市管理只能在夹缝中协调生产，处处受制于人，由此引起的投诉事件层出不穷，仅2017年12319城市管理舆情收到的市政道路施工噪声的投诉便多达260件。

第二，法规支撑力度不够。尽管现有的相关条例规定的罚款范围有一定广泛性，但罚款程序不够明确，不够具体，刚性不足，弹性较大，对一些行为只有禁止性条款，没有详细的处罚规定，难以对违规人员形成威慑。例如，在《城市市容环境和卫生管理条例》中用词多为"应当"，对有违法行为的用词为"可以并处警告、罚款"；在《重庆市市政设施管理条例》中描述违反本条例的"可以并处一千元以上五千元以下罚款"等。这些缺乏硬度的用词，使得在实际执法行为中，缺乏对行为相对人的控制措施，从而导致事后的处罚缺乏明确的措施依据，混淆了执法和监管的关系，加剧了社会大众对城管执法较为随意性的误解，降低了城管执法行为的威信。甚至导致在处理占道摊点、倚门经营等焦点问题时，容易出现暴力抗法现象，据统计，全市2017年发生暴力抗法事件67起。

第三，法规时效性不强。一些地方法规出台较早，颁布至今已十余年，已不能起到行业指导和规范作用。如1997年颁布的《生活饮用水卫生监督管理办法》，1999年颁布的《重庆市城市供水节水管理条例》，2002年颁布的《重庆市城市夜景灯饰管理办法》等，这些法规已远远不能适应当前城市管理发展需要。

二、城市管理标准制定相对滞后

首先，城市管理标准滞后，科学性不足。城市管理领域覆盖面广，专业跨度大，且四新技术发展迅速，目前完成了172项相关技术标准、规范，但分散到每个版块覆盖面不够，标准制定没有同步技术发展，存在"缺、低、粗、散"等问题。如1996年颁布实施的《城市人行天桥与人行地道技术规范》明显不能适应当前精细化管理的要求。

其次，部分标准体系内容不明确，可操作性不强。现行的国家、行业、地方标准聚焦城市管理不够，操作性不强；各职能部门因为工作重心原因，缺乏从市容市貌等城市管理角度制定相应的标准，导致设施设置与城市环境不协调，但城市管理行业标准又不能延伸到其他行业，出现了城市道路上交通、通信、电力等设施颜色、样式各自为政，难以统一。如市城管委门前的十字路口上的6种立杆和四个控制箱分别由通信、公安、交通、城管等部门设立，高度、颜色、款式、材质都不一样，严重影响城市品质。

再次，标准内容不够全面，亟需全覆盖。标准化内容覆盖不全面，缺少与重庆规建管分离相适应的项目移交、项目运行、项目维护等全流程的技术标准，导致处于末端的管理部门成为兜底的部门，出现设施移交后三个月内道路沉降、大管接小管等各种质量不合格问题暴露，树木、路灯移交后三个月内死亡或损坏率高达80%。

最后，标准落地难度较大，标准执行刚性有待加强。强制性条款太少，政策法规与技术标准衔接不够，导致标准在指导实际工作时缺乏规章制度支撑。标准的权威性没有得到有效遵从和落实，缺乏用标准作为管理指导工作依据的意识，标准执行力度不够。

三、马路办公、五长制等经验做法仍未制度化

重庆市在城市管理方面虽然积累了很多好的经验做法，产生了良好效果，但是未建立规章制度，形成长效机制，将这些好的经验做法固化下来。

"马路办公""五长制""门前三包""坡坎崖微整治"和"两江四岸治理"等好的经验做法，虽然得到了群众和政府的双向认可，效果显著，且宣传推广效果良好，但目前仍未能以标准或政策法规的形式，将这些经验做法固化下来。

此外，在户外广告和店面招牌整治项目中也存在类似问题。虽然，重庆市在1998年颁布了《重庆市户外广告管理条例》，对户外广告设置作了详细规定，但是忽视了整体上街区环境长效机制的建设，对于街区景观建设的标准、方法、管理流程等整体性长效机制建设问题未能顾及，从而导致治理成本高、效果难以持续。

四、规管部门衔接不顺畅，增加城市管理难度

社会单位在规划过程中，由于没有管理部门的介入，存在思想不重视、项目质量参差不齐、安全管理乏力等问题。比如爱心亭、电线杆等各类杆、桩、亭、体占道现象严重，且高矮不同、颜色各异，影响特定区域的市容市貌。各业主单位在建设过程中没有给予有效管理，而城市管理工作后期又与规划建设、公安、交通、市场监管、生态环境等多个部门横向衔接不够紧密，沟通不够顺畅，进而导致落实不够有力，存在各自为政的现象，规划建设后遗留的弊病最终由城管部门被迫兜底。

城区规划没有做到为日后运营管理和功能"融合"作出充分考虑和评估，没有建立长期思维来预测规划项目的未来走向，导致新建城区规划和建设配套预留不足等问题逐步显现。停车位缺口大，农贸市场配套不够，一楼商铺门面规划设计不合理，不能满足经营者需求，临街门面开间小、面积少、功能不配套等问题日渐突出。配套不足导致游动摊贩占道经营、店商骑门经营以及占道停车等问题时常被市民举报投诉，增加了城市管理难度。一些违规建筑后期被迫搬迁、拆除重建，浪费了公共资源，增加了管理成本。

问卷调查结果显示，市民认为所需增设的城市公共服务主要有七项，其中健身设施占比最高，为62.91%，安全设施、文化设施、便民设施和卫生设施分别占比为57.37%、55.15%、54.76%、52.87%，休闲设施所占比例为44.78%（图7-12）。调查结果表明，重庆公共基础设施缺口较大，规划与实际需求不匹配。

按照城市综合管理的理念，应建立城市规划、建设、管理协调机制，推动城市管理关口前移，保障城市管理在规划和建设环节的参与权、移交使

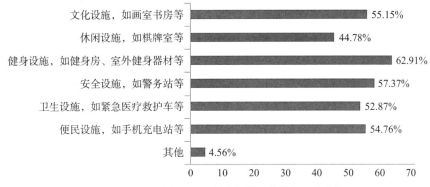

图7-12 调查对象认为还需增加的公共服务配套设施

环节的决定权、维护管理环节的处置权,以确保城市规划的科学、建设的合理、管理的有效。

五、部门权责关系不清晰,多头管理依然存在

重庆市在城市管理当中仍然存在着多头管理的现象,管理部门间职权关系界定较为混乱。如1998年颁布,2016年第三次修正的《重庆市户外广告管理条例》第四条规定,"市、区县(自治县)市政主管部门负责城市规划区范围内的户外广告设置的监督管理。市、区县(自治县)交通主管部门负责公路建筑控制区范围内的户外广告设置的监督管理。市、区县(自治县)工商行政管理部门负责户外广告发布内容的监督管理。"2005年出台,2018年第二次修正的《重庆市市容环境卫生管理条例》第三十八条规定,市容环境卫生主管部门负责公共场所户外广告设置的监督管理。类似的还有,如第七十五条规定,"市容环境卫生主管部门应当对生活垃圾、粪便处理经营单位或管理者进行操作规程、处理技术、维护标准、危险防护等方面的技术培训和指导,加强监督检查。"第七十四条规定,"市容环境卫生主管部门应当加强对市容环境卫生的监督、检查和管理,建立日常巡查通报制度。"在《重庆市市容环境卫生管理条例》中生活垃圾、建筑垃圾、户外广告标牌和水域环境等均被归入市容环境卫生里面。然而,在《重庆市生活垃圾管理》《关于印发主城区城市建筑垃圾治理试点工作实施方案的通知》的文件中,

对生活垃圾和建筑垃圾又规定由其他的责任主体管理。如在《关于印发主城区城市建筑垃圾治理试点工作实施方案的通知》中规定，"市城管局负责牵头推进建筑垃圾治理试点，会同市政府有关部门对主城各区建筑垃圾治理试点工作进行监督、指导和考核；会同财政部门研究完善建筑垃圾处置收费制度"。《重庆市生活垃圾管理》中规定，"城市管理主管部门负责生活垃圾分类管理工作"等。

多头管理的情况，往往导致行政成本的浪费，部门间易产生矛盾，双方都不能充分发挥管理职能。

六、社会力量参与城市管理、城市服务供给等仍相对滞后

当前，重庆城市管理以政府为主导，缺乏社会组织、企业和市民的多方参与，除环卫、绿化行业市场化服务较多外，其他领域市场化程度较低，偏重行政管理的"有形之手"，市场引导的"无形之手"发力不够。在城市管理过程中，许多新制度推行效果不佳，如景观照明"三同时""门前三包"、配套绿地建设等，存在"政府唱戏、群众看戏、内热外冷"现象。

社会单位均存在资金上不充足、思想上不重视、项目质量参差不齐、安全方面管理乏力等问题；爱心亭、电线杆等各类杆、桩、亭、体占道现象严重，且高矮不同、颜色各异，各业主单位只建不管，城管部门被迫兜底。

重庆市城市管理志愿者活动也才刚刚起步，仅有部分区县设有城市管理志愿者队伍，相较北京、广州、杭州等先进城市人数较少、不成体系。据了解，北京市成立了专门的城市管理志愿者协会，全市所有社区均组建了城管志愿者队伍，涌现了"西城大妈""丰台劝导队""朝阳群众"等一系列城市志愿者品牌；广州市城市管理志愿者队伍达到67.3万余人；杭州市于2004年成立了城市志愿服务总队，目前志愿者队伍已近10万余人。

第八章

"大城三管"的新愿景

基于面临的新环境和新趋势,以及尚存在的不足和问题,重庆城市管理应按照"一个愿景、三个原则、四个路径、五高目标"来进行总体部署。其中,"一个愿景"是"大城三管"中国城市治理体系及治理能力现代化的典型示范、重庆人才集聚和城市高质量发展的重要支撑、"近悦远来"美好城市建设的关键推手、解决重庆山地组团城市"大城市病"的有效良方,最终实现人民群众幸福感、获得感与安全感的极大提升。"三个原则"是要坚持系统性、整体性和协同性三性合一的原则。"四个路径"是指重庆城市管理的法治化、标准化、规范化和智能化,这四化是"大城三管"的实现路径。"五高目标"是指城市管理要实现高精度、高场景、高响应、高效率和高质量发展。

第一节 "大城三管"的发展原则

"大城三管"的发展要坚持系统性、整体性和协同性三性合一的原则。系统性就是把握全局,从宏观层面来看城市管理工作,将其作为国家治理体系和治理能力现代化的一部分。"一尊重、五统筹"、规划设计建设管理一体化等都是强调全局性和系统性,因此,城市管理工作要跳出城管局的具体工作,站在全局去思考才能把城市工作做得更好。整体性,城市管理工作从顶层设计开始,步步进行系统构架,体系化、标准化和制度化,因此具有整体性。协同性,城市管理工作不仅包括城管局所涵盖的具体工作,而且还涉及其他相关委办局的工作,同一城市管理问题经常会涉及多个部门,要想做好城市管理工作就需要城市管理各相关部门协同合作，从单方面各自为政到多部门齐抓共管。城市管理涉及人们生活的方方面面，作为城市生活的主人翁，人们有权利参与城市管理，随着市场机制的成熟，城市管理逐渐由政府主管向多元主体共治的状态发展，从城市管理走向城市治理。

第二节 "大城三管"的发展愿景与定位

本书认为"大城三管"的发展愿景与定位为：以习近平总书记"两地""两高"战略目标为引领，立足于重庆地理空间立体性、战略位置重要性、历史文化多元性和市情区情特殊性，顺应我国城市治理精细化、标准化、智慧化、人性化、协同化等发展趋势，坚持以人民为中心，以新一代信息技术为支撑，以精细化管理为理念，持续深化重庆"大城细管、大城众管、大城智管"的城市管理实践，推动重庆城市管理迈向新高度，并使其成为中国城市治理体系及治理能力现代化的典型示范、重庆人才集聚和城市高质量发展的重要支撑、"近悦远来"美好城市建设的关键推手、解决重庆山地组团城市"大城市病"的有效良方，最终实现人民群众幸福感、获得感与安全感的极大提升。

第三节 "大城三管"的发展目标

"大城三管"的总体发展目标为：构建成渝两地城市综合管理体系，推动两地协同共治局面形成，通过城市管理的法治化、标准化、规范化和智能化，实现高精度、高场景、高响应、高效率、高质量发展的目标，最终使市民的幸福感、获得感和归属感大大提升（图8-1）。

构建成渝两地城市综合管理体系，推动两地协同共治局面形成。推进城市管理服务共建共享。统筹布局成渝区域性城市供水设施，实现成渝相邻区县江河水与湖泊水库水互调互济，探索建立毗邻地区城市供水互联互通保障机制，加强城市供水应急保障协作。推进成渝环卫基础设施一体化布局，协

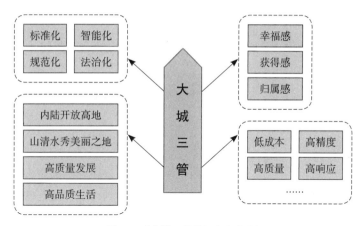

图8-1 "大城三管"目标框架图

同开展市政设施补短板工作,共享设施管护经验。强化成渝生态绿色空间构建。构建成渝一体的绿色生态体系,加强成渝共有山脉、水系的生态系统一体化构建。加强行业产业联合发展。加强川渝两地园林绿化产业协同发展,共同搭建区域性苗木交易平台,培育川渝特色苗木产业基地。

"四个路径"是指重庆城市管理的法治化、标准化、规范化和智能化,这四化是"大城三管"的实现路径。法治化是指城市治理方式逐渐由行政主导向依法治理转变。法治化作为一种新的城市治理模式,着眼法治目标、普及法治观念、追求法治价值,致力于推动城市发展的制度化、规范化、人性化,与国家治理现代化有机契合。其是地方政府运用法治思维和法治方式解决"城市病",以确保规则的制定与执行、发展的实现和服务的提供,实现尊重私权与制约公权的目标。标准化是指将城市管理各项业务流程全过程标准化,管理行为数据化,使每个城市管理对象的行为数据化,精准识别每一个城市部件,并与信用相结合。规范化是指城市管理过程中通过合理地制定组织规程和基本制度以及工作流程,形成统一、规范和相对稳定的管理体系,并对该体系实施和不断完善,达到井然有序、协调高效之目的。智能化是指城市管理手段的智能化,运用人工智能、大数据、智慧化装备等手段对城市部件进行监管和处理,减少人力建设成本,提高管理效率。

"五高目标"是指城市管理要实现高精度、高场景、高响应、高效率和高质量发展。高精度是指城市管理业务的精准化。城市管理要覆盖人的生老病死、衣食住行、安学乐业全过程，满足人的需求和全生命周期的循环往复、不断发展，保证每一项业务精准和细分。高场景是指在进行城市建设和管理过程中要多注重市民的生活体验，城市规划设计要更多地围绕当地市民的生活习惯、文化习俗、消费习惯等展开，与当地的街区风貌和建筑风格相一致，场景化也是城市治理以人为本的重要体现。高响应和高效率是指对城市问题能做到快速响应，尤其是面对突发事件，相关部门能在短时间内作出回应，做到及时发现问题、及时处置问题、及时解决问题。高质量是指通过精细化、人性化和智能化的管理，城市能达到干净整洁有序、山清水秀城美、宜业宜居宜游，市民的幸福感、获得感和归属感大大提升（表8-1）。

"大城三管"的发展目标　　　　　　　　　　表8-1

目标	内容
高精度	城市管理业务精准细分
高场景	城市管理切合市民的生活习惯
高响应	对城市问题能做到及时发现、及时响应
高效率	在城市管理中，做到实际发现问题、及时处置问题和及时解决问题
高质量	通过管理，城市能达到干净整洁有序、山清水秀城美、宜业宜居宜游，市民满意度大大提升

一、"大城细管"的发展目标

"细管"的总体目标是要实现城市管理工作从粗放管理向精细管理、事后管理向事前管理、静态管理向动态管理、行政管理向多元管理，达到全覆盖、全时段、全过程"像绣花一样"的城市管理效果。

精细化管理主要包括法规体系、标准体系、管理职责、管理流程、考核评价和社会协同精细化这几个方面（表8-2）。

法规体系精细化。法规体系，如同绣花的图样，是推进精细化管理的总纲。要立足城市管理实际，强化顶层谋划，加快完善城市精细化管理法规体系，使法规体系能够覆盖城市管理的方方面面。

标准体系精细化。城市精细化管理要建立完善的管理标准，主要包括工

"大城细管"的目标体系　　　　　　　表8-2

指标	内容
法规体系精细化	加快完善精细化管理的法规体系
标准体系精细化	完善的管理标准，包括工作任务规范化、操作指导规范化、督导考核规范化等各方面，用明确、具体的规范取代大概、笼统、大约的要求
管理职责精细化	将部门间割裂的、分散的职责部分按照一定的规律有机结合起来；把组织间割裂、分散运作、互补协同的肌理重新"粘合"起来
管理流程精细化	按管理过程中的先后顺序，将城市管理的过程细化为一个个工作流程，之后开始科学化剖析、实施、评估等全程控制
考核评价精细化	与精细化管理相配套的城市管理绩效考核体系
社会协同精细化	对参与主体精准识别和细化分类，了解不同主体参与城市管理的需求，找出最关键的利益群体，满足绝大多数人的需求

作任务规范化、操作指导规范化、督导考核规范化等。要求政府在城市管理工作运行过程中制定统一的标准，包括工作流程、技术规范、部门规章、人事管理、管理标准等各个环节。并对城市管理职能边界、事权财权、工作标准、工作责任等作出明确界定，用明确、具体的规范取代大概、笼统、大约的要求。

管理职责精细化。城市精细化管理工作是一项系统工程，就是要把部门间割裂的、分散的职责部分按照一定的规律有机结合起来。管理职责的精细化就是要把组织间割裂、分散运作、互补协同的肌理重新"粘合"起来，包括城市管理的核心目标、制度流程、管理风格、绩效考核等。

管理流程精细化。城市管理精细化要按照相应的流程来运作，要求城市管理人员追求高质量和高效率的工作方式。管理流程精细化主要是指管理过程中的先后顺序，将城市管理的过程细化为一个个工作流程，之后开始科学化剖析、实施、评估等全程控制。

考核评价精细化。建立起与精细化管理相配套的城市管理绩效考核体系，全力推进执法重心下移，全面落实城管执法责任制。以考评政府部门履职尽责为抓手，以过程控制、监督考核、奖优罚劣为抓手，运用考核、奖励、处罚、责任追究的手段，建立科学高效的激励机制，实现奖惩机制和管理机制有机结合。

社会协同精细化。当前城市管理涉及不同的参与主体，以政府、社会、市民三类为主，了解不同主体参与城市管理的需求，前提就是对参与主体的精准识别和细化分类，找出最关键的利益群体，满足绝大多数人的需求，从而真正管理好城市。

基于"大城细管"的目标体系，未来"细管"的发展目标应包括以下几个方面：

第一，推进地方法规体系全覆盖，做到城市管理法规精细化。第二，加强精细化管理手段的智能化，借助城市管理数字化平台，实现城市管理"一网统管"，做到全面及时发现和反馈城市问题。第三，建立多元主体协同共治机制，积极吸纳政府、市场主体、公众、社会组织等共同参与到城市治理当中，及时吸纳不同群体的反馈意见，从而满足不同群体的需求，真正做到城市管理精细化。第四，加强社区"网格化"服务管理和基层社会治理队伍建设，完善城市社区治理和服务体系。第五，加强管理流程精细化。将城市管理的过程分别细化为不同的流程，按照一个个不同的流程来运作，以提高工作的效率和质量。第六，建立起与精细化管理相适应的考评体系。在政府考评城管工作中，以过程控制、监督考核、奖优罚劣为抓手，运用考核、奖励、处罚、责任追究的手段，建立科学高效的激励机制，实现奖惩机制和管理机制有机结合。第七，积极探索社区"微自治"管理模式。引导辖区各村从"微单元""微事件""微参与""微技术"等方面着手，为村民提供更加便捷、优质的服务，进一步调动基层群众参与社区自治的积极性、主动性和创造性。第八，打造个性化的场景。将区域文化融入城市管理的建设中，充分发挥各区县，不同的地貌特征、传统文化资源，将区域特色、人民需求与当地的市政设施建设、城市管理建设融合，打造适合区域特色的、独特的场景，打造更多人性化设施和个性化城市小品，在规范城市管理工作的同时，让各个区县不同的文化看得到、摸得着、感受得到。

二、"大城众管"的发展目标

"大城众管"是始终坚持以人民为中心的发展思想，立足市民期待，关注市民需求，做到"有温度的管理"。从群众关心的小事、身边事抓起，发动社会各界广泛参与到城市综合管理当中来，加强依法文明管理，深入开展城市管理普法活动，畅通市民建议、投诉渠道，努力打造城为民建、市为民享、人民城市为人民，人人参与、人人尽力、人人享有的"大城众管"格局。

"大城众管"是多元主体共同参与社会治理，包括政府、企业、社会组织、媒体、专家和市民，通过发挥不同主体的专长，各主体间协同合作，共建共治，共同享受治理成果，其主要体现在以下几个方面：

政府引导，市场运作。充分发挥市场在资源配置中的决定性作用，引导资源要素聚集，推进城市管理服务市场化改革。一方面，更好发挥政府在规划布局、政策扶持、宣传推广、资源配置和基础设施建设等方面的引导作用，突出政府在基本公共服务供给保障中的标准落实和监督问责。另一方面，充分调动企业参与城市治理的积极性和主动性，强化政策引导，善用市场化手段，创新城市投融资模式和市场化、多元化经费投入机制，推进城市便民服务设施的市场化运营；支持市场资本参与城市建设与治理，构建政府与市场合作的长效机制。

市民参与，共治共管。创新城市管理方式，鼓励市民参与城市管理。政府通过多种形式提高市民参与城市治理的积极性，广泛宣传"人民城市人民建、人民城市人民管"的方针，培养广大市民集体观念、义务观念和主人翁责任感；畅通市民建议、投诉渠道，尊重市民对城市发展决策的知情权、参与权、监督权；提倡参与式城市管理，鼓励市民通过各种方式参与城市建设、管理。

社会治理，共建共享。推进机构改革和职能转变，处理好政府和社会、管理和服务的关系。积极调动社会组织参与城市管理，充分发挥社会力量在社会协调、社会自治和社会自律等社会事务中的基础性作用。加强对各类社会组织的规范和引导，推动社会信用体系建设，在城市综合管理领域实行守信联合激励和失信联合惩戒。

引贤任能，发挥专长。随着城市管理的复杂性、动态性不断增加，需要大批有专业资质的技术人员和专业机构参与管理。因此，"大城众管"要充分发挥科研院所、专业人才的作用，提升城市管理的专业化水平。在扶持专业服务机构发展的同时健全需求导向的人才培养模式，为城市治理提供专业人才和专业服务，形成持续稳定的专业服务队伍。

强化宣传，营造氛围。充分利用广播、电视、报纸、手机等多种媒介，大力宣传城市管理中的好经验、好做法和涌现出的典型人物事迹，及时曝光管理工作推进不力、城市环境"脏乱差"的负面典型。政府通过广泛宣传提高社会公众对城市管理工作的认识，充分激发公众参与的动力和活力。

"大城众管"的发展目标主要表现在以下几个方面：

第一，建设"政社分开、政社互动、政社合作"的长效机制。向街道、社区下放治理服务资源，向社会组织外包服务项目，明确街道在社区治理方面的角色定位；厘定社区职责清单，规范各职能部门的责任权属，规范下派社区工作事项审批程序；合理划定政府大事、社区小事和居民私事，增强居民参与的主动性和积极性等。

第二，激发广大社会力量和居民群众参与老旧小区改造的积极性，构建共谋、共建、共管、共享的工作格局。一是强化组织领导，注重整体联动，多个部门密切配合、协调联动。凝聚改造合力，进一步强化区级抓总、部门统筹、街办配合、居民参与的总体格局，将改造工作与日常工作深度融合，细化到人、到事，做到同谋划、同部署、同落实，真正形成政府统筹、条块协作、各部门齐抓共管的工作机制。二是强化包联督办，通过分片包联，建立健全区领导包联督办制度，加大对老旧小区改造项目计划制定、目标任务、工作进度的调研督导，协调推进，确保改造任务落地落实。三是统筹协调推进，定期召开相关部门、产权单位、管线单位等组成的老旧小区改造联席调度会，分析老旧小区改造推进情况，协调解决改造工作中遇到的困难和问题，确保改造顺利进行。四是开展联合执法，以老旧小区改造为契机，由有关部门，对社区违建、违停等开展集中联合执法活动，为老旧小区前期改造和后续管理奠定良好基础。

第三，加强宣传报道，营造共管共治的氛围。持续落实好正面激励和负面曝光机制，充分利用媒体、议事厅、院坝会、主题宣传活动等平台载体，发出城市综合管理好声音，讲出"五长制+网格化"好故事，开展城市综合管理"五长制+网格化""进社区""进家庭""进学校""进企业""进门店"和

"进机关"活动，落实"门前三包"责任制，对社会单位、个人不履行城市管理义务的行为充分曝光，动员社会各界广泛参与城市管理，逐步形成区领导、区级部门及镇街、普通市民共同参与、共建共治共享的众管格局。

第四，推动基层协商，健全社区治理的民主决策机制。一是广泛听取和借鉴群众的意见与建议，经过社区两委和党员、群众代表讨论与协商，实现决策的科学化与民主化。二是社区按照党员、居民代表"征求民意—协商筛选—协商排序"等步骤，真正实现居民在决策的关键环节发挥主体作用，做到"政从民出、政为民选、政为民意"。三是社区事务接受居民跟踪、参与和监督，充分保障其知情权和监督权，增强社区群众的"民主意识、责任意识、服务意识"，畅通决策执行"最后一米"，提升行政效率。

第五，推进党建引领，健全基层治理的领导整合机制。通过加强基层党建，以价值引领和思路引领的方式，引领基层治理朝着正确的方向迈进。一是加强基层党组织自身思想、组织及作风建设，始终坚持"不忘初心，牢记使命"，提升党员干部的政治素质和能力素质，发挥"领头羊"作用。积极探索新方法，以灵活的服务方式和多样的服务内容，实现党群"零距离"。二是以网格化党建为抓手，推进服务型党组织建设。基层党员干部要通过网格责任区深入联系群众，实时了解群众的需求，适当向"多网融合"发展，避免各主体间治理边界的模糊或重叠。三是建好用好党群服务中心，使之成为加强党和人民群众联系的重要阵地（表8-3）。

"大城众管"的目标体系 表8-3

目标	内容
政府引导，市场运作	充分发挥政府在规划布局、政策扶持等方面的引导作用，支持市场资本参与城市建设与治理，构建政府与市场合作的长效机制
市民参与，共治共管	创新城市管理方式，鼓励市民参与城市管理
社会治理，共建共享	积极调动社会组织参与城市管理，充分发挥社会力量在社会协调、社会自治和社会自律等社会事务中的基础性作用
引贤任能，发挥专长	充分发挥科研院所、专业人才的作用，提升城市管理的专业化水平。健全需求导向的人才培养模式，为城市治理提供专业人才和专业服务
强化宣传，营造氛围	政府通过广泛宣传提高社会公众对城市管理工作的认识，充分激发公众参与的动力和活力

三、"大城智管"的发展目标

"大城智管"的发展目标是提高市民生活品质、提升城市治理效率、数据开放与融合、发展绿色经济、提升网络安全，建立全要素"一张图"管理。聚焦高效、便捷、精准管理，加速互联网、大数据、人工智能与城市管理的深度融合，强化大数据智能化技术在城市管理领域的应用，推动城市管理工作从数字化、网络化向智能化加速跃进，让科技支撑城市健康安全运行，为城市管理增添智慧。

"大城智管"创新实践过程中，城管体系逐步形成了智通能融、智感能知、智策能决、智联能动、智服能惠、智监能察的"六智六能"的信息化特征理念，对智慧城市管理感知、分析、服务、指挥、监察"五位一体"基础设施建设要求作出了进一步提升和拓展（表8-4）。

"大城智管"的目标体系 表8-4

指标	内容
智通能融	跨部门、跨系统的数据交换、共享
智感能知	能够基于视频、语音文字、传感器、综合应急指挥系统和系统信息传递功能，识别问题、检测问题、反馈信息和人机互动
智策能决	利用信息技术平台对各类感知数据和业务信息进行实时智能的分析和处理，为城市高效管理、城市科学规划提供决策支持
智联能动	城市管理业务人员依托协同工作平台，对城市运行事件进行自动发现受理、自动调度派遣，对城市事件进行及时反馈通报，促进监督中心、指挥中心、专业管理部门等的资源共享、协同工作和协同督办
智服能惠	通过整合政务、服务和信息等资源，实现一站式、平台化、智能化的民生综合服务，为各级机关提供社会管理创新模式、网格智能服务，为广大人民群众提供全方位、多元化、立体式、智能化便民生活服务
智监能察	是通过智慧化手段强化问题主动发现与反馈能力，提高巡查监察效率的重要手段
五位一体基础设施	基于新一代信息技术构建城管物联网平台，实现感知、分析、服务、指挥、监察五大功能。通过智能设备发现问题，分析问题，提供群众参与城市治理的渠道，实现智能指挥、敏捷调度，基于执法巡查强化问题反馈与监察，协调相关部门共同解决城市管理中产生的各类痼疾顽症，形成城市综合管理合力

智通能融是"大城智管"的神经系统，是核心和关键。它是指重庆立足城市管理行业现状，逐步实现跨部门、跨系统的数据交换、共享，完善数据资源采集、处理、存储、分析、共享、利用等各方面工作，消除"信息孤岛"和"数据烟囱"，实现城市管理信息的智慧化融合互通，为其他"五智五能"提供数据基础。

智感能知是"大城智管"的眼、耳、皮、鼻、口，是智慧城市泛在感知和信息传递的通道。眼指视觉，如基于视频智能分析的城市管理问题识别系统，能对城市管理问题进行自动识别和预警；耳指听觉，如通过语音、文字识别技术对12345、12319等市民电话和其他上报和反馈渠道的信息进行智能提取，能高效识别管理问题和民众诉求；皮指触觉，如基于传感器物联网的城市运行监测系统，能实现市政设施、市容环卫等的实时、自动监测；鼻指嗅觉，如综合应急指挥系统，能及时探嗅应急事件前兆，实现应急事件的迅速响应；口指交流，如各系统内部信息、指令的传递共享能力，以及面向决策人员的管理指挥大屏和智能报告，能实现城市管理的联勤联动和运行信息的可视化展示。

智策能决是"大城智管"的大脑，是依托智慧化能力进行城市管理分析决策的处理中心。它通过对各类感知数据和业务信息进行实时智能的分析和处理，为城市高效管理、城市科学规划提供决策支持。如大数据分析平台，能够通过数据挖掘、人工智能、深度分析等技术，对整合的视频资源、图像资源、业务数据、公共服务数据等进行深度大数据分析，完善分析模型，为城市综合管理的业务运行、公众服务、领导决策等提供个性化服务，实现快速跟踪和响应城市事件，提高对城市运行状态的理解力和判断力，进一步提高分析决策能力。

智联能动是"大城智管"的运动系统，是对指挥调度、联勤联动的能力支撑。一方面，智联能动指为城市管理业务人员提供一个协同工作平台，对城市运行事件进行自动发现受理、自动调度派遣，对城市事件进行及时反馈通报，促进监督中心、指挥中心、专业管理部门等的资源共享、协同工作和协同督办，实现智能指挥、敏捷调度、处置有力，强化对违法行为及城市突发事件的应急处理能力。另一方面，智联能动也指通过相应信息系统建设，智能联通城市管理部门和人民群众，鼓励市民参与城市管理，协同共治。

智服能惠是"大城智管"的心脏，是为人民服务、让人民得实惠的初心。通过搭建惠民服务与市民参与平台，一方面，通过整合政务、服务和信息等资源，实现一站式、平台化、智能化的民生综合服务，为各级机关提供社会管理创新模式、网格智能服务，为广大人民群众提供全方位、多元化、立体式、智能化便民生活服务。另一方面，充分利用市场机制和社会参与的力量，推动社区自治、自我管理、自我服务，形成"人民城市人民管"的多方参与社会管理服务体系。

智监能察是"大城智管"的"铁脚板"，是通过智慧化手段强化问题主动发现与反馈能力，提高巡查监察效率的重要手段。在智慧赋能下，巡查人员通过手机、单兵设备等移动终端即可进行城市管理问题的日常巡查办理；利用车辆机动性快速覆盖巡查重点区域，通过车载摄像机前端抓拍和后台分析结合，实现城市管理问题的智能采集上报。同时，业务人员可以通过移动监督系统进行远程监管，领导可以进行案件指挥、督办。

依据"大城智管"的目标体系，"智管"的发展目标具体应为以下八个方面：

（1）开拓城市治理大数据的数据源，如与腾讯、阿里等公共数据巨头建立有偿数据共享机制，以商业数据补充城市运行管理内部数据，为进行更全面、准确的大数据分析，拓展城市大数据应用范围提供更好的数据支撑；加强数据权力和数据安全，更公开、安全、合理合法地使用数据。

（2）成立面向"大城智管"的研究型智库，主要负责研究包含"大城智管"在内的重庆城市管理发展规划，以及包括基于城市大数据的感知预测、综合关联分析、源头治理决策支持等技术研发。

（3）进一步加强"大城细管"与"大城众管"建设，细要细到标准上，众要众到全流程，对这些创新实践成果以信息系统进行固化和支撑，真正发挥"大城智管"的智慧潜力。

（4）在公众参与方面，强化对市民公众和社会组织参与城市管理的支持，在以技术手段保障监管的前提下，鼓励社会进行自我治理和自我服务。理想状态下，这种自治（自服务）包括问题（需求）发现、分析决策（服务匹配)、调度处置(服务供给)、反馈评价等全部环节,城市管理部门则更注重于规则制定和过程监管。

(5)基于"放管服""最多跑一次"改革对体制机制的创新成果,研究建立规划、建设、管理、服务一体化的全流程城市治理体系并研发相应的信息系统,实现"牵一发而动全身"的全流程协同治理。

(6)在能力设置方面,除了城市运行信息的自动感知外,还要充分挖掘智慧城市大数据分析等新功能,形成智通能融、智感能知、智策能决、智联能动、智服能惠、智监能察等"六智六能"的核心功能,为构建"规、建、管、治"一体化的全周期城市综合治理提供智慧化的有效支撑。

(7)在管理领域方面,全面实现综合管理,依托科技支撑实现城市全生命周期管理。

(8)在技术应用方面,充分利用人工智能、数据挖掘、大数据分析等新技术,促进城市管理智慧化转型。

第九章

"大城三管"的四梁八柱：五级六类七步六体系

未来重庆应着力深化"大城三管"，以"五级六类七步六体系"的城市管理体系推进城市治理体系和治理能力现代化，让城市"颜值"更高、"气质"更佳，建设"近悦远来"的美好城市。

"五级"即从管理范围上，实现城市管理从成渝双城经济圈城管协作区、重庆市、主城各区、街乡直至社区的多尺度全域城管。市级层面由市城管委负责，内容包括市管设施的管理、各区城管效果的考核；区级层面由区城管委负责，内容包括辖区内所有市政设施（包括园区、社会单位、国有企业等涉及城市管理方面的设施、设备）。对涉及现有管理体系下的多头管理、无人管理等问题统一由市城管委进行责任确定。

"六类"即从管理内容上，实现城市管理在城市交通运输、给水排水污水、垃圾收运处置、电力能源供应、邮政邮电通信和公园园林绿化等支撑城市运行的六大基础功能板块（图9-1），及以道路为鱼骨骨架所串联起的包括电线杆、信号灯、树木、停车场、绿化带、井盖在内等核心设施的全要素城市综合管理。

狭义的城市管理通常是指市政管理，即与城市规划、城市建设及城市运行相关联的城市基础设施、公共服务设施和社会公共事务的管理。广义的城市管理是指对城市一切活动进行管理，包括政治的、经济的、社会的和市政的管理。据统计，现代城市管理涉及的各类因素已达一千多种。城市是一个开放的复杂巨系统，包括很多子系统和功能要素，要想保证这个巨系统能够有序良好地运转，就需要对城市各功能要素进行有效的综合管理、综合协调，因此与城市运行相关的要素、业务均应纳入城市的综合管理当中来。

无疑，本书研究的城市管理范畴指的是广义的城市管理，不仅包括城市的规划、建设和管理，还包括其他与城市管理相关的所有业务的综合管理。城市综合管理是以政府为主导，由市场主体、社会组织和市民共同参与维护城市基础功能、管理城市公共空间，和对应急状态进行管理，保持城市健康运转和良好秩序的行政行为。[①] 对城市公共空间的管理，一方面要保证城市有足够的公共空间以维护城市基础功能的运行；另一方面要保证城市公共空间不被非法占用。城市的应急状态管理，是对由自然灾害和人为因素造成的城市基础功能不能正常运转的情况，政府采取应急措施使其尽快恢复常态。

图 9-1　城市管理的六大基础功能

重庆的城市管理是以"大城三管"为管理手段，以道路交通运输、给水排水污水、垃圾收运处置、电力能源供应、邮政邮电通信和公园园林绿化六大系统，以及城市公共空间秩序和应急状态为管理对象，以人才、技术、标准、法规、资金、服务和体制机制等为支撑体系来进行的系统管理（图9-2）。

"大城细管""大城众管"和"大城智管"，三者之间是相互依托、相互关联的。"细管"是城市管理的目标，"众管"和"智管"是手段，城市管理需要依托"众管"和"智管"才能达到"细管"的效果。

---

① 翟宝辉，袁利平. 城市综合防灾与应急管理[M]. 北京：中国建筑工业出版社，2020.

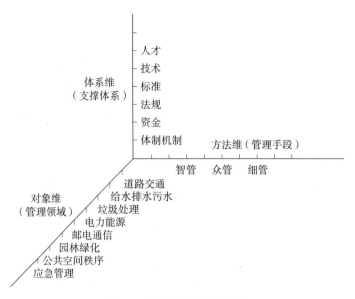

图9-2 城市管理三维框架图

城市管理的各个环节可以用以道路为骨架的市政基础设施和公共服务设施体系像鱼骨一样串联起来。道路是主骨，每一根刺连起一个部件或者一个空间，把电线杆、信号灯、树木、停车场、绿化带、井盖等串联起来，包括房屋，乃至地上地下的基础设施都可以串联起来，把各条道路再串联或并联起来就是一个区域（图9-3），要使这个区域有活力就必须让串联起来的节点都发挥功能，运行起来。只有城市中所有联结起来的节点运转起来，城市才能发挥其功能。城市若要保持良好的运转就需要成立专门的城市管理部门对城市各个部件进行系统管理。重庆就是城市管理相关部门运用"大城三管"的管理手段，将"鱼骨"，即道路上每个部件都串联起来，并使其运行起来，发挥功能。

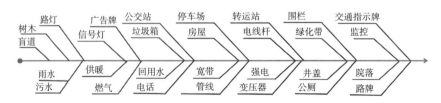

图9-3 以道路为骨架的公共空间鱼骨体系

"七步"即从管理流程上以标准化工作流程为切入点，实现城市管理从问题发现、业务分析、分流交办、任务处理、情况反馈、核实结案到结果评价全过程精细化管理。根据各城市管理事件和部件的属性和特点，划分管理流程及各流程控制目标，并抓好环节控制和细节监控，确保环环紧扣，不出现缝隙。各环节形成一个有机闭环，协调发展，做到正向易推进，逆向可溯源。在精细化管理目标与预算计划范围内，把握各业务领域的关键管理环节或维护管理质量控制点，做到精细化作业、精细化控制、精细化核算、精细化分析和精细化考核等，全方位实施城市精细化管理。

"六体系"即包括思想体系、领导体系、运管体系、法规体系、标准体系和协同体系在内的"大城三管"支撑体系（图9-4）。

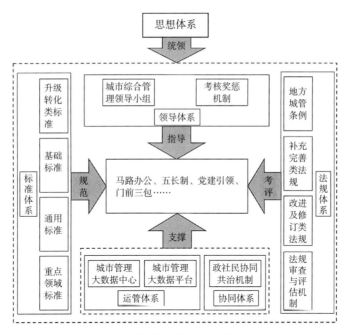

图9-4 "大城三管"的支撑体系

第一节 思想体系

坚持党建引领，充分发挥各级党组织，尤其是基层党组织的战斗堡垒作用，与辖区内政府部门、企事业单位、科研创新单位等党组织构建合作联盟，推进城市综合管理纵深发展；在社区细分党建综合服务网格，把支部建在网格上，加强党组织对社区治理、服务群众、促进和谐的引领；将城市管理工作纳入基层党建内容，建立业务工作与党建工作双向服务、双向互动的联络机制，充分发挥党组织的聚力引领作用；通过开展党员设岗定责等志愿活动，鼓励基层党组织扎根在群众当中，党员干部到城市管理一线建言献策，主动参与到城市管理的具体工作中，答民疑、解民惑、抚民忧。

加强基层党建，把党支部建设作为基层治理的核心。有效发挥党员在社区治理中的作用，建立以小区党支部为引领，业委会、业主监事会、各类社会组织和全体业主共同参与的小区治理新形式，在小区自治中发挥党密切联系群众、总揽全局协调各方的政治优势，完善小区治理的体制机制，凝聚各方力量与共识，从机制上化解矛盾。

创新探索城市党建共同体。以行政区划、行业类别、专业特点区分，建立分层级、条线归口的各类党建共同体，实现党建资源的有效整合，探索解决城市基层党组织间相互分割、资源分散等难题，形成社会治理合力。

发挥党组织堡垒作用，发动群众参与社会治理。以加强党组织建设为切入点，广泛发动群众参与基层社会治理，变"反应式"管理为"参与式"治理，实现党组织延伸到底、治理路径畅通到底、服务触角覆盖到底，形成共建共治共享的基层社会治理良好局面。

第二节 领导体系

第一，成立由市长挂帅，各市级部门为成员单位的城市综合管理领导小组。城市综合管理工作领导小组是代表政府进行"大城三管"治理的第一责任主体。城市管理应当完善政府负责、分工协作、规划先行、建管并重的"大城三管"工作机制，将城市管理工作纳入城市国民经济和社会发展规划、国土空间规划，制定"大城三管"工作目标和年度计划，建立"大城三管"

资金投入和保障机制，加强对"大城三管"工作的领导和协调，合理配置城市管理执法力量。城市管理局、规划和自然资源局、安全生产监督管理局、生态环境局、人力和社会保障局、交通局、公安局和市场监管局等行政主管部门（以下称城市管理相关部门）应当在城市综合管理工作领导小组的统一领导下，认真履责，简政放权，按照"大城三管"管理模式，依法下放和移交公共资源、公共空间和公共服务运营、维护和工作的有关事权，加强业务指导和监管，推动城市管理"整合"运行。街道办事处、镇人民政府负责组织落实辖区内城市管理的具体工作，指导、督促社区（居民委员会、村民委员会）和相关单位开展城市管理相关工作。园区、景区等功能区和政府派出机构根据城市综合管理工作领导小组的委托，负责组织落实辖区内城市管理的具体工作。

第二，建立高位协调指挥调度机制。切实发挥城市综合管理协调机制作用。市城市综合管理工作领导小组是市长挂帅的高规格议事协调机构。要充分发挥领导小组办公室（市城综办）作用，变独角戏为群戏。以市城综办为平台，在市城市管理部门与相关委办局、各级政府之间构建细化高效的协同机制，进一步完善部门间工作流程，建立健全清单日常管理制度，优化问题的快速发现和处理机制，避免出现管理"缝隙"和"空挡"。建立联席会议和重大问题"会审"机制，需要部门协同办理的事项，通过部门联席会议会审，以会议纪要等形式规定下来，积极落实。

第三，建立统筹指挥机制。建立城市管理分管副市长定期调度机制，抓好城市综合管理领导小组部署事项的落实，协同推进区域间的城市管理工作。将现有的数字城管平台进行转型升级，把它作为市城市管理委员会的指挥平台。编制汇总《城市精细化管理标准》《城市管理指挥手册》等文件，作为指挥调度的依据。从整合一张网、制定一套标准、完善一套机制、完善一个体系等方面入手，推动城市综合管理能力现代化。构建相对应的城市综合管理运行管理服务平台，将城市治理全流程统一到一个管理平台，促进城市管理"一级指挥、两级管理、三级监督、四级网格"工作机制落实，打造城市运行管理体系。横向上，连接所有与城市管理相关的市直部门和国有企事业单位；纵向上，对接区级平台，实现跨系统、跨部门、跨行业的信息共享交换，实现公共视频资料搜集、基础数据普查、城市综合管理事项处置等方面的业务协同。通过高质量协调城市管理各项事务、高水平调度城市管理各方力量、高效率处置城市管理各类问题，形成问题发现、处置、监督、考评的科学闭环管理机制。

第四，健全城市综合管理考核奖惩机制。组建督察考评队伍，按照国家和省市关于城市运行管理服务综合评价的要求，针对12345市长热线和12319城管热线受理、群众信访、领导交办、媒体曝光、舆情反映和考评发现的城市管理重点问题，全程跟踪督办，监督问题彻底解决；对全市城市管理工作实行"月排名、季考核"，定期通报考核结果。安排城市综合管理专项资金，对各区实行奖惩。强化考核结果运用，把考评结果与干部任用、年度考核、评先评优结合起来。健全完善责任落实和责任倒查机制，对工作推进不力、不作为、慢作为的单位及个人进行追责问责。

第三节　运管体系

以"互联网+城市"行动为统领加强智慧城市建设，深入推进网络理政、政务云、数据资源中心等建设，推动政务服务"一网通办"、城市运行"一网统管"、社会诉求"一键回应"，形成全天候在线监测、分析预测、应急指挥的智能城市治理运管体系。

第一，加强城市管理信息采集和数据库建设。整合相关数据资源和既有数据采集渠道，加快建设城市管理大数据中心系统，形成包括城市管理人、地、物、事、组织等在内的全生命周期数据仓库。丰富和完善数据信息采集手段，加大物联传感技术在重要桥隧、人行天桥与地通、危险源、井盖、城市照明、园林绿化、风景名胜、城市内涝、大型户外广告、给水排水、作业车辆等中的广泛应用，构建城市管理设施全要素的部件物联、立体感知体系，实现数据实时采集、动态录入。时刻关注城市管理各领域信息化系统的状态，确保数据资源及时"共建共治共享"。

第二，整合形成市、区两级统一的城市管理大数据平台。对城管委系统内部进行信息资源整合,实现市、区两级数字城管平台互联互通。在此基础上搭建城市管理数据资源共享服务平台,统筹整合公安、城乡建设、规划、城管、环保、气象、电力、燃气、通信等涉及城市管理的部门、单位数据资源,建立一体化、整合式、全天候的城市智慧综合管理大数据平台。

第三,推进各业务平台间的互联互通。借力全市城市综合管理领导小组领导协调机制,推进公安、交通、应急以及城市管理等平台互联互通。以重庆市基础地理信息系统为基础平台,建立城市管理地理信息系统,运用移动互联物联网云计算实景三维动态视频监控,将城市管理的各项管理内容整合起来,优化管理手段。大力推行"互联网+政务服务",推进"12345一号通"政务服务热线优化整合,让"信息多跑路、群众少跑腿"。可探索建立重庆市城市管理综合信息数据中心和共享交换平台,整合归集各类共享数据。

第四,加强智慧城管的深度运用。更多运用物联网、北斗导航、移动互联、大数据、云计算等技术,深化互联感知、数据挖掘与分析等技术应用,提升管理精度与效率。以市容环境卫生、城市市政设施管理、水务管理、地下空间管理等为切入点,加强前沿科学技术对日常管理和运行的支撑。当前,重庆市城市管理可结合推进民生实事的大环境,开发智能停车、智慧如厕、标识引导等便民功能,为广大市民提供更多人性化服务。利用大数据技术以主城区作为原点,将城市管理的辐射半径加以扩展,全面实施城市管理数据信息的对接、共享,实现城市管理范围全面覆盖。完善城管通App功能,根据市民的多元需求,开发城市公园、风景名胜区、智慧停车、厕所服务、道路维修等"一张图"引导,提升惠民便民水平等一系列便民功能,构建智慧便捷的城市生活环境。

第五,完善财政保障支持,建立市级财政专项统筹保障。加大市级直管市政基础设施数字化改造资金保障力度和对区县城市管理智能化、智慧化建设运行给予专项支持,提高建设运行效能。同时,加大对城市管理智能化建设的政策引导和扶持、出台项目"以奖代补"和知识产权、数据商用共享等政策,鼓励国内一流互联网企业带资金、人才、技术与部门合作共赢,推动项目系统性落地。

第四节　法规体系

第一，充分发挥重庆直辖市的体制优势，加快推进《重庆市城市综合管理条例》立法工作，为重庆城市综合管理保驾护航。加强城市管理行政立法，形成完整的城市管理法规体系，是推进重庆市城市管理依法治市的基础。重庆市要充分利用中央授权的立法权力，在源头上强化依法依规治理，建立健全城市管理领域专业法规和与之相应的标准规范体系，为"细管"提供上位法规依据和细化标杆尺度。首要地，重庆市应对照国家、住房和城乡建设部相关的法律法规，充分借鉴其他城市在城市管理领域的法规体系建设，及时总结在城市管理过程中的优秀经验，结合自身城市发展特点制定《重庆市城市综合管理条例》。

加快推动《重庆市城市综合管理条例》调研论证，尽早纳入立法预备项目，以人大立法形式出台《重庆市城市综合管理条例》作为城市管理"三化""三管""当家法"。此外，重庆可借鉴浙江省发布的《浙江省城市管理相对集中行政处罚权条例》、南京市出台的《南京城市治理条例》，以人大立法形式出台城市管理执法方面的地方性法规，明确城市管理体制，厘清相关部门之间及市、区、街办（乡镇）职责，明确城市综合管理运行、监督体系和法律责任。在立法过程中要注意法律的全面性与科学性，力求把同一性质的行政行为交由同一个行政机关负责，避免多头管理、借法执法的现象出现。

《重庆市城市综合管理条例》应做到"五明确"，即明确城市管理协调机构、明确城市管理的职权范围、明确城市管理的程序规范、明确群众参与城市管理的方式、明确城市管理监督考核机制。①明确城市管理协调机构。明确城市管理要建立城市管理高位协调机构，形成协调统一、决策科学、执行高效、监督有力的体制机制，以统筹行政管理资源和社会资源，形成城市管理相关部门齐抓共管的城市综合管理格局。②明确城市管理的职权范围。通过立法打破以往城市管理分散执法体制，将公安、工商、交通、环保、建设、规划等行政机关行使的城市管理行政处罚权，依法重新配置，将城市管理的职责进行明确，由相对集中的城市管理行政主体来行使，并独立承担相应的法律责任。克服城市管理多头管理、交叉管理、重复管理而导致的无人管理、推诿扯皮等现象。③明确城市管理的程序规范。规范数字管理程序和行政执法程序。对案件的受理、分派的依据与过程、案件处理的反馈与追责等程序性问题予以规范。确立数字化管理的责任区网格化机制，落实网格管理人员、管理内容、管理责任和管理时限等。对涉及协调执法的事由、管理信息的共享、执法责任的分配等作出规定。④明确群众参与城市管理的方式。明确社会公众参与城市管理的方式，如可通过履行门前"三包"责任、参加城市管理志愿服务实践活动等方式，也可以探索组建以离退休职工、人大代表、政协委员等为成员的社区城市管理代表大会等。⑤明确城市管理监督考核机制。确立城市管理考核制度，对考核主体、对象、事项、标准、方式、权重、问责等内容进行规定，确立公平、公正的目标考核体系。

第二，细致梳理城市市容、生态环境、水务、城市建设、交通、公共安全等城市治理重点领域的地方性法规、规章，填补相关立法空白，形成完整健全的"1+N"城市治理法规体系。城市管理问题过于庞大和复杂，一个城市一部城市管理法规显然不能解决所有的城市管理问题。重庆市要全面梳理本市的城市管理法规、规范性文件，根据法定的城市管理的基本内容，针对城市管理六大系统：道路交通、给水排水污水处理、垃圾收运处置、能源热力、邮电通信、园林绿化，建立健全相应的法规，为各系统管理提供遵循（图9-5）。同时，参照"鱼骨体系"，结合"大城三管"的理念，对每一个具

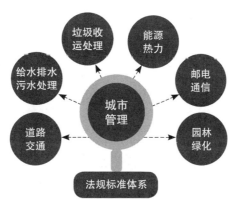

图9-5 重庆市城市管理六大系统法规体系

体的城市管理事项进行深入的研究分析和论证（图9-6）。对已有的法规进行修改完善，对于缺项的法规立即制定立法计划，着手起草制定，科学合理划分城市管理立法门类，避免立法交叉和空白，制定完善的城市管理法规体系。

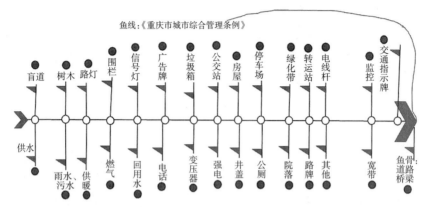

图9-6 重庆市法规体系鱼骨图

加快制定出台《重庆市城市综合管理条例》，并逐步修订《重庆市城市园林绿化条例》《重庆市公园管理条例》《重庆市市容环境卫生管理条例》《重庆市户外广告管理条例》《重庆市城市供水节水管理条例》《重庆市城市夜景灯饰管理办法》等法规，构建起以《重庆市城市综合管理条例》为主，以市政公用设施运行管理、城市环境卫生管理、城市容貌景观管理、城市水务管理、园林绿化管理、风景名胜区管理、城管执法、管养安全与质量等方面的单项法规为辅的城市管理法规体系。

第三，加快修订不符合精细化治理要求的地方性法规，对于一些与现实脱节较大的法规、规章及时进行修改、废止，同时应强化现有法规与上位法的衔接力度。法规体系建设不在多，而在于精、在于务实管用，突出针对性和指导性。依照《重庆市城市综合管理条例》编制的主要内容并结合"大城三管"的理念，通过分析新情况、解决新问题、吸收新经验、构建新机制，对重庆市城市管理领域的法规进行系统梳理，对部分专业方面已不能适应社会经济发展形势和当前城市管理实际需要的陈旧法规予以废止；对规章和行政规范性文件的主要内容与《重庆市城市综合管理条例》内容及"大城三管"的要求不一致甚至相冲突的，要予以废止；对规章和行政规范性文件的部分内容与《重庆市城市综合管理条例》内容及"大城三管"的理念和要求存在不适应、不协调、不衔接、不一致的予以重新修订。如由于城市管理执法领域涉及很多个部门事项，存在"政出多门"、法规文件之间"打架"的情况，对此要予以修订清理，使其衔接一致。国家和部委出台相关文件后，重庆应及时出台符合地方特点的、相对应的地方性法规，具体解决国家和部委法律法规落地的"最后一公里"问题。因为国家和部委层面的法律法规一般是具有宏观性和指导性的法律法规，要想使法律法规在本地具有实际指导意义，就需要依据本地特点制定相对应的地方法规。

第四，及时总结城市管理优秀经验并以法规形式制度化。近年来，重庆市在城市管理方面勇于探索、敢于实践，不断提升城市管理精细化、智能化和人性化水平，取得了很好的管理效果，积累了很多优秀的经验做法。如通过"河长制"的实施，水环境质量得到明显提升；通过试行"街长制"，城乡环境和市容市貌发生了翻天覆地的变化。如在全国率先完成县级及以上数字化城管平台全覆盖，率先实现市县两级平台互通、数据共享，率先发布《智慧城市管理指导意见》，将全市2400多座重要市政设施纳入云端管理，推广普及智能渣土监督管理系统、视频智能抓拍系统等智能应用，使城市照明智能控制系统建成率达90%。这些成功的经验做法，可通过立法予以固化，充分发挥制度优势。另外，要积极吸收借鉴其他国家和城市在城市管理方面的立法经验，结合自身城市特点，通过立法提升城市管理的法治水平。

第五，建立健全各项具体的管理办法，明确城管行政执法规范性。在城管领域要逐渐做到事事有法可依，要建立健全对户外广告牌设置、机动车停放管理、道路交通管理、违章修建、占道经营、违规摆摊、垃圾分类管理等行为执法的具体管理办法；同时，规定监督救济渠道和执法协同程序，并通过广播、电视、报纸等媒体广泛宣传这些管理办法，使城市管理的大部分工作都能够纳入法制轨道；在规范性文件的基础上，执法部门纷纷出台实施细则和执法手册，规范自由裁量权，压缩自由裁量空间，保障执法的客观公正。

第六，建立法规定期审查与评估机制，提高法规、规章及相关政策的时效性、回应性。建立城市综合管理执法联动联合机制,加强城市管理部门与公安、检察、审判、司法行政机关之间的联动协作,建立信息共享、案情通报、案件移送等制度,实现行政处罚与刑事处罚的有效对接。构建综合执法与专业执法相协调,联合执法与部门执法相结合,市、区、乡镇(街道)职责分工明晰的执法工作格局,形成权责明确、行为规范、监督有效、保障有力的行政执法机制。

第五节 标准体系

按照"高标准、全覆盖"要求,梳理现有工作标准,对标国际先进、瞄准国内一流,制定精细化标准体系,对城市管理工作所涉及的具体范围、职责、流程、标准等作出全面详细的规定,为精细化管理提供标尺和依据。

第一,以建立健全覆盖城市管理所有业务板块的城市管理标准体系为根本导向,构建起"大城三管"标准体系框架。其一是城市管理的基础、通用标准。基础标准主要包括术语、符号、标识等,通用标准主要包括覆盖城市管理六大系统的技术和管理要求。其二是城市管理的六大系统标准体系。道路交通、给水排水污水处理、垃圾收运处置、能源热力、邮电通信、园林绿化各个系统的标准。其三是各系统下每项设施的具体标准。参照"鱼骨体系",对每项设施、每一个具体的城市管理事项建立完善标准规范。其四,进一步完善城市规划建设管理标准化协调机制,注重规建管各领域、各环节标准创制的统筹与衔接,重点推进市政基础设施、园林绿化等在建设、移交与管理方面的标准协调性、系统性,确保城市基础设施管护的统一性和延续性,不断提升城市的建管水平(图9-7)。

第二,加强市容市貌、市政设施、园林绿化、城市基础设施、地下空间、安全应急等重点领域的标准制定工作。其一是聚焦短板顽症,重点制(修)订一批与精细化城市管理相匹配的标准。针对当前城市管理的突出问题和难点,重点推进《重庆市城市道路杆件及箱体整合技术导则》《重庆市城区公共厕所规划设计导则》《重庆市城市公厕管理标准》《重庆市城区地下

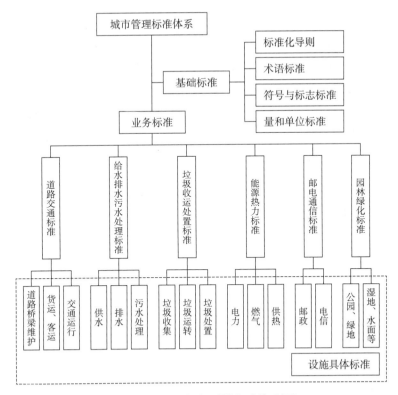

图 9-7 重庆市"大城三管"标准体系框架

管线管理规范》《重庆市城区市容环境管理规范》《重庆市户外广告设置管理规范》等30项行业标准编制；同时，结合智慧化城市建设推进《重庆市智慧化停车库建设技术指南》《重庆市城市园林绿化数据遥感解译技术规程》等标准编制；针对当前精细化管理需要，对《市政设施维护定额标准》《城市园林绿化管护标准定额》《市容环卫作业维护定额标准》等进行修订。其二是结合重庆实际需要，充分考虑重庆山地城市的特点，制定符合重庆市发展实际需要的标准体系。如在城市绿化用地紧张、城市生态环境问题突出、亟待立体绿化推广的形势下，要构建相关标准支撑立体绿化项目顺利实施。如制定《立体绿化技术导则》《立体绿化建设与管养计费标准》《立体绿化建设和养护技术规程》，明确各类立体绿化所适用的具体条件，进一步总结强调立体绿化的设计、施工及养护的基本要求，更好地引导立体绿化建设发展。其三是随着城市管理领域的拓展，标准的制修订也涉及新的内容，如《电动汽车充电站运营管理规范》等。其四是构建《重庆城市综合管理服务平台标准体系》。依据住房和城乡建设部制定的《城市综合管理服务平台标准体系研究》，制定《重庆城市综合管理服务平台标准体系》，形成重庆综合管理服务平台标准体系架构，为城市综合管理服务平台的建设、运营、维护，以及指导标准制修订等提供依据。构建《重庆城市综合管理服务平台标准体系》是开展城市综合管理工作的关键，也是构建城市综合管理体制的必要环节。其五是构建《重庆数字化城市管理指挥手册》。将城市管理问题细分为具体类别，并统一立结案标准、处置时限及流程，提高12319解决问题的效率。《重庆数字化城市管理指挥手册》进一步明确和统一各类城市管理问题的具体内容、管理主体、责任单位、立案标准、处置时限与结案标准，为城市综合管理建设奠定基础。

第三，在标准的优化方向上，着力提升标准水平，主动对标国际国内城市管理先进城市，制定一批高水准的城市管理标准，同时加快城市管理标准升级转化。加强城管部门和市质监部门的合作，加快城市管理标准向地方标准升级的推进力度，提高城市管理影响力，加快《重庆市城市精细化管理标准》《重庆市数字化城市管理立案处置结案标准》《城市桥梁安全性评估规程》《重庆市城市桥梁加固设计标准》《公园标识设置规范》等18项地方标准的升级转化工作；进一步完善城市规划建设管理标准化协调机制，注重规建管各领域、各环节标准创制的统筹与衔接，重点推进市政基础设施、园林绿化等在建设、移交与管理方面的标准协调性、系统性，确保城市基础设施管护的统一性和延续性，不断提升城市的建管水平。

第四，建立标准化的城市管理工作机制。重庆市城市管理局应构建《标准化工作管理办法》，明确本单位标准化的工作任务：在城市管理领域内开展标准研究、标准制修订、标准实施及监督、标准体系建设等标准化活动；成立城市管理标准化技术委员会，为城市管理领域的标准化工作提供技术支撑；与高校合作成立标准研究室，开展城市管理领域的标准研究工作，并履行标准化技术委员会职能。

第五，强化过程监管，推动标准落地生效。加紧制定《城市管理标准管理办法》，注重标准衔接，强化标准实施的整体性和持续性，严格落实环境卫生、市容秩序、广告招牌、景观照明等各项管理标准，要加强检查考核，定期组织力量督导检查执行落实城市管理标准的情况，通过宣传正面典型，倒逼标准执行，推动城市标准化、精细化管理水平整体提升。

第六节　协同体系

"大城三管"的运营与管理体系包括政府、居民、经营者、城市空间整合服务商、游客、投资者等主体。城市管理执法业务仍然掌握在政府手中，除此之外，城市管理中的公共服务类业务，政府可以通过各种方式外包给具备专业资质的企业运营和管理。政府向具备专业资质的城市空间整合服务商购买总包服务，通过城市管理权对服务商参与城市管理提供必要的权利保障。城市空间整合服务商整合赋能各类专业分包商，对城市公共空间进行"专业化、数字化、机械化"的运营管理。

以城市公共空间为中心向两端辐射，一方面适度参与城市公共项目的运营服务，实现集约提效；另一方面有节制地开发公共资源，对公共空间实行反哺，推动实现城市自循环系统的建立。为更好地保障这个以"公共空间、公共项目、公共资源"为核心的循环圈实现良性运转，一方面城市空间整合服务商主动孵化依托公共项目开展的经营性业务，让城市空间更有温度；另一方面深度参与辅助公共服务类业务，让城市空间更有秩序。

在整个"管理+服务+运营"的新型城市管理生态圈里，除了政府和城市空间整合服务商的高度参与以外，居民和经营者、游客和投资者可以通过"大城三管"App、重庆市城市管理局网站、微博等线上渠道，多方参与，与线下的源头服务实现对接，从而达到真正的共治共享，推动重庆干净整洁有序、山清水秀城美、宜业宜居宜游的良好城市管理生态环境的形成。

依托社会化服务范围与需求制定项目清单，加大社会参与城市管理的引导力度。以疏导为主，疏堵结合为原则，向社会组织和专业机构放开日常管养、一般性巡查、专业鉴定等项目（图9-8）。

第一，构建高效畅通的部门协同机制。加强城市管理工作的综合统筹协

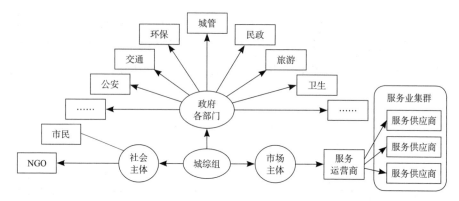

图9-8 "大城三管"的协同体系

调,加强多领域合作、多部门联合,构建上下联动、横向融合的工作格局,和"横向到边、纵向到底"的城市综合管理服务工作体系。推动城市管理和服务的重心下移,建立健全跨部门、跨区域行政执法联动协作机制,推进管理重心下移,形成主体清晰、权责明确、上下联动、协调有力、执法到位、运转高效的城市综合管理格局。着手建立城市规划、建设和管理一体化的体制机制。将城市规划、建设、管理执法等业务纳入到城市综合管理范畴,明确细化规划、建设部门在环卫设施配套建设、景观照明建设、户外招牌设置等涉及城市管理工作的职责,明确城市管理部门参与规划环节、建设环节的范围和方式,明确设施移交的条件、标准、方式,保障城市管理主管部门在规划和建设环节的参与权、移交使用环节的决定权、维护管理环节的处置权。将城市规划、建设和管理执法部门的业务全部纳入"重庆市综合管理服务平台",由城市管理综合领导小组统一协调规建管之间的业务。

第二,优化政府、市民、企业、社会组织协同共治机制。强化市民、企业、社会单位等主体责任。进一步明确市民的个人规范和责任,尤其是违章建筑、环境卫生更要将责任明确到个人。强化市场主体在安全生产、环境整治等方面自我监督,履行法定义务。进一步夯实城市管理区县主体责任,加强市级部门联动。健全"门前三包"责任制度,深化实施"门前三包"工作。探索推广"路长制""街长制""巷长制""楼长制""店长制"等基层管理经验,健全完善社区协商机制,鼓励社区居民积极参与社区事务,促进城市管理居民自治。

第三，推动城市管理与基层社区党建工作有机融合。抓基层打基础是推进城市共治共管、共建共享的长远之计和固本之策。党的基层组织是党在社会基层组织中的战斗堡垒，是党的全部工作和战斗力的基础。推动城市管理重心下移，要发挥好基层社区党组织在城市管理中的作用。学习借鉴北京市"街乡吹哨、部门报到"做法，总结"五长制"经验，探索建立重庆城市管理与基层党建工作有机融合的路径办法，把城市管理作为街道社区党组织、居委会日常重要工作内容之一，逐级建立相应的考核评价机制，健全社区党组织、居委会、业主委员会、物业服务企业、居民等多方对接、协商机制，推动资源和力量向基层倾斜，健全完善资源下沉、权责统一的配套保障机制，增强基层服务管理能力。学习借鉴成都市在社区设置城市管理专员抓城市管理工作的做法，探索设立"社区城市管理工作室"，将城市管理、社会管理和公共服务事项一并纳入社区网格管理，依托社区自治力量，建立起社区干部、社区民警、城管队员、物业公司、辖区单位五位一体联动机制。组织开展城市管理"进机关、进学校、进医院、进市场、进企业、进园区、进景区、进社区、进家庭"的"九进"活动，问政于民、问需于民、问计于民、问效于民，推动制定社区居民公约，组织引导市民参与城市治理，实现共治共管、共建共享。

第四，大力培育社会组织参与城市管理。充分调动慈善组织、群众性文体组织、志愿者组织、民间协会等诸多社会组织参与到城市管理中，着力为其提供制度性保障，如在法律法规保障、资金供给以及人力资源等方面为其提供所需的条件和资源，让这些社会组织逐渐发展成城市居民表达利益诉求、参与公共事务的平台，减少城市管理中信息传递过程的扭曲与消散，从而使城市管理部门和管理者可以更加灵活有效地联系城市居民。

第五，积极推进城市服务项目专业化外包。积极探索执法与管理分离的城市管理社会化服务外包新思路、新模式。逐步推进城市道路交通运输系统、城市给水排水污水处理系统、城市垃圾收运处置系统、电力能源供应系统、城市邮电通信系统和城市园林绿化系统等支撑城市运行的六大基础功能板块的服务外包。重点推进道路交通、停车管理、城市休憩设施、生活垃圾收集和清理、公园实际建设维护、公园管理等具体领域的专业化外包。通过与外包机构的合作,推进一些示范项目的试点,摸索更高水准的管理模式。

第六,充分激发公众参与城市管理的热情。要将居民参与城市事务种类、参与环节、参与保障等进一步明确化、具体化和规范化,健全"门前三包"责任制度,深化实施"门前三包"工作。探索推广"路长制""街长制""巷长制""楼长制""店长制"等基层管理经验,健全社区协商机制,鼓励社区居民积极参与社区事务,促进城市管理居民自治。不断健全城市政务公开、行政决策听证、城市居民评议、城市民意吸纳、城市民意分析、城市民意反馈等制度。制定推进公众参与城市管理志愿服务工作的相关方案,按照"让群众参与,使群众得益,受群众监督"的目标要求,广泛深入地征求公众意见,积极探索公众参与城市管理的新途径和新办法,有效激发市民群众的城市主人翁意识。发动公众对城市不文明行为和影响城市环境的问题进行监督举报,以信息化手段为支撑,搭建公众参与城市管理的平台,推动城市管理志愿服务工作规范化发展。通过各种形式的再教育或者志愿者活动不断提高城市居民素质,借鉴瑞典"城市学习小组活动"和英国"城市学习网络"等方法,策划推出"当一天环卫工人"互动体验、"小手拉大手"亲子互动等品牌活动,鼓励居民通过学习以不断提高参与意识与参与能力。

第七,推动"马路办公"常态化、机制化。马路办公是城市管理工作落地的有效方式。要继续深化总结成功做法,在全市全面落实"马路办公"方式,把远郊区县"马路办公"情况与主城区同步收集、同步通报,让"马路上办、马上就办"成为常态。要求上至市级领导,下至区县长、乡镇长(街道办主任)上街现场查看、现场研判、现场解决问题,重点解决难点问题、焦点问题、共性问题、源头性问题。城市管理具体负责部门负责人要以路为岗,形成常态,举一反三,解决点、线、面的问题和群众反映的突出问题,确保"办公一次、解决一批、源头化解、动态销号",体现"马路办公"的效率、作风和温度。

第十章

"大城三管"的未来行动计划

围绕"大城三管"的新任务,集中实施"坡坎崖"众创共治、中国城管大学建设、国宝级环卫工匠工程、全龄友好型公园绿地、"城管机器人"视频智能分析应用系统、"园长制""三小"认领、老旧街区场景营造、城市综合管理服务平台、智慧街道示范、基于数字孪生的城市精细化共治示范区等十大工程,助推重庆城市管理效能提升。

第一节 "坡坎崖"众创共治工程

鼓励市民积极参与"坡坎崖"整治改造。通过面向市民有奖方案征集,招募"坡坎崖"整治责任设计师、志愿者,通过问卷调查、积分奖励等活动,引导居民积极参与"坡坎崖"的整治活动。

专栏10-1 公众参与坡坎崖绿化美化征集活动方案1

一、项目背景

为消除城市绿化"秃斑"、增加城市绿量、修复城市生态,重庆市开展坡地堡坎崖壁(以下简称"坡坎崖")绿化美化,发布《主城区坡地堡坎崖壁绿化美化实施方案》(渝府办发〔2019〕109号),打造山城、江城特色,加快建设山清水秀美丽之地。

为推进"大城众管",重庆市园林和林业局诚意邀请全社会从事规划、景观、园林、艺术等工作的个人与机构参与重庆市坡坎崖绿化美化方案征集活动。

二、项目内容

根据《主城区坡地堡坎崖壁绿化美化实施方案》(渝府办发〔2019〕109号),实施坡坎崖绿化美化地块309个,总面积约1323万 m^2,其中示范点项目14个。此次面向公众征集以下N个地块的绿化美化方案。

(面向公众征集绿化美化方案的坡坎崖地块清单,略)

三、征集原则

(1) 生态优先,绿色发展。尊重自然、顺应自然、保护自然,慎砍树木,禁止挖山,以"四山""两江"生态保护和修复为前提,运用海绵城市理念,让城市回归自然生态、人与自然和谐共生。

(2) 加强统筹,整体推进。按照市级统筹、部门协同、属地负责的原则,各司其职、协同配合、整体推进,不断增强工作的系统性、整体性。

(3) 因地制宜,注重美观。坚持宜木则木、宜花则花、宜草则草,注重适地适树,通过精选树种、培植花境、保育生态,推进绿化、彩化、香化、美化,丰富林相、色相、季相、品相,力求精致大气,打造像"挂毯"一样的坡坎崖绿化美化,让城市面貌更美、环境更优、品质更高。

(4) 完善功能,提升品质。建立长效质量监管体系,以植物造景为主,不断增加绿量,提升园林园艺水平,融入城市历史文脉,丰富绿地功能,增强绿地可进入性,实现坡坎崖绿化美化与生态、休闲、游憩、景观、文化、防灾等多种功能相融合。

(5) 科学实施,安全高效。坚持节约集约,着眼少花钱、多建绿、易管护、多功能,从严控制坡坎崖绿化美化投入,切实提高资源使用效率,实现生态、社会和经济效益最大化。坡坎崖绿化美化的规划设计、建设和管护,应严格遵守相关法律、法规及标准,防止工程建设引发地质灾害等,确保安全。

四、征集方式

征集活动采取公开自由报名的形式，社会从业人士、在校学生均可以个人或团队形式参赛，倡导多专业联合组队。

五、报名方式

下载报名表，在报名截止时间前将报名表发送至报名邮箱。主办方审核相关信息后，将参赛编号和相关材料反馈至报名邮箱。

六、成果要求

（1）成果形式

成果文件包括图纸和说明。图纸为不少于2张的A1展板电子文件（JPG格式），每张尺寸为841mm×594mm/594mm×841mm，分辨率不低于300dpi。包括（但不限于）方案名称、功能定位、总体创意概念、总平面设计、种植设计、节点意向设计以及其他充分表达作品创作意图的图纸（区位图、总平面图、透视效果图、相关分析图等），成果图纸中应有一张能够直观表达团队创意和想法的主要图纸。

文本文件说明。内容应包括（但不限于）参赛者姓名（团队需注明队长）、作品名称、方案整体构思、设计定位、功能结构、突出特色及项目建设造价估算。

（2）提交方式

参赛者需在成果提交截止时间前，将成果发送至报名邮箱。作品名称为"报名编号+作品题目"。成果应制作成一个压缩包上传，以最后上传的压缩包为准。

七、时间安排

报名：自发布之日起至××年××月××日24点截止（北京时间），报名成功后主办方将提供参赛编号和项目的详细材料。

交流与答疑会：××年××月××日

成果提交：××年××月××日24点截止（北京时间）

评审：××年××月

获奖名单公布：××年××月

成果展示：××年××月

八、奖项设置

每个地块设置一等奖1名，奖金×元；二等奖×名，奖金×元；三等奖×名，奖金×元。获奖作品有机会以展览、图书等方式进行公开展示，并在××微信公众号和专业媒体上进行宣传。获得一等奖的方案需配合方案深化及施工。

九、注意事项

（1）参加者同意并遵守本征集内容及规则；主办单位对征集规则拥有最终解释权。

（2）征集方案一律不设图签，展板正面不得出现参加者的任何信息，不得在图面中出现表明任何有关作者姓名和所在单位的文字或图案，不符合规定者将被取消参加资格。

（3）参加者拥有征集作品的版权，但组织方有权行使征集作品署名权以外的其他版权权利；获奖设计人不得将自己的设计方案另投他处或用于其他项目。

（4）主办单位提供给参赛者的所有技术基础资料（文字、图纸、电子数据等）均受版权保护。未经授权，任何人不得将内容复制、改编、分发、发布、外借、转让或者以其他任何方式披露，使用上述技术基础资料，否则将承担相关法律责任，并取消本次参赛资格。

（5）所有提交的成果文件内容均应是参赛者的原创，不得包含任何侵犯第三者知识产权的材料，也不得包含参加过其他项目或竞赛的作品。如果成果造成侵权，将取消侵权方参加本次活动的资格，并由侵权方承担一切法律责任。

（6）每位参加者限报名一个参加小组，不能报多组参加。

（7）各小组提交一组征集作品，严禁重复提交。若发现同一作品出现重复提交情况，组织方有权选择其中一组作为征集作品进行评审。

（8）为保证实施方案的质量，经所有评审一致同意后，主办方可对部分奖项拥有空缺或减少的权力。

（9）本次征集项目受法律管辖，组织工作和所有设计成果文件适用中国法律。

（10）本次征集活动的最终解释权为主办单位拥有。

十、项目组织

主办方：

协办方：

承办方：

资料来源：北京大学课题组。

专栏10-2 "坡坎崖"公共治理活动方案2

一、活动主题

"坡坎崖大变身，你我齐参与"。

二、项目基本情况

选取重庆市具有一定社区群众基础的"坡坎崖"项目作为试点。

三、活动对象

重庆市××社区的居民、居委会、周边社会团体。

四、活动内容

在"坡坎崖"治理的过程中，抛弃传统的设计方法，即设计团队在完成设计后将图纸交给施工队，专业施工队花费不多的时间将施工完成，而是通过政府主导、社区组织，发动全社区居民、社会群体的力量，从前期调研开始介入坡坎崖治理工作，设计团队深入了解居民需求和对"坡坎崖"未来的畅想，并将这些想法转变成专业的空间表达；社区居委会通过认领"居民责任树"或"居民责任农田"等活动，发动社区居民积极参与，引导居民亲自动手完成整个"坡坎崖"改造工程。

五、活动意义

传统的景观设计完成后，由于居民的关心程度不高，管理水平有限，完整的景观保持时间十分短暂。通过该活动的策划提升居民们对"坡坎崖"改造参与程度的提升，激发居民对"坡坎崖"使用权的重新思考。通过亲自劳动的过程，产生对"坡坎崖"的情感投入，增强居民对环境保护的责任心，从而形成共建共治共享城市的画面。

六、工作原则

1.政府主导

重庆市政府组织制定相关配套政策，由市城市管理局牵头组织，区相关部门、各街乡镇、社区、企事业单位和个人共同配合落实有关工作。

2.全城覆盖

建立重庆市"坡坎崖"管理体系，针对每个"坡坎崖"成立一个设计团体领衔，N个社区志愿者共同参与的"坡坎崖"治理团队。

3.全程参与

政府、设计团队、居委会、社区志愿者全程参与"坡坎崖"整治工作。要求设计团队从项目立项到落地全程参与，提供长期技术支撑。

4.多元共治

政府、设计团队、居委会深入基层收集社情民意，组织公共参与活动，定期组织"坡坎崖"整治工作的培训，提供政策和技术咨询，实现共建、共治、共享。

七、活动方案

步骤1：编写活动指导手册。根据"坡坎崖"治理的方法和要求，由市城市管理局牵头组织有关专家编写《"坡坎崖"治理指导手册》。

步骤2：招募"坡坎崖"整治责任设计师。市城市管理局牵头，在全国范围内进行优秀设计团队征集，设计团队主要负责深入基层收集社情民意，根据居民意见提供设计方案和技术支持。

步骤3：建立"坡坎崖"整治联盟微信公众号。利用互联网资源，配合活动方案建立项目公众号，活动前后公众号定期更新，包括活动日历、每期预告、活动简介、专家介绍、实时报道等。提供问卷填写渠道。

步骤4：问卷调查。随机抽取若干居民进行半结构化访谈，了解居民基本信息与生活现状，重点访谈居民对于目前社区生活环境现状的感受以及参与公共服务的意愿、频次、坡坎崖治理意见等几方面内容。

步骤5："坡坎崖"治理讲座。邀请城市治理、景观设计、立体绿化设计专业人士定期组织社区居委会和居民进行"坡坎崖"整治工作的培训讲座。

步骤6：划定"社区责任坡"。由社区居委会牵头组织社区居民选取"责任坡"，社区居委会主要负责组织社区志愿者进行"责任坡"的种植实践和后期维护，激发社区志愿者团体共同参与社区治理的热情。

步骤7：招募志愿者。招募项目周边社区的居民、社会团队、高校志愿者协会等活动积极性高的志愿者，协助社区进行"社区责任坡"的建设。

步骤8：划定"居民责任树"或"居民责任农田"。社区居委会根据实际情况分配"居民责任树"或"居民责任农田"。比如：根据垃圾分类App积分情况，积满500积分可兑换一棵枇杷树树苗，1000积分可以兑换一棵石榴树树苗，1500积分可以兑换$1m^2$的水稻田等，居民可以在社区责任坡中进行栽种。

步骤9：后期维护。居民责任树的后期维护由社区居委会、责任设计师、居民三方共同负责。结下的可食用果实，可以由树木责任人自有采摘和食用，也可自愿交由社区居委会负责。

步骤10：社区活动。居委会负责定期组织社区活动，开展蔬菜种植、植物分辨、水果采摘、种子收集等不同类型的青少年自然教育课程、亲子自然课程、科普讲座等，让大人和小孩都能在城市中体验田园风光，学习生态平衡和绿色环保的循环种植方法。

资料来源：北京大学课题组。

第二节　中国城管大学建设工程

从高等教育开始培养城市管理的专业化、年轻化、系统化人才，为城市管理工作输入专业对口、可实践性强的人才。

在重庆市委市政府、重庆市教育局和重庆市城市管理局的大力支持下，快速推进重庆市风景园林技工学校、重庆市风景园林科学研究院和重庆市风景园林规划研究院合并成立中国第一个城管大学。在重庆工商大学、西南政法大学和重庆交通大学等管理学类优势院校建立城市管理学科点。积极取得住房和城乡建设部的支持，争取全国市长研修学院在此设立分校。设置与当前城市管理相适应的学科专业。除了学历教育招生之外，每年全市各区县街道乡镇城市管理执法队员轮流在此培训学习，街道、社区和物业工作人员，均在此进行培训。

第三节　国宝级环卫工匠工程

随着我国城市化的推进，城市由数量型发展转向质量型发展，城市环境卫生工作将处于越来越重要的地位，对我国新型城镇化具有重要的推进作用，相应的城市环卫工匠及其精神也需要进一步培育和弘扬。

加强对优秀环卫工匠的宣传。加大国家级、省级和市级多层级媒体对环卫工匠的宣传力度，综合利用电视、广播、微信和微博等多媒介、全媒体等多种媒介形式进行多频次的宣传。

完善环卫工人用工制度。目前，我国环卫工人普遍存在年纪偏大，后继乏人的情况。另有一些用人单位故意采用"临时"用工制度来雇佣环卫工人，压低用工成本，损害环卫工人的权益。面对此种情况，重庆市工会和劳动人事部门应该加强监管，加大《中华人民共和国劳动法》宣传力度，做好环卫工人权益保障。相关部门应结合经济发展中劳动力成本上升的历史趋势，提前谋划环卫工人人才储备制度，同时借鉴国外做法，完善《劳务派遣制度》等环卫用工主要相关法规的修订，为改善环卫工匠的待遇和稳定人才队伍提供完善的法律制度支撑。

推动环卫工人职业化认证。环卫工作环境恶劣和相关待遇没有保障的情况还大量存在，根本原因是环卫行业没有构造自己专门的职业技能培训、认证体系。面对此种情况，重庆应率先构建环卫工种职业资格培训、认证制度，给予环卫工种技能、知识培训和认证通道，提高环卫工人技术水平、研究问题和言说书写问题的能力，鼓励他们展示自己的行业技能和发明创新，不断提高"匠艺"。

设立环卫工人节日制度。当前约超过50%的省级行政区和60%的市级行政区设立了环卫工人节，这体现了各地对环卫工作和环卫工人的重视。重庆也应加快设立环卫工人节，营造全市重视环卫工作、尊重环卫保洁劳动价值的氛围，以此鼓励环卫保洁工作中的匠人。

第四节 重点街道、社区、网格城市服务升级工程

根据《重庆市主城区城市服务供给需求匹配性评价》报告，识别城市服务供给需求严重不匹配的街道、社区、网格，同时识别出重点街道如华岩镇、南泉街道和回兴街道等以及重点问题社区、网格中的城市服务设施短板，综合采取PPP、服务外包等多种方式推进重点街道、社区、网格的教育服务、医疗服务、社区服务、文化服务、休闲服务、餐饮服务等城市服务供给，完善功能、优化布局，提升城市服务能力，实现民生城建全覆盖。

第五节 "城管机器人"视频智能分析应用系统全覆盖工程

实现"城管机器人"视频智能分析应用系统全覆盖全市各区县街道（乡镇）。"城管机器人"视频智能分析应用系统是通过大数据和人工智能技术结

合已建视频图像准确检测违规事件并进行报警,实现非现场自动发现城市管理问题,协助进行视频质量的诊断,帮助确定可能存在问题的摄像机。"城管机器人"实行24小时不间断的视频图像分析,自动分析出是否发生问题,从而大大提升了监控效率,真正达到"实时监控,即时反应"的目的,有效地提升城市管理和治理效能。

加大对消防通道的智能监测和分析力度。在重点地区、重点路段增设视频监控设备,以"城管机器人"视频智能分析应用系统,加大对消防车道、消防救援场地的实时视频监控检查力度,强化违法线索共享和部门联动,依法严查违法占道停车、违法占道经营、违章搭建等各种堵塞消防车道、占用消防救援场地的行为,搭建起"生命通道"智能监管平台,全面打通"生命通道",有效提升消防灭火救援保障水平,实现"事前预警、提前参与、提前服务"的服务型政府。

加强对道路开挖和渣土车的智能监测。道路开挖和渣土车常年对城市道路及市容环境带来许多的负面影响,以人力防范和事后处理为主的管理模式,管理难度特别大,道路开挖和渣土车智能管理需求越来越迫切。以"城管机器人"视频智能分析应用系统自动发现并上报,有助于道路开挖和渣土车问题的有效管理,从而提升整个城市形象。

进一步用好"城管机器人"的统计分析功能。利用"城管机器人"对城区各条街道、商圈每天、每周、每月的热点难点事件进行统计分析,为有效推进城市管理提供数据分析和决策依据,真正实现"用数据说话、用数据分析、用数据决策",推动城市管理迈向更加智慧化、人性化。

第六节 "园长制""三小"认领工程

对城区公园、广场、成片绿地、小区绿地实行"园长制"管理。由党员或社区工作者担任园长,发动志愿者和热心群众认领协助管理,负责协调处置公园、广场、绿地的环境卫生、市容秩序、市政设施、园林绿化等城市管理工作,劝导不文明行为,让群众广泛参与园林绿化工作,树立爱绿护绿意识。带动群众开展斑马线、垃圾箱、配电箱、井盖、导示牌"五小"管护。

由街道、居委会党员带头引导社区居民主动开展老旧小区的小绿化、小设施、小场地"三小"认领活动。通过"三小"认领活动，培养居民自主美化小区的兴趣，让居民做城市管理的参与者，提升全民城市管理"主人翁"意识，切实做到城市管理无死角精细化管理。

第七节　老旧街区场景营造工程

重庆是山水分割和多中心组团式的城市，每个区域可以形成一个较为独立的空间，相对完整的区域配套和生产、生活功能，每个社区和组团的地理风貌、人文特点各不相同，这与极具个性化的场景化模式非常契合。

根据街区特色进行场景构建，满足社区居民的需求。城市空间与娱乐休闲设施的不同组合会形成各具特色的城市"场景"，而不同的城市场景都蕴含着特定的价值取向，这种价值取向又吸引着不同的城市人群前来进行活动与消费实践，从而赋予了场所新的活力，推动区域的发展。尤其是在社区规划领域，通过场景的构建，创造优美且具有个性化的社区场所，既能满足社区居民的生活需求，也能满足其情感需求。

对街区原有设施进行景观环境改造，并结合街区家具特色和人文特点进行风貌改造。聘请专业团队进行规划设计，并充分征求居民意见。组织开展规划设计征集活动，发动居民参与，征求街道、社区、商家、居民、社会组织的意见，将居民意见充分体现在规划设计当中。

在规划设计图出来后，通过线上线下对居民征询意见。组织开展院落坝坝会，在小区和楼栋公开区域进行公示和收集意见，并建立沟通会商机制，围绕项目设计、项目实施过程中的难点问题，经常性开展会商研究，推动问题解决，确保项目有效落地。

第八节 "重庆市综合管理服务平台"建设工程

构建"重庆市综合管理服务平台",负责全市综合管理工作的统筹协调、指挥调度和监督考评。一是将与城市管理相关的覆盖全行业的信息化应用平台全部接入城市综合管理服务平台,真正实现城市综合管理。已有的行业应用、数字城管、智慧城管等现有的信息化平台,以及行业外应用系统的基础数据和业务,全部接入城市综合管理服务平台。平台应包含六大基础功能模块:业务指导、行业应用、数据汇集、指挥协调、公众服务和数据交换。六大基础模块应满足建设指南和行业标准的基本要求。二是在原有基础模块上实现功能升级。在六大基础功能模块上,建设运行监测、分析决策、可视化调度、应急管理、监督检查和综合评价等应用系统,并逐渐升级为城市大脑中枢、指挥调度中心、综合运行中心三位一体的综合中心。三是实现技术体系和数据升级。加大大数据、物联网、人工智能等技术支撑,应用技术创新管理模式,提升应用效能、行业管理和公共服务水平;打造综合性的数据资源中心。融合综合性城市管理数据库、数据汇聚和交换系统,实现数据资源中心综合化。四是逐步将区(县)、乡镇(街道)的城市管理信息系统接入到"重庆市综合管理服务平台"。加强区(县)、乡镇(街道)的数据支撑,完善数据的采集、分析和处理机制。强化自身的统筹协调和精细化管理。

第九节 智慧街道示范工程

为了改变街道工作面临的党建管理繁复、人工管理耗时耗力、街道安全隐患频出等问题,重庆应将先进的信息科技手段应用到街道管理当中,由政府主导、党建引领、第三方设计,打造智慧街道。

"智慧街道"整合街道内的人、地、物、情、事、组织等信息,覆盖智慧街道的管理工作,主要包括党建、政务、工作、活动、网格化、大数据等内容。由党建引领，依托适度领先的街道基础设施建设，实现街道的信息化、智能化和现代化管理，为居民提供便捷、高效、智能的街道服务体系。

智慧街道平台包含管理后台、工作人员App、居民通App、门户、一体机、微信端等终端（图10-1）。管理后台主要用于对数据、网格管理类型进行设置，对综治、党建、工作等模块进行维护、功能添加等。工作人员App主要由街道工作人员专用，可在手机上完成各项工作，查看相关数据。居民通App主要由街道居民使用，居民可在手机上解决居民党建、政务、生活问题。门户页主要对街道公告、时政新闻、党建资讯等各类信息进行展示，对街道现状、历史环境等进行介绍。微信端主要是通过微信公众号、微信小程序等方式实现线上办公、政务问题咨询等功能。

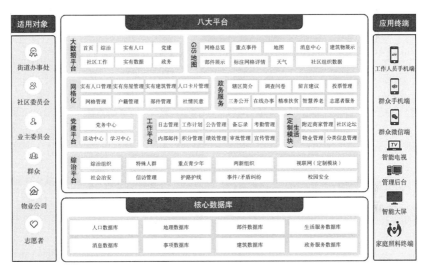

图10-1　智慧街道框架图

（资料来源：https：//baike.baidu.com/item/智慧街道/235547672?fr=aladdin）

第十节　基于数字孪生的城市精细化示范区建设工程

用"数字孪生"的新理念、新技术，将城市建设与管理提升至"细胞级"精细化治理水平。

"数字孪生"是指通过将物理世界的人、物、事件等所有要素数字化，在网络空间再造一个与之对应的"虚拟世界"，形成物理维度上的实体世界和信息维度上的数字世界同生共存、虚实交融的格局。简单来说，就是通过城市的模拟、监控、诊断、预测和控制，解决城市规建管中的复杂性和不确定性问题，全面提高城市资源配置效率和运转状态，将城市建设与管理提升至"细胞级"精细化治理水平。

为提高精细化治理水平，重庆应打造基于数字孪生的城市精细化示范区。数字孪生城市的建设，概括来说就是：一个数字孪生平台、一个运营管理中心、三类智慧应用场景。整体架构为：第一层为网络及云基础设施；第二层是城市数字空间基础设施，也是支撑城市规建管的一体化业务层和智慧社会服务层；第三层是三类智慧应用场景，包括规划应用、建设应用和管理应用；第四层是智慧运营中心，支撑城市智慧化运营决策。通过"数字孪生城市"建设，把城市的规划、建设和管理融合为一体化平台，从而让城市变得更加绿色和宜居，让整个城市变得更加生态，同时在面临外部不确定因素的时候，变得更加有"韧性"。

第十一章

"大城三管"的保障措施

第一节 强化经费保障

将城市管理经费列入财政预算,逐步加大城市管理的资金投入力度。建立经费联动增长机制,系统研究近年来区、街道、社区城管工作在时间、空间、标准以及管理成本等方面的变化,使城管工作伴随经济社会和城市发展得到相应增长的经费投入。街道办事处也应以辖区人口数量为基础,建立城市管理经费投入方面的量化指标,加大投入,切实保障城管工作的正常开展。

积极推进城市环境卫生保洁、便民服务设施、市政公用设施等市场化运营,加大全市环卫保洁、园林绿化、信息采集等领域政府购买服务,推动城市管理高效运行。

建立城市管理考评机制并设立奖补资金。市财政安排专项资金,用于奖励城市管理优秀区县和优秀街道,强化城市管理考评"指挥棒"的作用,提升全市城市精细化管理水平。

第二节 加强人才队伍建设

出台《重庆市城市综合管理人才中长期规划》,加强城市综合管理人才体系建设。重点加强环境治理、城市规划、园林绿化、法学等方面人才的引进和培养。每年联合伦敦、巴黎、东京、新加坡、中国香港等地知名学府举办一期为期一个月的"城市综合管理领导干部专题培训班",或选派年轻干部到欧美等发达国家攻读MPA,在增强战略思维、拓展世界眼光中培养和选拔中青年城市管理人才。按照住房和城乡建设部标准,配强配齐城市综合管理一线执法队伍,充实基层一线执法骨干。关心关爱环卫工人、疏浚工人、绿化工人和设施维护工人等一线作业人员,落实同城同待遇,统筹解决好一线工人就医、住房以及子女入学等问题。依托在渝高校、科研机构建立城市综合管理新型智库,成立城市综合管理专家委员会,为城市综合管理发展战略、课题攻关、规划设计等提供智力支撑。

培养和选拔一批适应新时期、新常态城市发展需要的高素质城管专业队伍。城管局各处室要根据实际情况制定年度教育培训计划,有针对性地抓好本单位干部、专业技术人员的培训和学习。加强执法人员业务培训和考试,进一步完善培训制度,提高执法队伍的整体素质,加强管理技能、法律知识的学习;建立健全协管人员招聘、管理、奖惩、退出等制度;科学划分执法管理部门、行政主管部门的工作职责,在需要集中行使行政处罚权的领域推行综合执法。

注重后备干部和业务骨干的选拔和管理。对青年干部定期考核、大胆使用,实现双向目标管理和动态管理,按照公开、公平、双向、择优的原则,做到好中选优,优中选尖,把竞争机制引入管理当中。完善考核和激励机制,鼓励城管干部参加与城市管理相关的各种专业技术资格的学习考试。

建立健全城市社区人才管理机制。建立健全城市社区人才管理机制必须努力建设一支专业的社区工作者队伍。一是改进社区工作者的选聘办法。社区干部和其他社区专职工作者的选拔、招聘,必须严格按照德才兼备、公开公平公正、群众公认的原则进行。二是加强对社区工作者的培训。加强和党校合作,坚持问题为导向,真正处理好工作与学习的关系。探索建立社区治理论坛,定期邀请知名专家学者、社区优秀工作者代表等开展交流研讨,促进各社区间的互相学习。三是建立社区工作者公职化管理制度,健全基层工作人员的晋升机制和完善薪酬标准体系。四是推动志愿体系建设。搭建社区服务平台和载体,积极发动社会各界人士、小区居民组成志愿者服务队伍。

第三节 加强监督评价机制

加强对城市管理工作的监督和考核。参照武汉市做法,成立副厅级的城市综合管理督查室,制定并依据《重庆市大城智管、大城细管标准及考核办法》,重点对涉及城市综合管理职责任务的相关市级部门、单位、主城各区(包括两江新区)及其所辖街道的城市综合管理工作进行督查考核,做到月考核、月排名、月通报、月公布。加强市容环卫监管队伍建设,完善第三方专业化监管机制,提高科学监管水平。健全对特许经营权的授予、履行情况的监督机制,充分利用数字化城市管理信息系统,形成包括处理设施运行监管和收运服务系统监管在内的全方位监管体系。

建立健全城管工作督查考核制度。以日常管理、工作作风、工作纪律、工作效能及队伍管理为核心,建立健全督察责任制、反馈制、通报制等一系列制度。全方位地开展督察工作,对发现的问题进行梳理和分析,找出症结所在,研究制定行之有效的整改措施,督促整改落实,以促进各项城市管理措施落到实处。

完善第三方评估机制。引入社会机构参与城市管理发展规划实施情况中期评估,增强规划评估的广泛性、科学性、准确性。

第四节 强化组织领导

做实城市综合管理工作领导小组(以下简称"城综组"),切实发挥城综组的统筹协调作用。一是将城综组由目前的临时机构,转变为正式机构,组建一支有编制的专职队伍。二是横向上逐渐扩大城市综合管理工作领导小组的业务范围,将与城市综合管理相关的所有部门、业务和活动纳入城综组的协调范围。三是纵向上形成市、区、县和乡镇(街道)四级联动的城市综合管理格局。除市级层面外,在区级、县级和乡镇(街道)层面也建立城市综合管理协调机构，负责统筹、协调、监督辖区内城市综合管理工作，并在市城市综合管理领导小组的指导下开展工作；形成上下联动、横向融合的城市综合管理工作格局，和"横向到边、纵向到底"的城市综合管理服务工作体系。四是明确城综组的权责范围和管理机制。出台《重庆市综合管理条例》，明确城综组及其下设机构的职责范围和管理机制，增强其权威性和可操作性。

附录一

"大城三管"与中外城市理论的关系

一、"大城三管"是新时代中国特色社会主义城市管理方针的生动实践

"大城三管"城市管理创新模式是习近平总书记关于城市管理重要论述和中央城市工作方针在新时代的伟大实践,是城市管理精细化、智能化和人性化"三化"特征的集中体现。本部分梳理了习近平总书记城市管理重要论述和我党城市管理工作方针的演变历程,分析了"大城三管"模式与城市管理科学化、精细化、智能化和人性化的关系,指出习近平总书记城市管理重要论述和中央城市管理工作方针在大城细管、大城智管、大城众管中的具体运用与落实。

2018年9月,重庆市发布《重庆市综合管理提升行动方案》,提出突出精细化,推进"大城细管";突出智能化,推进"大城智管";突出人性化,推进"大城众管"。重庆"大城三管"创新模式是习近平总书记城市管理重要论述和中央有关城市管理大政方针的贯彻落实,在中央有关城市管理的大政方针中都能找到相应的政策依据(附图1-1)。

(一)习近平城市管理重要论述

党的十八大以来,习近平总书记就城市管理工作发表了一系列重要讲话,作出了一系列重要指示,为中国特色的城市管理和城市治理现代化指明了前进的方向,提供了根本遵循。下面介绍习近平总书记关于城市管理科学化、精细化、智能化的重要论述。

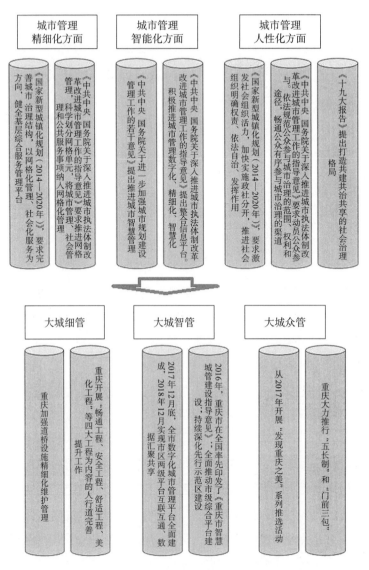

附图1-1 "大城三管"是中央城市管理方针的深化实践

1. 2017年以前

一是提出城市管理手段现代化，促进城市管理精细化、科学化、智能化。

2006年，习近平在浙江省城市工作会议上指出：现代城市需要现代管理。规范、高效的城市管理，是确保城市规划有效实施、城市建设有序推进、城市功能全面提升的关键。他指出：要创新城市管理手段。在运用经济、行政手段管理城市的同时,更多地运用法律手段进行城市管理,建设"法治城市"。广泛运用信息技术,推进"数字城管",特别是大中城市要大力采用"万米单元网格管理法"和"城市部件管理法",实现管理手段的现代化,促进城市管理精细化、科学化、智能化。

2014年,习近平总书记在视察北京市时指出:要健全城市管理体制,提高城市管理水平,尤其要加强市政设施运行管理、交通管理、环境管理、应急管理,推进城市管理目标、方法、模式现代化。

二是在中央城市工作会议上对城市管理工作提出一系列重要论断,为新时期城市管理工作指明了方向。

(1)提出彻底改变粗放型城市管理方式

习近平总书记指出:"全心全意为人民服务,为人民群众提供精细的城市管理和良好的公共服务,是城市工作的重头戏,不能见物不见人。抓城市工作,一定要抓住城市管理和服务这两个重点,不断完善城市管理和服务,彻底改变粗放型管理方式,让人民群众在城市生活得更方便、更舒心、更美好。"阐明了城市精细化管理的核心理念和主要目的。

(2)提出加强城市管理数字化平台建设和功能整合

2015年,习近平总书记在中央城市工作会议上指出:深化城市改革,包括推进城市科技、文化等诸多领域改革。要优化创新创业生态链,让创新成为城市发展的主动力,特别是要把互联网、云计算等作为城市基础设施加以支持和布局,促进基础设施互联互通,释放城市发展新动能。要加快智慧城市建设,打破信息孤岛和数据分割,促进大数据、物联网、云计算等新一代信息技术与城市管理服务融合,提升城市治理和服务水平。要加强城市管理数字化平台建设和功能整合,建设综合性城市管理数据库,发展民生服务智慧应用,实现"科技让生活更美好"的目标。

(3)提出统筹政府、社会、市民三大主体,创新城市治理方式

2015年,习近平总书记在中央城市工作会议上指出:统筹政府、社会、市民三大主体,提高各方推动城市发展的积极性。城市发展要善于调动各方面的积极性、主动性、创造性,集聚促进城市发展正能量。要坚持协调协同,尽最大可能推动政府、社会、市民同心同向行动,使政府有形之手、市

场无形之手、市民勤劳之手同向发力。政府要创新城市治理方式，特别是要注意加强城市精细化管理，把矛盾和问题尽早排解疏导，化解在萌芽状态。城市治理也应该疏堵结合、以疏为主，惩防并举、以防为先，标本兼治、重在治本。不能老是"亡羊补牢"，穷于事后应对，正可谓"亡羊补牢虽未晚，未雨绸缪策更良"。政府要从宏观层次和全局发展上配置重要资源，以保障基本公共服务为重点，组织提供社会和市民需要的公共产品和公共服务，弥补市场缺陷。要发挥财政资金四两拨千斤作用，鼓励社会资本参与城市建设、经营、管理。他还指出：在共建共享过程中，城市政府应该从"划桨人"转变为"掌舵人"，同市场、企业、市民一起管理城市事务，承担社会责任。只有让全体市民共同参与，从房前屋后实事做起，从身边的小事做起，把市民和政府的关系从"你和我"变成"我们"，从"要我做"变为"一起做"，才能真正实现城市共治共管、共建共享。

三是提出城市管理要像绣花一样精细的要求。

2017年2月23日至24日，习近平总书记在北京视察时强调："北京要探索构建超大城市治理体系，这也是国家治理体系和治理能力现代化对北京提出的要求。""城市管理要像绣花一样精细。越是超大城市，管理越要精细。"总书记指出："对北京这样的超大型城市来说，背街小巷最能体现精细化管理水平。"

2017年3月5日，习近平总书记参加十二届全国人大五次会议上海代表团审议时再次阐述超大城市精细化管理，他指出："坚持以人民为中心的发展思想，着力推进社会治理创新，使超大城市精细化管理水平得到提升。上海这种超大城市，管理应该像绣花一样精细。我在上海的时候有这个感觉，整个城市它是一个生命有机体，高楼林立，地下的各种管道川流不息，地面上的各种车辆川流不息，就像长江滚滚而来一样，逝者如斯夫，但是一刻也不能停，上海要是停上一刻，瘫痪一刻，那是不可想象的。地铁出个什么问题，地下管道出个什么问题，都是不可想象的损失，所以城市的精细化管理，必须适应超大城市。这是世界级的难题，但是世界级的城市必须解决这个难题。"要强化智能化管理，提高城市管理标准，更多运用互联网、大数据等信息技术手段，推进城市治理制度创新、模式创新，提高城市科学化、精细化、智能化管理水平。

这一阶段，为贯彻落实总书记关于城市管理重要讲话精神，中共中央、国务院下发了《关于深入推进城市执法体制改革改进城市管理工作的指导意见》(2015年12月24日)，各省、自治区、直辖市出台贯彻落实《指导意见》实施方案，设立省级城市管理执法监督机构，在编在职一线城市管理执法人员统一着装，在地级市普遍建设数字化城市管理平台。

2. 2018—2020年

2018年11月6日下午，习近平总书记来到浦东新区城市运行综合管理中心，了解上海在推进城市精细化管理方面的做法。他强调，城市管理搞得好，社会才能稳定，经济才能发展。一流城市要有一流治理。提高城市管理水平，要在科学化、精细化、智能化上下功夫。总书记希望上海继续探索，走出一条中国特色的超大城市管理新路子，不断提高城市管理水平。

2019年11月，习近平总书记在上海考察时指出，城市治理是推进国家治理体系和治理能力现代化的重要内容。衣食住行、教育就业、医疗养老、文化体育、生活环境、社会秩序等方面都体现着城市管理水平和服务质量。要牢记党的根本宗旨，坚持民有所呼、我有所应，把群众大大小小的事情办好。要推动城市治理的重心和配套资源向街道、社区下沉，聚焦基层党建、城市管理、社区治理和公共服务等主责主业，整合审批、服务、执法等方面力量，面向区域内群众开展服务。要推进服务办理便捷化，优化办事流程，减少办理环节，加快政务信息系统资源整合共享。要推进服务供给精细化，找准服务群众的切入点和着力点，对接群众需求实施服务供给侧改革，办好一件件民生实事。

习近平总书记在听取上海市委和市政府工作汇报后指出，要统筹规划、建设、管理和生产、生活、生态等各方面，发挥好政府、社会、市民等各方力量。要抓一些"牛鼻子"工作，抓好"政务服务一网通办""城市运行一网统管"，坚持从群众需求和城市治理突出问题出发，把分散式信息系统整合起来，做到实战中管用、基层干部爱用、群众感到受用。要抓住人民最关心、最直接、最现实的利益问题，扭住突出民生难题，一件事情接着一件事情办，一年接着一年干，争取早见成效，让人民群众有更多获得感、幸福感、安全感。要履行好党和政府的责任，鼓励和支持企业、群团组织、社会组织积极参与，发挥群众主体作用，调动群众积极性、主动性、创造性，探索建立可持续的运作机制。

2020年3月，习近平总书记在湖北考察时指出：要着力完善城市治理体系和城乡基层治理体系，树立"全周期管理"意识，努力探索超大城市现代化治理新路子。

2020年3月，习近平总书记在浙江考察时指出：推进国家治理体系和治理能力现代化，必须抓好城市治理体系和治理能力现代化。运用大数据、云计算、区块链、人工智能等前沿技术推动城市管理手段、管理模式、管理理念创新，从数字化到智能化再到智慧化，让城市更聪明一些、更智慧一些，是推动城市治理体系和治理能力现代化的必由之路，前景广阔。习近平总书记希望杭州在建设城市大脑方面继续探索创新，进一步挖掘城市发展潜力，加快建设智慧城市，为全国创造更多可推广的经验。

2020年10月14日，习近平总书记在深圳经济特区建立40周年庆祝大会上的讲话中指出：要树立全周期管理意识，加快推动城市治理体系和治理能力现代化，努力走出一条符合超大型城市特点和规律的治理新路子。要强化依法治理，善于运用法治思维和法治方式解决城市治理顽症，让法治成为社会共识和基本准则。要注重在科学化、精细化、智能化上下功夫，发挥深圳信息产业发展优势，推动城市管理手段、管理模式、管理理念创新，让城市运转更聪明、更智慧。

3. 2020—2035年

中国共产党第十九届中央委员会第五次全体会议，于2020年10月26日至29日在北京举行。全会听取和讨论了习近平总书记受中央政治局委托作的工作报告，审议通过了《中共中央关于制定国民经济和社会发展第十四个五年规划和二〇三五年远景目标的建议》。习近平总书记就本建议向全会作了说明。

全会提出要构建国土空间开发保护新格局，推动区域协调发展，推进以人为核心的新型城镇化。《中共中央关于制定国民经济和社会发展第十四个五年规划和二〇三五年远景目标的建议》提出：实施城市更新行动，推进城市生态修复、功能完善工程，统筹城市规划、建设、管理，合理确定城市规模、人口密度、空间结构,促进大中小城市和小城镇协调发展。提高城市治理水平,加强特大城市治理中的风险防控。优化行政区划设置,发挥中心城市和城市群带动作用,建设现代化都市圈。推进成渝地区双城经济圈建设。推进以县城为重要载体的城镇化建设。

2020年11月12日,习近平总书记在浦东开发开放30周年庆祝大会上的讲话中指出:提高城市治理现代化水平,开创人民城市建设新局面。人民城市人民建,人民城市为人民。城市是人集中生活的地方,城市建设必须把让人民宜居安居放在首位,把最好的资源留给人民。要坚持广大人民群众在城市建设和发展中的主体地位,探索具有中国特色、体现时代特征、彰显我国社会主义制度优势的超大城市发展之路。要提高城市治理水平,推动治理手段、治理模式、治理理念创新,加快建设智慧城市,率先构建经济治理、社会治理、城市治理统筹推进和有机衔接的治理体系。

推进城市治理,根本目的是提升人民群众获得感、幸福感、安全感。要着力解决人民群众最关心、最直接、最现实的利益问题,不断提高公共服务均衡化、优质化水平。要构建和谐优美生态环境,把城市建设成为人与人、人与自然和谐共生的美丽家园。要把全生命周期管理理念贯穿城市规划、建设、管理全过程各环节,把健全公共卫生应急管理体系作为提升治理能力的重要一环,着力完善重大疫情防控体制机制,毫不放松抓好常态化疫情防控,全方位全周期保障人民健康。

2020年11月12日,习近平总书记在江苏南通视察时指出:城市是现代化的重要载体,也是人口最密集、污染排放最集中的地方。建设人与自然和谐共生的现代化,必须把保护城市生态环境摆在更加突出的位置,科学合理规划城市的生产空间、生活空间、生态空间,处理好城市生产生活和生态环境保护的关系,既提高经济发展质量,又提高人民生活品质。

(二)社会主义城市管理工作方针的演变发展

中华人民共和国成立以来,党和政府十分重视城市管理工作,伴随着城市建设和发展的需要,根据不同历史时期城市管理工作的形势和任务的不同采取了不同的城市管理体制机制,确定了相应的城市管理方针政策,大体上可以分为五个阶段。

1.计划经济导向的城市管理阶段（1949—1977年）

1949年3月5日至13日，党的七届二中全会在西柏坡召开。毛泽东在报告中指出："二中全会是城市工作会议，是历史转变点。""必须用极大的努力去学会管理城市和建设城市。"各大城市突击清理战争废墟，城市环卫局（处、所）等相继成立，其清洁队由公安或卫生部门领导，后又将隶属公安的清洁队全部划归卫生系统。中华人民共和国成立初期，城市管理带有一些军事化色彩，不少城市都设立了治安委员会这样的机构。形成和巩固了按人口设置委办的格局，逐步形成高度集中和集权的城市管理体制。这一时期中央召开了两次城市工作会议，对城市工作重大问题作出决策（附表1-1）。

第一、二次城市工作会议的主要内容　　附表1-1

	时间	通过的决议	决议的主要内容
第一次城市工作会议	1962年7月25日至8月24日	《关于当前城市工作若干问题的指示》	调整市镇建制，缩小城市郊区，完成减少城镇人口计划；逐步改善大中城市的市政建设；按照集中统一、分级管理的原则，改进各种管理体制
第二次城市工作会议	1963年9月16日到10月12日	《第二次城市工作会议纪要》《〈第二次城市工作会议纪要〉的指示》	只有认真地做好城市工作，才能保证社会主义建设事业的顺利进行。加强房屋和其他市政设施的维修，逐步进行填平补齐；加强城市的管理工作

资料来源：根据城市工作会议的有关材料整理而成。

1）第一次城市工作会议

始于1953年的大规模工业化建设使大批农民流入城市，1957年至1960年间，全国城镇人口从9950万增长至13070万，城市化率由15.39%增长至19.75%，一定程度上出现了"过度城市化"现象。为减轻城市供给负担，国家于1960年至1963年实施了压缩城镇人口的调整方针。

1962年7月25日至8月24日，中共中央政治局在北戴河召开中共中央工作会议，会议主要讨论农业、财贸、城市等方面的问题。7月30日，根据中共中央政治局常委的决定，周恩来开始召集有二十五人参加的城市工作会议。8月1日，周恩来在城市工作会议上讲话，分析城市工作中存在的问题，提出解决的办法"首先是恢复正常生产"。只有工业劳动生产率提高了，有效地支援了农业和市场以后，生活才会改善。至8月24日，周恩来共主持召开十七次会议，并代中央起草了《关于当前城市工作若干问题的指示》。

同年10月6日，中央下发了《关于当前城市工作若干问题的指示》。该指示就有关城市工作的若干问题，作了如下十二个方面的规定：已经完成和基本完成减少职工任务的大中城市，要集中力量组织生产，今后精简工作的重点转到专、县、社和各级机关；争取完成和超额完成今年的工业生产计划，大力支援农业和市场需要；抓紧时间，采取措施，力争完成今年的基本建设计划；减少企业亏损，增加企业盈利；采取分级负责和群众监督的办法，迅速处理积压物资，防止房屋、物资的损失；迅速清理企业拖欠，恢复正常经济关系；改善财政开支的管理，保证必要的流动资金；努力保证职工生活稳定在现在的水平上，并且力争有所改善；妥善安置目前大中城市中的闲散劳动力和不能就学的学生；调整市镇建制，缩小城市郊区，完成减少城镇人口计划；逐步改善大中城市的市政建设；按照集中统一、分级管理的原则，改进各种管理体制。

2）第二次城市工作会议

为加强对城市的集中统一管理和解决城市经济生活的突出矛盾，1963年9月16日到10月12日，中共中央、国务院召开第二次城市工作会议。会议认为，虽然当前城市形势很好，但存在"五反"运动没有全面展开，增产节约运动有好有差，工业调整还没有完成，粮、油、布等主要生活必需品的供应仍很不足，市政建设落后于生产发展和人民生活的需要，城市人口出生率太高、人口过多，需要安置就学、就业的人逐年增加，如何管理城市还没有很好解决等问题。

1963年10月22日，中共中央、国务院批准下发《〈第二次城市工作会议纪要〉的指示》。指示指出，全国大中城市是现代工业的基地，也是商业和文化教育等事业最集中的地方。只有认真地做好城市工作，才能保证社会主义建设事业的顺利进行。各级党委和人民委员会，在继续努力做好农村工作的同时，必须进一步地加强对城市工作的领导，不断改进工作，把城市管理好，充分发挥城市在社会主义建设中的作用。在大中城市建设中，必须认真贯彻执行勤俭建国、勤俭办企业、勤俭办一切事业的方针。

《第二次城市工作会议纪要》分析了城市工作的形势和主要任务,指出做好城市工作八个方面的基本要求,即:进一步做好工业的调整工作;努力做好商业工作,更好地为生产和生活服务;大力发展城市郊区的农业生产;加强房屋和其他市政设施的维修,逐步进行填平补齐;积极开展计划生育;妥善安置城市需要就业的劳动力;试办职业教育;加强城市的管理工作。

通过控制城市人口、调整市镇建制等举措,1961年至1963年,全国城镇人口减少了2600万,城市数量从208座降至174座,城市化率也由19.29%回落至16.84%。

2. 城建监察导向的城市管理阶段(1978—1996年)

粉碎"四人帮",结束了"文化大革命"的十年动乱,中国进入了一个新的历史发展时期。中共十一届三中全会作出了把党的工作重点转移到社会主义现代化建设上来的战略决策,中国经济社会发生了深刻的变化,城市管理工作也步入了崭新的阶段。经过1978年的第三次城市工作会议,1979年关于环境卫生和园林绿化文件的下发,1992年《城市市容和环境卫生管理条例》的颁行,我国确定了改革开放初期对于当前城市管理所包含的市容环卫、市政公用和园林绿化行业管理的基本体制格局,即由建设部门统一管理这三个行业。

这一阶段是城管执法体制的初创时期,各级城市人民政府相继组建城市建设监察队伍,从事城市建设管理行政执法工作,以应对快速城镇化带来的流动人口增加、城市市容环境脏乱差问题。全国形成了较为完整的城建监察制度和城建监察执法队伍组织体系,但同时也出现了分散执法、多头执法、野蛮执法等不规范问题。

1978年3月,国务院在北京召开了第三次城市工作会议,会议由李先念主持,各省、市、自治区和国家各有关部门的主要负责人参加了会议,经过讨论,对城市建设制定了一系列的方针、政策。1978年4月,会议制定的《关于加强城市建设工作的意见》,经中共中央批准,下发各省、市、自治区和国务院各有关部委。其中,对市政、园林、环卫、制止违建等城市管理工作提出了要求(附图1-2)。

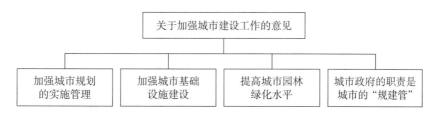

附图1-2 第三次城市工作会议主要内容

一是要大力加强城市规划的实施管理。城市规划的实施管理要同城市土地管理紧密结合起来，重点解决好合理用地、节约用地，严格进行各项建设用地的规划与审查，坚决制止违法用地和违章建设。整治违建和拆违后来成为城市管理和执法的主要职责之一。

二是加强城市基础设施建设，创造良好的投资环境和生活环境。要采取综合治理措施，使城市普遍存在的大气、噪声和垃圾污染逐步得到控制和改善，重点提高，城市的环境质量。要重视城市的抗震、防洪、防火和防滑坡工作，提高城市的防灾能力。

三是要努力提高城市园林绿化水平。国家重点风景游览城市和历史文化名城的城市政府，要用一定的精力抓好风景、名胜、古迹的保护和风景区的开发建设，提高城市基础设施水平和环境质量。

四是首次提出城市政府的主要职责是把城市规划好、建设好、管理好，市长要把主要精力转到这方面来。这是新的历史时期对城市政府职能的新要求，必须努力实现。

根据改革开放和城市发展的需要，国家和相关部委出台了一系列城市管理方面的法规政策。

1982年12月11日，城乡建设环境保护部发布《城市市容环境卫生管理条例（试行）》。这是我国第一部关于城市市容环境卫生管理的部门规章。

1984年10月20日，党的十二届三中全会发布《中共中央关于经济体制改革的决定》，明确要求"城市政府应该集中力量搞好城市规划、建设和管理，加强各种公用设施的建设，进行环境的综合整治。市长的工作重点也应逐步转移到城市建设管理的轨道上来。"全国各地相继建立城市建设管理临时机构，从整顿市容环境卫生，治理脏、乱、差入手，逐步扩大到城市建设综合性管理。

1986年6月21日，城乡建设环境保护部颁布《城市容貌标准》CJ16—1986（1987年1月1日实施）。这是我国第一部关于城市市容管理的标准依据，标志着城市市容管理走向规范化。

1987年5月21日，国务院下发《关于加强城市建设工作的通知》（国发〔1987〕47号），要求搞好城市规划，改革城市建设体制，管好用好城市管理资金，并强调城市政府的主要职责是把城市规划好、建设好、管理好。

1988年，国务院在建设部的"三定方案"中，明确了建设部归口管理、指导全国城建监察工作。

1989年1月28日，建设部下发《建设部关于加强城建管理（市容）监察工作的通知》（〔89〕建城字第34号），要求"各省、自治区建委（建设厅）归口管理全省（区）城建管理监察工作"，城建管理监察工作得到有序规范。

1990年7月28日，建设部下发《建设部关于进一步加强城建管理监察工作的通知》（〔90〕建城字第372号），要求各级城市建设行政主管部门加强对城建管理监察工作的领导，城建管理监察队伍由城市的建委或管委、市容委统一归口管理；城建管理监察队伍的工作范围，原则上应当与各地城市人民政府对城市建设行政主管部门及规划、市政、公用、园林、市容环卫等专业行政主管部门规定的职责范围相一致。

1992年5月15日，国务院办公厅下发《国务院办公厅转发国家环保局、建设部关于进一步加强城市环境综合整治工作若干意见的通知》，要求各级城市人民政府对城市的环境质量负责，将环境综合整治的任务分解到各有关部门和单位，建立环境保护目标责任制并实行定量考核。

1992年6月3日，建设部颁布《城建监察规定》（建设部令第20号）。这是管理全国城建监察队伍的重要部门规章，明确规定全国的城建监察执法主体及其职责范围等，实现了全国城建监察行政执法队伍名称、执法主体、执法内容、执法体制、服装标志、归口管理"六统一"。

1992年6月28日，国务院颁布《城市市容和环境卫生管理条例》（国务院第101号令）。这是第一部关于城市市容和环境卫生管理的行政法规。其中明确规定，国务院城市建设行政主管部门主管全国城市市容和环境卫生工作，主要内容包括城市市容管理和城市卫生管理两大块。对市政设施、户外广告、私搭乱建、渣土清运、倾倒垃圾粪便和废弃物处理都作了明确规定。

3. 综合行政执法导向的城市管理阶段（1997—2007年）

1996年3月17日，《中华人民共和国行政处罚法》颁布。规定国务院或者经国务院授权的省、自治区、直辖市人民政府可以决定一个行政机关行使有关行政机关的行政处罚权，但限制人身自由的行政处罚权只能由公安机关行使。这是我国第一次以法律的形式确认相对集中行政处罚权制度，为我国行政管理体制改革提供了新的法律途径，也为开展城市管理相对集中行政处罚权工作提供了法律依据。1996年10月1日，国务院法制局（1998年机构改革后改为国务院法制办）批准广西区南宁市和北京市宣武区在全国率先开展相对集中行政处罚权试点工作。此后，国务院法制办先后批准了北京、天津、黑龙江等省（市）14个设区的市开展相对集中行政处罚权试点工作。

自1997年以后，国务院法制办推动在城市管理领域开展相对集中行政处罚权试点，地方城市政府相应成立了城市管理行政执法机构。在成立机构的过程中，有的城市政府整合收编了过去的一些城市管理部门，有的城市政府采取加挂牌匾、多块牌子一套机构的方法，有的城市政府则是剥离原有城市管理部门和其他部门的行政执法权，使城市管理权和行政执法权完全分离。1997年5月23日，北京市宣武区作为全国第一个试点，成立了宣武区城市管理监察大队，启动了城市管理相对集中行政处罚权工作。从1997年3月开始到2000年7月这三年多的时间里，全国16个城市开展了城市管理综合执法试点工作。从2000年9月《国务院办公厅关于继续做好相对集中行政处罚权试点工作的通知》（国办发〔2000〕63号）文件下发到2002年8月，国务院法制办就先后批准了66个城市开展相对集中行政处罚权工作试点。从2003年下半年全国开始了相对集中行政处罚权的跨领域、跨部门的城管行政执法、城市管理系统内的综合行政执法试点和传统的城建监察行政执法等各种形式的行政执法改革。

2000年4月27日，建设部下发《关于设立"中国人居环境奖"的通知》（建城〔2000〕93号），正式设立"中国人居环境奖"（含"中国人居环境范例奖"）。该奖是全国人居环境建设领域的最高荣誉奖项，在推动我国城市建设和管理事业发展上发挥了重要作用。

2003年7月28日,建设部下发了《关于推行全国建设系统12319服务热线的通知》,12319热线成为全国统一的城市建设、管理服务热线。

2005年7月18日至19日,建设部在北京市东城区召开数字化城市管理现场会,下发《关于推广北京市东城区数字化城市管理模式的意见》,并确定北京市朝阳区、上海市长宁区、南京市鼓楼区、深圳市、扬州市等10个城市(区)作为第一批试点。数字化城市管理工作进入试点阶段。2006年11月16日,建设部在江苏省扬州市召开全国数字化城市管理工作会议,数字化城市管理工作进入快速发展阶段。

4. 数字化驱动的城市综合管理阶段(2008—2015年)

2008年2月25日至27日,党的十七届二中全会召开,通过了《关于深化行政管理体制改革的意见》和《国务院机构改革方案》,开启了以政府职能转变为核心的新一轮行政管理体制改革。在此轮改革中,大多数城市的城市管理部门增加了市容环卫、市政公用、园林绿化、城市风景区和公园管理等城市建设管理领域的相关管理职能,形成了服务、管理、执法相结合的城市管理模式。

2008年7月,国务院在确定住房和城乡建设部"三定"方案时,决定将城市管理职责和管理体制的决定权交由地方城市政府,各城市政府依据本城市经济社会发展水平和实际情况决定本城市管理部门的职权范围和管理体制。

2008年9月19日,浙江省第十一届人民代表大会常务委员会第六次会议通过《浙江省城市管理相对集中行政处罚权条例》(2009年1月1日起施行)。这是我国第一部省级人大通过的有关城市管理相对集中行政处罚权的地方性法规。

2011年2月18日,长沙市人民代表大会常务委员会公告颁布《长沙市城市管理条例》。这是全国第一部地方性城市管理法规。

2011年5月25日,杭州市组建市城市管理委员会,加挂市城市管理行政执法局牌子。杭州成为国内少数既实行管理与执法相结合的城市管理模式,又实现高位管理的城市。

2011年7月1日,武汉市掀起以城市综合管理和文明城市创建为主要内容、为期三年的"城管革命",迅速成为全国关注的焦点。2013年5月2日,武汉市成立武汉市城市管理委员会,加挂城市管理行政执法局牌子。

2013年9月6日,国务院出台《关于加强城市基础设施建设的意见》(国发[2013]36号),要求围绕改善民生、保障城市安全、投资拉动效应明显的重点领域,加快城市基础设施转型升级,全面提升城市基础设施水平;提升城市管理标准化、信息化、精细化水平,提升数字城管系统,推进城市管理向服务群众生活转变,促进城市防灾减灾综合能力和节能减排功能提升。

2013年11月9日至12日,党的十八届三中全会通过的《中共中央关于全面深化改革若干重大问题的决定》明确提出:理顺城管执法体制,提高执法和服务水平。这是第一次在党的决议中对一项具体政府职能作出规定,也是第一次将城市管理问题写入中央重大决策文件。

2013年12月12日至13日,中央城镇化工作会议在北京举行。会议要求,要以人为本,推进以人为核心的城镇化,加强对城镇化的管理。要制定实施好国家新型城镇化规划,加强重大政策统筹协调,各地区要研究提出符合实际的推进城镇化发展意见。培养一批专家型的城市管理干部,用科学态度、先进理念、专业知识建设和管理城市。

2014年10月20日至23日,党的十八届四中全会在北京召开。全会通过的《中共中央关于全面推进依法治国若干重大问题的决定》再次提出:理顺城管执法体制,加强城市管理综合执法机构建设,提高执法和服务水平。

5.城市治理现代化导向的城市综合管理阶段(2016年至今)

时隔37年,中央城市工作会议于2015年12月20日至21日在北京再次举行。会议指出,统筹规划、建设、管理三大环节,提高城市工作的系统性。抓城市工作,一定要抓住城市管理和服务这个重点,不断完善城市管理和服务,彻底改变粗放型管理方式,让人民群众在城市生活得更方便、更舒心、更美好。要加强城市管理数字化平台建设和功能整合,建设综合性城市管理数据库,发展民生服务智慧应用。政府要创新城市治理方式,特别是要注意加强城市精细化管理。要提高市民文明素质,尊重市民对城市发展决策的知情权、参与权、监督权,鼓励企业和市民通过各种方式参与城市建设、管理,真正实现城市共治共管、共建共享。

会议强调，要推进城市管理机构改革，创新城市工作体制机制。要加快培养一批懂城市、会管理的干部，用科学态度、先进理念、专业知识去规划、建设、管理城市。要全面贯彻依法治国方针，依法规划、建设、治理城市，促进城市治理体系和治理能力现代化。要健全依法决策的体制机制，把公众参与、专家论证、风险评估等确定为城市重大决策的法定程序。要深入推进城市管理和执法体制改革，确保严格规范、公正文明执法。

会议指出，把握发展规律，推动以人为核心的新型城镇化，发挥这一扩大内需的最大潜力，有效化解各种"城市病"。要提升管理水平，着力打造智慧城市，以实施居住证制度为抓手推动城镇常住人口基本公共服务均等化，加强城市公共管理，全面提升市民素质。推进改革创新，为城市发展提供有力的体制机制保障。

2015年12月30日，《中共中央 国务院关于深入推进城市执法体制改革改进城市管理工作的指导意见》（以下简称《指导意见》），明确国务院住房和城乡建设主管部门负责对全国城市管理工作的指导。要求推进市县两级政府城市管理领域大部门制改革，整合市政公用、市容环卫、园林绿化、城市管理执法等城市管理相关职能，实现管理执法机构综合设置。《指导意见》还要求推进综合执法。重点在与群众生产生活密切相关、执法频率高、多头执法扰民问题突出、专业技术要求适宜、与城市管理密切相关且需要集中行使行政处罚权的领域推行综合执法。

按照《指导意见》的部署，到2017年年底，实现市、县人民政府城市管理领域的机构综合设置。到2020年，城市管理法律法规和标准体系基本完善，执法体制基本理顺，机构和队伍建设明显加强，保障机制初步完善，服务便民高效，现代城市治理体系初步形成，城市管理效能大幅提高，人民群众满意度显著提升。

2016年2月26日，《中共中央 国务院关于进一步加强城市规划建设管理工作的若干意见》（以下简称《若干意见》）发布。《若干意见》要求改革城市管理体制。明确中央和省级政府城市管理主管部门，确定管理范围、权力清单和责任主体，理顺各部门职责分工。推进市县两级政府规划建设管理机构改革，推行跨部门综合执法。在设区的市推行市或区一级执法，推动执法重心下移和执法事项属地化管理。加强城市管理执法机构和队伍建设，提高管理、执法和服务水平。

2017年1月24日，住房和城乡建设部部长陈政高签发中华人民共和国住房和城乡建设部令第34号，颁发《城市管理执法办法》，这是新时期第一个关于城市管理执法的部门规章。

2017年2月7日，住房和城乡建设部、财政部发出《关于印发城市管理执法制式服装和标志标识供应管理办法的通知》（建督〔2017〕31号），全国城管执法队伍换装，实现新时期执法制服统一。

2018年4月6日，住房和城乡建设部印发《全国城市管理执法队伍"强基础、转作风、树形象"三年行动方案》（以下简称《行动方案》），决定自2018年至2020年，继续深化开展全国城市管理执法队伍"强基础、转作风、树形象"专项行动。《行动方案》从总体目标、主要工作和工作要求三个方面进行了部署，分别以规范执法行为、制度化法治化建设、执法服务水平提升作为2018年至2020年的年度重点任务，要求各地着力从加强党建、加强能力建设、加强法治建设、加强作风纪律建设、提高管理服务水平、强化监督考核等六个方面进一步规范城市管理执法行为，加强城市管理执法队伍建设，在全社会树立文明规范的城市管理执法队伍形象。

2018年9月5日，住房和城乡建设部《关于印发城市管理执法行为规范的通知》（建督〔2018〕77号）发布《城市管理执法行为规范》（以下简称《规范》）。《规范》自10月1日起实施。《规范》共8章、31条，对执法纪律、办案规范、装备使用规范、着装规范、仪容举止和语言规范等作出了规定。

2018年12月24日，全国住房和城乡建设工作会议在京召开。住房和城乡建设部党组书记、部长王蒙徽全面总结了2018年住房和城乡建设工作，分析了面临的形势和问题，提出了2019年工作总体要求和重点任务。关于2018年的城市管理工作成绩，指出深入推进城市管理执法体制改革，城市管理服务水平不断提高。加快数字化城市管理平台建设和功能整合，继续开展"强基础、转作风、树形象"专项行动，加强城管执法队伍建设，推进规范公正文明执法。关于2019年的城市管理工作，指出要开展人行道净化和自行车专用道建设，推进生活垃圾分类处理，搭建城市综合管理服务平台。

2019年12月24日，全国住房和城乡建设工作会议在京召开。会议提出建立城市建设管理和人居环境质量评价体系，促进城市高质量建设发展。扩大城市体检评估试点范围，建立"一年一体检，五年一评估"的制度。推进绿色城市建设，建立绿色城市建设的政策和技术支撑体系。推进智慧城市建设，提高城市信息化、智能化管理水平。推进城市管理体系化建设，搭建城市综合管理服务平台。

2020年3月以来，《住房和城乡建设部办公厅关于开展城市综合管理服务平台建设和联网工作的通知》（建办督函〔2020〕102号）发布《城市综合管理服务平台建设指南（试行）》。2020年年底前，主要地级以上城市市级平台与国家平台联网，有条件的省级平台与国家平台所辖市级平台联网。发布行业标准《城市运行管理服务平台技术标准》CJJ/T 312—2021，构建城市综合管理服务评价体系。制定并印发《城市管理行政执法文书示范文本（试行）》。

6.贯彻落实十九届五中全会新要求

"十四五"规划和2035年远景目标的建议对今后的城市管理和城市治理工作提出了新的要求，主要是要大幅提升城市科学化、精细化、智能化治理水平，切实提高特大城市风险防控能力。

一是创新城市治理方式。运用新一代信息技术建设城市综合运行管理服务平台，加强对城市管理工作的统筹协调、指挥监督、综合评价，推行城市治理"一网统管"。从群众身边小事抓起，以绣花功夫加强城市精细化管理。

二是进一步深化城市管理体制改革。建立健全党委政府统筹协调、各部门协同合作、指挥顺畅、运行高效的城市管理体系，坚持依法治理，注重运用法治思维和法治方式解决城市治理突出问题，加强城市管理执法队伍建设，推进严格规范、公正文明执法。

三是加强特大城市治理中的风险防控。全面梳理城市治理风险清单，建立和完善城市安全运行管理机制，健全信息互通、资源共享、协调联动的风险防控工作体系，实现对风险的源头管控、过程监测、预报预警、应急处置和系统治理。实施城市建设安全专项整治三年行动，加强城市应急和防灾减灾体系建设，综合治理城市公共卫生和环境，提升城市安全韧性，保障人民生命财产安全。

四是加强居住社区建设和管理。开展完整居住社区设施补短板行动，因地制宜对居住社区市政配套基础设施、公共服务设施等进行改造和建设。推动物业服务企业大力发展线上线下社区服务业，满足居民多样化需求。建立党委领导、政府组织、业主参与、企业服务的居住社区治理机制，推动城市管理进社区，提高物业管理覆盖率。推进智慧社区建设，实现社区智能化管理。开展美好环境与幸福生活共同缔造活动，发挥居民群众主体作用，共建共治共享美好家园。

根据十九届五中全会精神，结合重庆城市管理工作实际，"十四五"时期重庆"大城三管"工作有以下几个方面值得关注和着力：

把握城市建设从整体上进入城市更新阶段的态势，把工作重心更多地放到城市运行管理上来，落实"三分建设，七分管理"，按照高质量发展和高品质生活的要求，着力改善人居环境，着力提升城市品质。

根据城市更新行动加强城镇老旧小区改造和社区建设的要求，城市管理和执法部门需要进一步重心下移，拓展"马路办公"的内容，与街道、社区密切协作，建立和完善老旧小区改造后以及完整居住社区的长效管理机制。进一步深化"大城细管"，为社区居民提供精细化的管理和服务。

"规划和远景目标建议"也提出了"提高城市治理水平"的任务。"十四五"期间，在坚持党建引领和政府负责的前提下，在进一步深化城市管理综合行政执法体制改革的同时，要深化"大城众管"的广度和深度，充分发挥市场作用，吸引社会力量和社会资本参与城市管理，发挥街道社区城市管理和服务中的基础作用，引导社会组织、市场中介机构和公民法人参与城市治理，形成多元共治、良性互动的城市治理模式。

"规划和远景目标建议"提出"加强特大城市治理中的风险防控"。重庆是超大城市，而且是特色鲜明的山地城市。地形复杂多变，预防自然灾害的挑战更大。特大城市的风险防控是一项十分复杂的系统工程，涉及城市工业危险源、公共场所、基础设施、自然灾害、公共交通、突发公共卫生事件、恐怖袭击和破坏活动、群体性事件等诸多因素，以及公安、交通、安监、食药监、消防、医疗、城建、城管等众多部门。流动人口对公共服务的压力，公共秩序的影响；失业风险，流动摊贩的增加，有可能发生执法冲突，容易成为引发社会舆论关注的焦点。城市基础设施运行的安全如垃圾处理厂、窨井盖、广告牌匾的安全都是城市管理要重点关注的风险防控领域。因此，"十四五"时期，重庆需要加大智慧城管的投入，利用现代信息技术提高风险防控能力。

"规划和远景目标建议"提出：优化行政区划设置，发挥中心城市和城市群带动作用，建设现代化都市圈，推进成渝地区双城经济圈建设。这里面涉及加强城市管理和执法的区域协作，为促进区域协调发展服务的问题。"十四五"期间，做好成渝之间城市管理和执法区域协作是新的课题。

（三）落实城市管理精细化方针，践行"大城细管"

2014年3月16日，中共中央、国务院印发《国家新型城镇化规划（2014—2020年）》，要求完善城市治理结构，以网格化管理、社会化服务为方向，健全基层综合服务管理平台，及时反映和协调人民群众各方面各层次利益诉求。《中共中央 国务院关于深入推进城市执法体制改革改进城市管理工作的指导意见》（以下简称《指导意见》）要求推进网格管理。建立健全市、区（县）、街道（乡镇）、社区管理网络，科学划分网格单元，将城市管理、社会管理和公共服务事项纳入网格化管理。明确网格管理对象、管理标准和责任人，实施常态化、精细化、制度化管理。依托基层综合服务管理平台，全面加强对人口、房屋、证件、车辆、场所、社会组织等各类基础信息的实时采集、动态录入，准确掌握情况，及时发现和快速处置问题，有效实现政府对社会单元的公共管理和服务。

为落实城市管理精细化方针，重庆市在《重庆市综合管理提升行动方案》中提出突出精细化，推进"大城细管"。具体包括两个方面重点任务：

一是加强市政基础设施的管理。市政基础设施的维护和管理是城市管理的重要内容，也是保障城市正常运行的前提。《指导意见》要求"加强市政公用设施管护工作，保障安全高效运行。"重庆加强道桥设施精细化维护管理，全市城市桥梁隧道等结构设施应检必检100%，有病必治100%，结构设施安全平稳运行。启动实施嘉陵江牛角沱病害整治工程、李家沱大桥换索工程、红旗河沟立交南北方向上跨桥大修整治工程、内环快速路花溪河大桥应急抢险工程、彭水乌江郁江大桥改建工程等，消除结构设施病害。重庆开展"畅通工程、安全工程、舒适工程、美化工程"等四大工程为内容的人行道完善提升工作。2020年，打造人行道示范道300km、整治人行道50万m^2；2021年，完善提升人行道1000km左右；2022年，完善提升人行道1500km左右。

二是改善城市人居环境。《指导意见》要求"切实增加物质和人力投入，提高城市园林绿化、环卫保洁水平，加强大气、噪声、固体废物、河湖水系等环境管理，改善城市人居环境。"重庆市加强清扫保洁精细化管理，编制《中心城区清扫保洁严管路段作业工作手册》《重大活动市容环境保障工作手册》；组织开展清扫保洁规范作业整治活动，有效保障城市环境干净整洁卫生；以城乡接合部、区与区交界区域、背街小巷等为重点区域，开展市容环境卫生整治，2020年上半年中心城区完成42个项目整治，整治效果明显。

(四) 落实城市管理智能化方针，践行"大城智管"

《中共中央 国务院关于进一步加强城市规划建设管理工作的若干意见》提出推进城市智慧管理。加强城市管理和服务体系智能化建设，促进大数据、物联网、云计算等现代信息技术与城市管理服务融合，提升城市治理和服务水平。加强市政设施运行管理、交通管理、环境管理、应急管理等城市管理数字化平台建设和功能整合，建设综合性城市管理数据库。推进城市宽带信息基础设施建设，强化网络安全保障。要求积极发展民生服务智慧应用，到2020年，建成一批特色鲜明的智慧城市。通过智慧城市建设和其他一系列城市规划建设管理措施，不断提高城市运行效率。

《中共中央 国务院关于深入推进城市执法体制改革改进城市管理工作的指导意见》(以下简称《指导意见》)提出整合信息平台。积极推进城市管理数字化、精细化、智慧化，到2017年年底，所有市、县都要整合形成数字化城市管理平台。基于城市公共信息平台，综合运用物联网、云计算、大数据等现代信息技术，整合人口、交通、能源、建设等公共设施信息和公共基础服务，拓展数字化城市管理平台功能。要求加快数字化城市管理向智慧化升级，实现感知、分析、服务、指挥、监察"五位一体"。整合城市管理相关电话服务平台,形成全国统一的12319城市管理服务热线,并实现与110报警电话等的对接。综合利用各类监测监控手段,强化视频监控、环境监测、交通运行、供水供气供电、防洪防涝、生命线保障等城市运行数据的综合采集和管理分析,形成综合性城市管理数据库,重点推进城市建筑物数据库建设。强化行政许可、行政处罚、社会诚信等城市管理全要素数据的采集与整合,提升数据标准化程度,促进多部门公共数据资源互联互通和开放共享,建立用数据说话、用数据决策、用数据管理、用数据创新的新机制。

为落实城市管理智能化方针,重庆市在《重庆市综合管理提升行动方案》中提出突出智能化,推进"大城智管"。具体包括两个方面重点任务:

一是数字化城市管理平台全面建成。《指导意见》要求"积极推进城市管理数字化、精细化、智慧化,到2017年年底,所有市、县都要整合形成数字化城市管理平台。"

2005年,重庆市启动数字化城市管理工作,以提高"及时发现和快速处理问题两个能力"为目标完善机制体制建设,以创新"统一规划,分步实施,主城一体,远郊集约"建设模式,对标规范9大应用子系统建设内容,全面实施数字化城市管理平台建设。2017年12月底全市40个区县(含两江新区管委会、万盛经开区管委会)数字化城市管理平台全面建成,2018年12月实现市区两级平台互联互通、数据汇聚共享。

二是统筹推进智慧城管规划建设。《指导意见》要求构建智慧城市管理系统。2016年,重庆市在全国率先印发了《重庆市智慧城管建设指导意见》,确定"1322"建设总体框架,2018年市城市管理局印发了《以大数据智能化为引领的智慧城市管理三年行动实施方案(2018—2020年)》,成立局党组书记谢礼国局长任组长的市智慧城管建设领导小组,统筹推进全市城市管理智能化应用。全面推动市级综合平台建设。已完成应指平台二期、大数据平台一期、桥梁结构运营状态监测系统(马桑溪大桥、高家花园大桥、大佛寺大桥)、城市桥隧信息管理系统、城市园林绿化管理信息平台、两江四岸城市照明智能监控系统建设。持续深化先行示范区建设。江北区遵循"1322"架构抓建设发展,成为全国首个城市管理智慧化应用范例。渝中区构建"一个中心、三个平台",实现城市管理一张图。沙坪坝区坚持"实际、实用、实效"原则,建成全市第一条IOT物联应用示范街,智能渣车监管、古树管理、暴雨积水监控预警等系统全市领先。

(五)落实"人民城市人民建"的方针,践行"大城众管"

《国家新型城镇化规划(2014—2020年)》要求激发社会组织活力,加快实施政社分开,推进社会组织明确权责、依法自治、发挥作用。适合由社会组织提供的公共服务和解决的事项,交由社会组织承担。健全社区党组织领导的基层群众自治制度,推进社区居民依法民主管理社区公共事务和公益事业。发挥业主委员会、物业管理机构、驻区单位积极作用,引导各类社会组织、志愿者参与社区服务和管理。

《中共中央 国务院关于深入推进城市执法体制改革改进城市管理工作的指导意见》要求"牢固树立为人民管理城市的理念"。动员公众参与,依法规范公众参与城市治理的范围、权利和途径,畅通公众有序参与城市治理的渠道。倡导城市管理志愿服务,建立健全城市管理志愿服务宣传动员、组织管理、激励扶持等制度和组织协调机制,引导志愿者与民间组织、慈善机构和非营利性社会团体之间的交流合作,组织开展多形式、常态化的志愿服务活动。依法支持和规范服务性、公益性、互助性社会组织发展。采取公众开放日、主题体验活动等方式,引导社会组织、市场中介机构和公民法人参与城市治理,形成多元共治、良性互动的城市治理模式。

《十九大报告》提出打造共建共治共享的社会治理格局。加强社会治理制度建设,完善党委领导、政府负责、社会协同、公众参与、法治保障的社会治理体制。加强社区治理体系建设,推动社会治理重心向基层下移,发挥社会组织作用,实现政府治理和社会调节、居民自治良性互动。

重庆从2017年开始开展"发现重庆之美"系列推选活动,通过活动的开展,让市民广泛地参与推选,广泛地了解城市管理工作的内容和取得的成绩,2019年整个活动最后总的关注点击量在2700万人次,在推动市民广泛关注和参与城市管理中发挥了重要作用。重庆大力推行"五长制"和"门前三包",2019年主城区累计签订"门前三包"责任书12万份,成立重庆市"城市提升"志愿服务队伍111支,累计招募志愿者4000余人。

二、"大城三管"是世界城市管理理论的集成创新

"大城三管"创新模式充分借鉴和吸纳了世界城市管理理论发展的最新成果,是城市综合管理理论、新公共管理理论、新城市主义管理理论、整体性城市治理理论、城市精细化管理理论等理论的综合集成,代表了世界城市管理理论发展演变的新方向。

(一)"大城三管"是世界城市管理理论的继承发展

"大城细管、大城智管、大城众管"(简称"大城三管")的本质是将政府、社会、公众三种力量凝聚成合力,调动一切积极因素,增强创新动力,实现城市高效能管理。"大城三管"创新模式作为政府部门提升城市管理水平的新工具,其与全球城市管理理论具有高度耦合性以及深度延续性。

1.管理工具:注重现代化信息技术的应用

"大城三管"模式依托现代信息技术手段,顺应大数据智能化发展趋势,对构建"城市大脑",加强各类政务数据资源跨部门、跨领域、跨层级的整合利用等有着较高要求。打破行政壁垒,将城市管理多部门多网格进行整合,也离不开信息技术。因而,要想将"大城三管"模式的优势充分发挥出来,需要借助现代信息技术手段,实现城市管理智能响应、精准处置、精细管理,形成共建共享、共管共治格局(唐良智,2019)。而全球城市管理理论后期也开始注重信息技术在提高公共服务效率上的运用,信息技术成为政府机构有效处理城市问题的工具之一。

2.管理目标:首要满足公众需求

"大城三管"理论以协调、整合、信任为管理机制,强调跨层级、跨地域、跨部门、跨业务协同管理和服务,根本目的在于对公众需求的满足与回应,切实解决人民群众的实际问题。全球城市管理理论主张协调好政府部门与公私部门之间的关系,以公共利益为目标导向,提高公共服务效率。因而,两者的管理目标是一致的,即都是以公民需求为导向,一切从人民出发。

3. 管理主体：强调多元协同共治

"大城三管"理论是以"大城智管"促进"大城细管"，带动"大城众管"，管理主体多元化。全球城市管理理论追求公共服务的有效性，强调政府职能需要转变，鼓励私营部门、非营利组织等其他主体参与到城市管理中。"大城三管"具体来说，就是要用好政府、社会、公众三种力量，形成多元协同共治格局，进一步提升城市管理水平，增强城市创新发展活力。

（二）"大城三管"是世界城市管理理论的创新应用

1. 创新管理主体理念

"大城三管"以解决城市问题为取向，以实现高品质城市生活为价值追求，致力于追求公共利益整体最佳与政府整体效果最优，该理念是新公共管理理论深度上的延伸。"大城三管"强化综合治理、重视源头治理、推动常态治理，使城市面貌和管理效能大幅提升，从而让更多的人享受到高品质生活，同时更积极参与到高品质生活的建设中来，真正实现城市让生活更美好，体现了新城市主义管理理论——以人和环境为本的重要思想和生态城市理论的本质。首要的是重塑管理主体的管理理念，转变以往粗放型的管理方式，综合运用法治化、标准化、规范化、智能化手段，全面推进城市精细化管理在城市设施、环境、交通、应急等方面精准施展绣花功夫，目前重庆市已取得显著成绩，与此同时重庆市持续推进城市综合管理"七大工程"，推动《重庆市生活垃圾管理条例》等立法工作，编制出台一批城市综合管理技术导则和工作标准，不断完善城市管理标准体系和制度体系。

2. 创新多元共治格局

"大城三管"强调政府、社会、公众共同参与城市管理，凝聚成合力，主张摒弃全能型政府的管理思维且以构建服务型政府为目的，以提高城市管理精细化、智能化、人性化水平。这一理念符合城市综合管理理论、多中心城市治理理论以及整体性治理理论中的核心观点：发挥政府、私营部门、公众等多元主体作用，强调合作过程与方式的民主性与灵活性。社会企业、非营利性组织等快速发展以及公众权利意识的觉醒，为多元主体参与城市管理提供了前提条件。社会共治能有效提高公共事务治理的效能，这就需要政府在承担自身管理责任的同时，加强与社会力量的协调与合作，积极引导社会力量参与到城市管理过程中，形成协同共治的格局。信任是多元主体参与共同治理的基础，而信任机制的建立依赖于各方主体的互动、沟通。为此，重庆市积极畅通公众参与渠道，持续推广"门前三包""五长制"，加强城市管理志愿者队伍建设，通过各主体的相互交往，更好地落实城市管理。

3. 创新主体信息共享机制

城市综合管理理论提出未来城市在现代信息技术的推动下，"小政府、大部门"的城市管理趋势推动着由若干近领域管理部门之间的推诿扯皮向大部门内的协同与合作转变。"大城三管"正是基于这一理念主张运用现代信息技术，建立跨层级、跨地域、跨部门、跨业务的信息交流共享机制，以推动政务智能化、打破行政壁垒，推动"一圈两群"智慧城管同标管理，实现包括民生服务、城管、交通、公共安全、应急、环保等领域在内的城市综合治理"一张网"。

重庆市正在推进数字城管平台智慧化升级，实施市区一体化智慧城市管理平台项目建设，努力建成"一网统管""云端赋能"城市"智理"，使跨行政区域、跨边界的信息共享、资源流动成为现实，从而满足城市管理对大数据智能信息的需求。重庆市在全国率先完成县级及以上数字化城管平台全覆盖，率先实现市县两级平台互通、数据共享。率先发布《智慧城市管理指导意见》，将全市2400多座重要市政设施纳入云端管理。积极推进城市管理大数据智能化应用，发布《城市管理视频智能识别规范》，智能视频抓拍案件5.6万次，城市管理综合监管协调市级平台等智能应用正加快建设。针对城市管理中存在的碎片化问题，需要借助信息技术对监管资源进行整合。

一是技术资源的整合。要提高城市管理效能，需要完备且现代化的技术以确保管理的科学性、及时性、准确性，这就需要整合各主体中分散的资源，形成一致的合力，使技术资源发挥出最大效力。

二是信息资源的整合。信息资源在城市管理中尤为重要。对政府部门之间以及政府部门内部间的信息进行重新组合和优化，实现跨部门、跨层级间的信息联动和信息共享。其次，政府部门与非营利性组织、企业、公众等社会力量之间的信息共享程度的提高，也有利于打造上下联动、网络纵横的管理格局。

附录二

重庆"大城三管"管理模式满意度问卷调查分析报告

一、调查方法与设计步骤

（一）调查目标

2020年8月，研究团队对重庆市进行实地调查，并采用网络问卷调查民意和目前城市现状以及问题，借此方式为开展"大城三管"提供实践依据，并为"大城三管"的可持续发展提出针对性建议。

（二）调查对象

调查对象主要包括政府机关和事业单位的管理人员、专业技术人员、大中型企业高中层管理人员、私营企业主、商业服务业从业人员、工业建筑业产业工人、农业劳动者（农林牧渔）、自由职业者、在校学生、无业人员和其他人员等。

（三）调查方法

本次对重庆市"大城三管"治理方式民意调查采取问卷调查法。步骤如下：确定调查研究的内容；确定调查问卷的形式和调查方式；对调查问卷的题目和权重进行测试和修正；进行正式调查；对结果进行分析和统计。本次问卷针对民众对重庆市"大城三管"实践的了解和对目前城市管理存在的问题及其对策展开调查，既有开放性问题，也有封闭式作答，分为多选项目、单选项目、不满意项的是非选择项目、主观题项目和个人信息采集。

（四）调查步骤

调查问卷的设计包括三个步骤：①确定研究意图，即对重庆市目前城市管理现状进行评价。②确定调研问题，主要包括城市管理、社区管理、公共服务建设、交通问题、垃圾分类、马路办公这六大方面，共计25道题。（3）通过对问题的总体性描述，使问卷主体进行自我选择，并且给出"其他"选项，以避免问卷设计中忽略民意表达。

二、调查结果分析和评价

（一）问卷基本信息情况

本次调查采用网络问卷调查方式，共计回收1534份有效问卷。

1. 性别结构

从问卷主体的性别来看，女性的数量比男性数量多。女性占比53.52%，男性占比46.48%。如附图2-1所示。

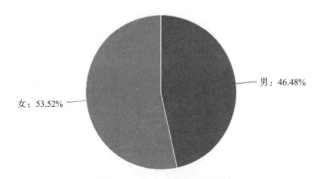

附图2-1　受访者性别构成情况

2. 年龄结构

从对问卷主体的年龄构成来看，26～35周岁年龄段的民众比例最大，占比41.2%；其次是36～45周岁和46～55周岁年龄段的民众，各占比24.51%和17.54%；18～25周岁年龄段的人所占比例为13.01%；56～66周岁年龄段的人占比为3.19%（附图2-2）。从侧面反映出青年人群体是城市发展的主力群体，也是优化城市管理的主要推动者。

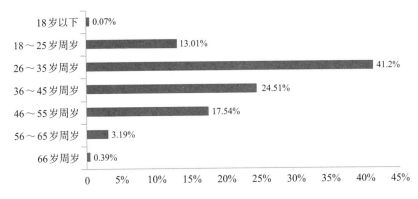

附图2-2　受访者年龄分布情况

3. 教育结构

从受访者的教育程度来看，本科学历的问卷主体占绝大多数。其中，硕士及以上占比4.82%，大学本科占比40.23%，大学专科占比28.81%，高中/中专占比19.36%，初中占比5.74%，小学及以下占比1.04%。该结果说明填写问卷的主体文化水平和社会层次普遍较高，也从侧面反映了问卷所反映的问题可信度较高（附图2-3）。

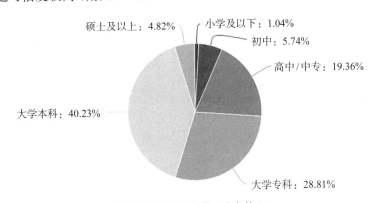

附图2-3　受访者学历分布状况

4. 职业结构

从职业构成来看，其中，政府机关和事业单位的管理人员、自由职业者、其他人员和专业技术人员占比最高，分别为24.05%、19.95%、16.36%和11.67%。大中型企业中高层管理者占比2.35%，私营企业主占比5.28%，商业服务业从业人员占比6.78%，工业建筑业从业人员占比2.15%，农业劳动者占比1.96%，在校学生占比2.48%，家庭主妇占比3.32%，无业人员占比3.65%。可以看出，政府机关和事业单位管理人员、自由职业者是问卷的主要答卷者，也可以从侧面说明问卷所反映的问题重要性更迫切需要解决（附图2-4）。

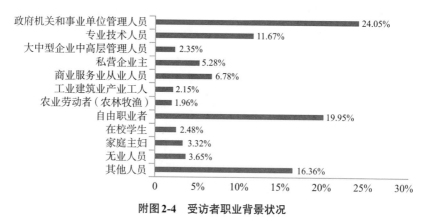

附图2-4　受访者职业背景状况

5.区县分布

在地域分布上，调查对象大多数来自梁平区，约为239人，占比10.56%；万州区约为115人，所占比例为7.5%，居于第二；而参与问卷调查对象较少的是巫山县、云阳县和渝中区，分别占比为1.76%、1.76%和1.83%。巫山县位于重庆东部，素有渝北东门户之称，地理位置较为偏僻，经济相对比较落后，因此可以得出问卷发放主要区域在经济相对发达的地区（附图2-5）。

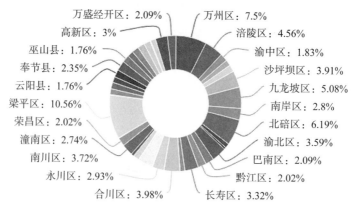

附图2-5　受访者所在区县分布情况

（二）调查结果统计

根据调查结果，对调查问题进行提炼，用数据分析每一项的重要程度，以供使用。

1.对"大城三管"的总体了解程度

通过对受访者的调查，从条形图可以看出37.03%的受访者对"大城三管"的非常了解的，比较了解占比27.64%（附图2-6）；其中，受访者对"大城智管"了解居多，占比为14.8%，对"大城众管"了解度占比12.13%，对"大城细管"了解的受访者占比8.54%，然而13.1%的受访者对三者都不了解，占比居第二位（附图2-7）。因此，综合来看，大部分市民可能对于重庆城市管理局推行的"大城三管"城市管理模式不甚了解。尽管有部分受访者了解"大城智管"，但是对其他"两管"不甚了解。问卷结果表明需要相关部门加大对"大城三管"的宣传和实施力度，使人民群众能够切身感受到"大城三管"带来的成效。

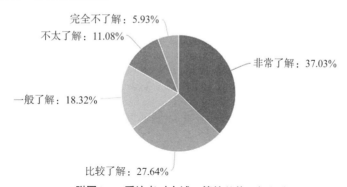

附图2-6 受访者对大城三管的总体了解程度

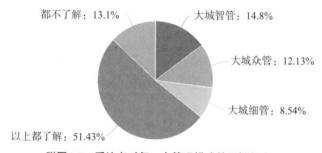

附图2-7 受访者对每一个管理模式的了解程度

2.对"大城三管"了解的途径

调查结果表明,传播路径中电子媒体的所占比重是最高的,占比为33.57%,其次就是社区宣传,所占比例为28.03%;而"其他"和电视各占比为17.28%和16.49%(附图2-8)。根据市民的答卷信息,"其他"途径主要包括微信、市政人员宣传。由此可以看出,网络信息的传播方式逐渐占据主导地位。

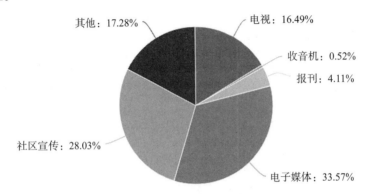

图附2-8 受访者了解大城三管的途径

3.对"大城智管"的总体评价

调查结果表明,在城市智慧化管理中,市民最关心的为交通,位列第一,占比为69.1%;其次是社区管理,位列第二,所占比例为56.26%;医疗位列第三,所占比例为49.02%。而环境、教育所占比例分别为46.68%、45.5%;家庭、就业和购物分别占比为38.98%、37.68%和22.62%。为了不限制民意对美好城市建设的更多想法,本题设置了"其他"主观性答题选项,占比为5.15%(附图2-9)。调查结果表明市民对基础设施建设和交通较为关心,并指出了目前存在的问题,如:道路坑洼不平、公园基础设施较少、停车难等。综合来看,第一,交通成为市民最关心的问题;第二,无论是社区、校区还是其他区域的管理,相关部门要优化管理举措;第三,医疗问题也凸显了人民群众对更好医疗保障的期盼,表明调查对象对分层诊疗等举措的期待。

4.对城市公共服务功能优化的建议

对城市公共服务的调查数据显示,市民对增设健身设施的呼声最高,

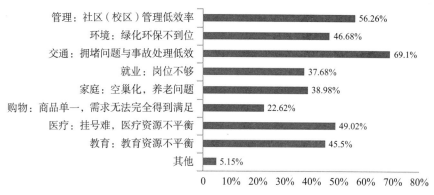

附图2-9 受访者对大城智管建设中应解决问题的选择情况

占比为62.91%,安全设施、文化设施、便民设施和卫生设施分别占比为57.37%、55.15%、54.76%、52.87%,这几项设施占比几乎持平,其中文化设施和安全设施的占比相同;休闲设施所占比例为44.78%,其他选项占比为4.56%(附图2-10)。调查结果表明,民众对城市公共服务需求提出了更高的要求,城市管理必须重视公共基础设施的建设。由附图2-10可以得知,参与此次问卷调查的主体受教育程度较高,从侧面也表明城市的健身设施、文化设施等基础公共设施对吸引人才有重要的影响。

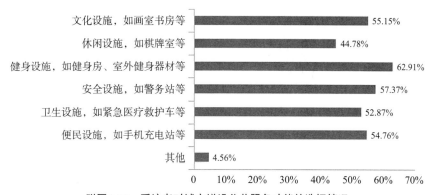

附图2-10 受访者对城市增设公共服务功能的选择情况

5.对解决老旧小区改造提出的问题

老旧小区是当前城市治理领域的热点问题,市民对老旧小区改造关注的领域差异较大。调查结果表明,老旧小区改造中存在的问题占比最高的是缺少停车位,乱停乱放,比例为43.55%;其次是缺少便民设施,所占比例为

35.53%；管护不到位，基础设施缺失和破损严重占比31.16%；除"其他"选项之外，剩下选项所占比例基本持平，在15%～25%之间（附图2-11）。由此可以看出，目前有限的停车位和日益增长的汽车需求之间存在严重矛盾，也是城市管理者亟须解决的问题。调查对象希望老旧小区提升的方面如附图2-12所示。

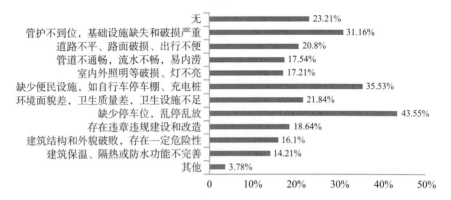

附图2-11　调查对象关心的老旧小区管理问题

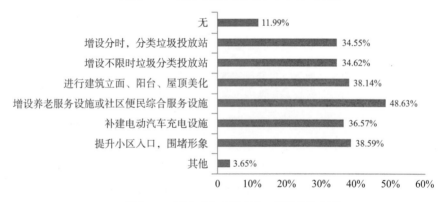

附图2-12　调查对象希望老旧小区提升的方面

6.交通拥堵的原因分析

调查结果表明，城市交通拥堵的原因主要表现在，缺乏路边停车位和违规占道停车，占比最多为50.46%（附图2-13）。其次是学校、医院等单位拥堵，而这些单位拥堵类型属于常发性拥堵，主要是在某一时间段的拥堵。位列第三的是地形限制，由于重庆市属于山地型城市，在某些地段易造成拥堵现象。

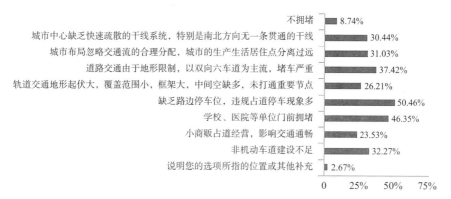

附图2-13　调查对象认为重庆交通拥堵的原因

7.对缓解交通拥堵现象的建议

调查结果表明,针对目前城市存在的交通问题,56.19%的市民认为要针对交通堵点进行道路优化,52.61%的受访者认为应加强对乱停车现象的管理,53.32%的受访者认为应发展公共交通和轨道交通,48.44%的市民认为要提升道路交叉口通行效率,38.46%的受访者认为应修建步行与自行车车道,提倡健康绿色出行(附图2-14)。综上,相关部门应该根据不同的地理位置选择合理的解决方式,不断地优化解决方案和加强对交通的管制。

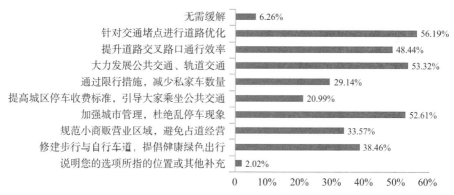

附图2-14　受访者对优化交通现状的建议

8.垃圾分类中使市民困扰的因素

调查结果显示,商家过度包装而产生过多非必要垃圾和商品包装上未添加垃圾分类这两项建议占比最多,分别占比为59.97%、59.97%,表明解决目前垃圾过多问题不仅仅可以从需求端找办法,而且还可以从供给端入手。

其次，未在垃圾回收箱标明特定种类垃圾分类建议占比为47.91%；处理过程复杂，给生活带来不便所占比例为49.74%（附图2-15）。可以看出，随着垃圾分类举措的推行，市民对于主动进行垃圾分类的意识大大增强，但对详细的分类过程还不是太了解，表明这需要相关部门或者社区等加大对垃圾分类过程的宣传。

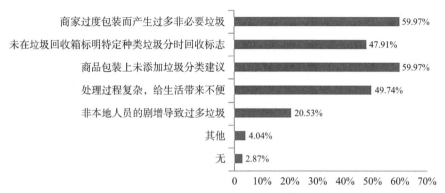

附图2-15　垃圾分类中令市民困扰的问题

9.对城市进行精细化管理提出的建议

市容市貌是一个城市的外部形象，反映一个城市管理水平的重要因素，也是"大城细管"的重要体现。调查结果显示，城管部门还需要进一步加强"细管"的建设。65.25%的受访者认为"路桥井盖"沉降要及时修，破损要及时换；63.43%的受访者认为"非机动车"停车要有标准，缓解交通拥堵、乱停乱放的问题；61.54%的市民认为"老旧社区"拆迁要合规，严管违章私搭乱建行为；60.69%的被调查者赞同"建筑垃圾"全密闭运输，保证环境空气质量。除此之外，市民提出的清理"地下管道"、建立"智慧垃圾桶"、增设"立体化节能公厕"的建议分别占比为50.72%、50.52%和47.39%（附图2-16）。

10.调查对象对"马路办公"满意度的评价

调查结果显示，重庆市"马路公办"的总体效果良好，群众的满意度高达80%以上。其中，非常同意占比为63.89%，比较同意占比为23.66%（附图2-17）。为使"马路办公"更加精细化，60.5%的市民认为要改善街道环境；改善停车秩序占比59.65%；加强垃圾、公厕管理占比为57.04%；根据

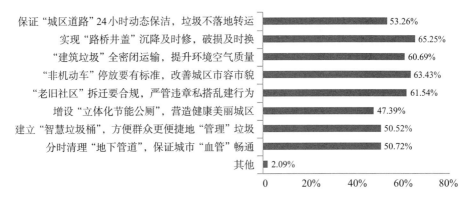

附图2-16 受访者对"大城细管"的建议

每一选项的比重大小，市民认为"马路办公"的工作重点在于街道美化、垃圾管理和改善停车难的问题（附图2-18）。

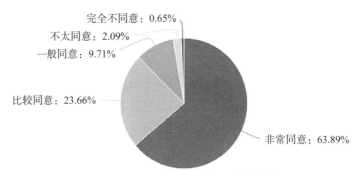

附图2-17 受访者对"马路办公"的满意度

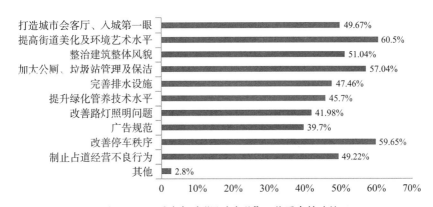

附图2-18 受访者对"马路办公"工作重点的建议

11.调查对象对重庆城市管理的整体评价

调查结果显示,市民目前对于重庆的城市管理总体比较满意。其中,比较满意为42.37%,非常满意占比39.37%(附图2-19)。表明重庆"大城三管"总体实施效果良好。

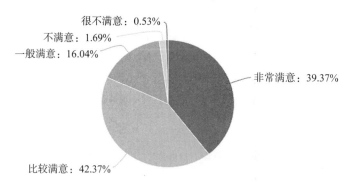

附图2-19 受访者对重庆城市管理的评价

三、存在的主要问题及其成因分析

通过对重庆市目前城市现状的调查研究和受访者意见反馈得出,目前重庆市在城市管理中存在的几个主要问题,即交通、公共基础设施、医疗资源、垃圾分类、道路设施建设。为顺利推进"大城三管",重庆市未来需要在这几方面加强管理。

(一)存在问题

1.城市交通拥堵

一般而言,造成城市交通拥堵的成因主要是道路容积率小、道路结构规划不完善、出行总量的时间分布不均、城市建筑规划不协调以及交通管理不到位等。随着交通需求的增加,停车难给城市带来了多种并发症。首先就是交通拥堵,城市的商圈、医院、中小学校周边堵车严重;其次,停车难对市民造成了间接和直接的影响。直接影响是增加了生活成本和交通事故发生频率。间接影响,比如有限的停车位空间易引发车主之间的矛盾,破坏城市和谐，降低人们的幸福指数；同时，也会引起民众对政府管理能力的质疑，以及对城市管理者的不信任。

从问卷设置的主观性问题所得出的市民反映结果来看，交通是重庆市民最迫切要求改善的问题之一（附表2-1）。

受访者对交通问题的建议 附表2-1

受访者	调查对象建议
A	重庆在2020年全国最堵城市中排名第一名。每日往返嘉陵江南和嘉陵江北，激情在路上就被消磨掉了……九龙坡区到渝北区的桥梁太少，轻轨站规划少，希望政府加强基础设施建设，合理规划交通，为人民出行创造便利
B	重庆交通拥堵，建议老人卡分时段使用，一般早上7点到9点是上班高峰期，下午5点至7点是下班高峰期，交通出行压力大，许多老年人喜欢在这个时段去公园玩和买菜，公交车和轻轨基本上被大部分持免费公交卡的老人所占，有时候还要强制给他们让座。建议这两个时段不免费，有偿乘车
C	小区周边商户经常开着大喇叭循环吆喝，造成噪声污染；小区周边（例如金科星辰）小工厂环绕，噪声污染、空气污染比较严重；断头路问题较多，因地处九龙坡大渡口交界，断头路问题至今未通，导致交通拥堵
D	九龙坡石桥铺外语学校对面经常有很多三轮车占道经营，经常在道路上逆行、闯红绿灯、车速过快，却无人管。要做好大城细管，这种面上的东西都没有管理到位
E	减少单方面的冗杂，提升综合度。例如，城市交通在提高疏散量的同时，一定程度上会导致占用街边场地，进而发生路边景观不优美、行人活动空间小、人流量密集场所环境恶化等现象。所以，在单向考虑车流量的同时，还需结合各项因素，各有侧重地进行城市规划和管理
F	长寿城区堵车、人行道乱停车、路板损毁严重，要加强交通建设，不要只收费不维护
G	由于现在社会车辆较多，加上车礼让行人的理念非常到位，导致在某些路段有时出现一个人过马路整个车道拥堵的现象。建议在人流量多的农贸市场、医院、学校门口增设提示牌，或者在高峰路段派专人予以疏通指导，以免市民意外受伤
H	1.规范流动摊贩的摆摊设点，分散划分适当区域，并对摊贩行为进行规范，产生的环境污染自行规范处理。摊贩与摊贩间建立联动考核，相互监督。 2.占道停车行为要加强禁止，长时间占道停车与临时停车要区分处罚，对沿街商贩故意占道停车要加重处罚

2.公共服务设施建设滞后

调查结果表明，重庆市公共服务基础设施布局不平衡。由于各城区经济发展水平不同，造成城市公共基础设施分配也不均。经过实地调研发现，一些制造业或者工业布局多，居民较少的地区，其便民服务的基础设施几乎没有发挥到真正的作用，呈现出闲置浪费的局面；而在第三产业、高新技术产业发达的区域，居民密集，便民基础设施成为居民休闲娱乐的重要场所，人均基础设施明显不足（附表2-2）。因此，如何解决公共基础设施布局不均衡的问题，需要城市管理者从不同的角度思考。

受访者对公共基础设施建设的意见　　　　　　　附表2-2

序号	调查对象意见
1	增加城市非机动车道路，治理城市拥堵，增加文化、休闲、体育设施
2	在全市主城及区县各大机关及企事业单位停车场安装充电桩，解决购买新能源汽车的后顾之忧，将绿色出行理念落到实处
3	希望小区周边配套设施完善，购物交通以及幼儿入学都需涉及
4	增加健身器材的设置，增加规范的停车位以减少乱停乱放的情况，增设医疗和养老服务中心，美化绿色生态环境
5	加强体育文化建设，多建一些运动场所，比如篮球场，对破旧的体育场所进行翻修，比如康庄美地E区篮球场破损，一直没有相关责任单位来进行翻修
6	进一步加强城市基础设施建设，提升城市品质；进一步优化小区环境，继续推进老旧、三无小区改造，增设电梯、休闲娱乐设施等，提升居民的幸福指数
7	新建公共停车场，加宽改善老场镇路面，制止占道经营，确实改善交通拥堵、场镇拥挤现象；修建中大型公益性休闲健身场所，满足群众日益增加的物质文化需要；加快推进水土老场镇旧城改造，彻底改变水土老城落后的现象
8	增加文娱设施，满足市民休闲娱乐需求，特别是带小孩子出去玩，有点游乐设施的小公园，宝妈都在一起聚聚、聊聊天，很休闲。改善人行交通条件，推车上下楼梯增加坡道，残疾车和小推车都能上

3.医疗资源覆盖不平衡

调查结果显示，"看病难"成为目前重庆市民着重反映的问题之一。据悉，目前各卫生系统实施挂号的方式有：窗口挂号、医院自设网络预约挂号、地区卫生局设立预约挂号公共平台挂号等。但是实施预约挂号只能在供需基本平衡时实现提前分诊，缩短患者挂号、候诊时间，无法从根本上解决看病难的问题。除此之外，医疗设施建设和一些资源由于地区差异等影响分配，并不均衡（附表2-3）。

4.垃圾分类不到位，市民环保意识不强

城市环境治理中，垃圾处理是关键的一项，垃圾分类看起来是微不足道的小事，但它却关系广大人民群众的生活环境，关系资源的循环利用，更关

受访者对医疗设施的意见　　　　　　　　　　　　附表 2-3

受访者	调查对象意见
1	医疗设施相对落后，居住环境周边乱停乱放现象多
2	加强医疗机构和队伍建设
3	加快医疗社区建设
4	医疗设施落后，希望引进更好的医疗设施，扩大医院规模
5	解决看病难、看病贵问题
6	希望医院看病能更加方便
7	完善社区医疗设施，给社区居民提供更方便的医疗资源

系到社会的可持续发展。问卷调查表明，尽管政策规定分类垃圾要细，但实际上并没有具体落实，而且存在垃圾车混装垃圾的现象。此外，相关人士表示仍然存在部分市民不按规定进行垃圾投放的现象。由此可见，市民的垃圾分类意识仍然有待提升，相关部门应加大垃圾分类的宣传（附表 2-4）。

受访者对垃圾分类的意见　　　　　　　　　　　　附表 2-4

受访者	调查对象意见
1	重庆公共场所、道路等地方垃圾箱较少，一条道路 2~3km 都见不到一个垃圾桶
2	垃圾分类要精细化，增设垃圾分拣员、倡导员，把垃圾分类做到实处，不要搞一阵风！引导居民自觉分类，共同遵守
3	早日实施垃圾分类，社区、物业深入进行引导；提升城市绿化，多种花，背街小巷也希望洁净；要在便民的情况下再考虑智能化
4	小区垃圾分类未见落实
5	加强市民环保意识的提高教育，减少农村、城镇公共场合白色垃圾的产生。条件允许的情况下，对乱丢垃圾的行为进行管制
6	商户门店严格执行门前五包原则，规范处理产生的商业垃圾
7	可以加大垃圾分类工作宣传力度，虽然已经开始试点垃圾分类，但是大部分居民对这方面意识还很缺乏

5.市容秩序较乱

调查结果表明，"大城细管"有待进一步加强。比如，部分井盖有"地雷阵""绊脚石""陷人坑"现象，这些问题威胁市民安全。而出现这些问题的原因是多方面的：一是"多头管理，权责不明"，城市井盖权属往往涉及排水、给水、电力、通信、燃气、照明等10多家单位和多个行业主管部门；二是"监管和维护相分离"，街道、社区等基层部门责权不对等，对负有维护职责的部门没有调度权和支配权，比如，占道经营现象仍然存在；三是对相关设施设备投入不足。

6.违章建筑时有出现

老旧小区违章建筑、违规停车、设施老化等问题众多，管理混乱。一些居民或单位改建、扩建房屋，不仅破坏城市规划，给棚户区改造、征地拆迁等工作留下难以解决的问题，而且存在安全隐患；部分居民改变建筑外观造型，影响了建筑物整体景观。因此，应加强加快老旧小区的改造，出台相关规章制度，规范老旧小区改造（附表2-5）。

受访者对城市建筑设施的意见 附表2-5

受访者	调查对象意见
1	规范路内停车，把非机动车道还给老百姓，改进市政设施，规范城投公司工地，撤除临时摊区（城区内闲置门面太多），要求住建部门对开发企业实事求是地做好项目周边规范
2	建议不拆的老旧小区加装电梯，改善老旧小区居住环境，比如老旧电路改造，增加物管，改善清洁卫生情况
3	强化违规占道经营整治，规范车辆停放，解决城市车位紧张问题
4	老旧小区电路电线老化严重，错综复杂，线路布满整个楼道上方，存在安全隐患

（二）成因分析

第一，通过问卷分析：在城市建设过程中，由于交通需求的增加，通过道路中的某条路段或交叉口的总车流量大于道路的交通容量时，导致道路上的交通无法畅行，超过部分交通流滞留在道路上，造成拥堵以及随时可能发生的事故。而重庆市的道路交通由于地形限制，以双向六车道为主流，缺乏快速疏散的干线系统，特别是南北方向无一条贯通的干线，从而造成常发性拥堵、继发性拥堵、局部拥堵等现状。调查结果显示（附图2-9），民众对交通拥堵与低事故处理这一项问题的提交率达到69.1%，也是9个选项中最高的比例；在休闲场所，缺少停车位，乱停乱放占比43.55%，位列第一（附图2-11）。不仅仅给城市管理带来了巨大压力，也对市容市貌的美化造成不良的影响。因此，通过分析，该现状揭示了有限的车位资源和日益增长的汽车需求之间存在着矛盾。

第二，井盖遍布城市街道，能否管好，反映城市治理的现代化水平。而交通需求的增加，也使得道路井盖破损、沉降，由此产生一系列道路突发事故。根据调查报告，部分人士表示，有不少井盖建在道路中间和车辆行驶轨迹上，由于过去井身、井盖设计标准不高，长期承压导致松动、沉降等问题，此外，有些"问题井盖"威胁市民安全，横在盲道中，成为绊脚石；有些井盖在自行车绿道上，每隔二三十米就有一个，其中不少已破损塌陷成坑。由于井盖与路面高度差较大，造成车辆侧翻损坏、交通事故、噪声扰民等问题，使得有些市民将避让井盖的行为称之"绕饼"。根据问卷调查显示，65.25%的市民认为在对城市进行精细化管理方面要实现"路桥井盖"沉降及时修，破损及时换（附图2-16）。

第三，市容卫生是城市面貌的重要部分。问卷调查结果显示60.69%的民众认为"建筑垃圾"应该全密闭运输，提升环境空气质量。根据调查结果，市民表示整个重庆公共场所、道路等任何地方垃圾箱都极少，而且垃圾分类车极少，并常有垃圾车混装垃圾的做法。不仅如此，59.97%的市民认为导致垃圾分类困扰的因素最主要是商品过度包装而产生过多非必要的垃圾（附图2-15）。因此，对于垃圾分类出现的问题现状，是否供给端和需求端之间存在着矛盾关系，值得去思考。

第四，城镇老旧小区改造是重大民生工程和发展工程。在部分地区，老旧小区建筑由于年代久远，出现墙皮脱落、形象破旧等情况，极大地影响整个城市的面貌。在没有及时对老旧小区进行合法修改修建的情况下，进一步衍生出了一系列的城市管理问题，如附图2-16所示，61.54%的问卷主体认为目前存在老旧小区建设不合规、违章乱搭乱建的行为。因此，可以思考老旧小区改造是否存在立足于民意、是否因地制宜、因市施策。

第五，绿化举措是城市环保的重要支撑。重庆市为打造城市会客厅、入城第一眼，开展"马路办公"，从问卷调查结果分析，重庆市绿化举措完善到位，但是有民众认为城市绿化已经到位，为何不在其他不足之处进行补充和整改。由此可见，可以思考城市管理是否存在着资源分配不合理、重点工作未得到及时重视、面子工程过于表现的现状。

第六，随着全面建设小康社会的大力推动，《"十二五"公共体育设施建设规划》明确指出，要求加快建设覆盖城乡的体育基本公共服务网络，建立健全体育公共服务设施良性运营机制，保障人民群众参加体育健身活动权益，丰富人民群众精神文化生活，形成健康文明的生活方式。问卷调查显示，62.91%的主体选择应该多增加健身设施（附图2-10），如健身房、室外健身器材等。从侧面也反映了经济、消费、收入不断增长的同时，市民生活和工作的节奏加快了，生活和工作的压力也随之变大，在物质方面得到基本满足的情况下，潜移默化地转向对精神文化的需要。有市民表示城市规划建设应该考虑不同年龄阶段的人群，比如，应该增加一些公益场所，方便老人和孩子娱乐。

第七，调查数据显示，49.02%的问卷主体认为挂号难，医疗资源分配不平衡（附图2-9）。目前，医院大部分实行实名挂号和预约挂号两种方式，虽然增设预约挂号有益于便民、缓解排队挂号的现状，但是并没有解决看病难的问题。主要在于预约挂号随意性大，而且不需要续费，所以就会出现可能爽约的现象，影响医院整体安排，造成医疗资源的浪费。因此，可以思考看病难是否是供需问题造成的，而预约挂号是供给方式上的变化，在一定程度上也未必能从根本上解决供需矛盾。

四、基于问卷反映的问题的政策建议

调查结果显示，整体上市民对于重庆市整体建设进程是比较满意的，但是，在某些城市管理问题上还需要进行改善，尤其是以上市民比较关注的问题，这不仅仅是一个城市向现代化建设的基础，也是立足于以人为本、补齐短板，全面提高重庆人民幸福感、认可感、归属感的一个重要举措。因此，就目前对城市存在问题的分析，主要提出以下几方面的建议。

（一）积极引导全民参与

坚持为百姓服务、请百姓参与、让百姓满意，把提高市民素质作为治理城市乱象的关键和抓手，积极探索政府部门和社会公众共同参与的城市管理模式，以海东创建全面文明城市为契机，加强市民文明意识的教育和培养，通过新闻媒体、微信公众平台、给市民的一封信等形式，倡导市民不乱扔垃圾、不随地吐痰、不随意涂画、不损坏公共设施，并对身边发生的不文明现象积极举报或勇敢制止，逐步形成城市管理共建共享共管的机制。

（二）切实推进生活垃圾填埋场规范化运行

强化生活垃圾填埋场的日常管理和维护，规范化运行生活垃圾填埋程序，促进生活垃圾无害化处理和资源化利用，杜绝可能发生的土壤污染、水源污染、空气污染，确保"一优两高"战略部署在城管系统全面落地。进一步健全生活垃圾填埋场规章制度，完善操作流程及工作台账，确保其安全有序运行，城市生活垃圾无害化处理率达93%以上。同时，制定垃圾分类标准和计划，逐步推进生活、建筑、餐厨垃圾分类处理工作。

（三）不断加强市政设施维护

紧扣创建全国文明城市各项指标要求，积极采取有效措施，按照"巩固成果、分项落实、重在实效"的原则，细化、量化各项市政设施维护任务，严格落实巡查上报制度，动态掌握市政设施实际状况。对道路、路灯、铺面门头等市政设施进行集中排查、整治，确保城区主次干道路平、灯明，铺面门头安全、有序。同时，积极配合"厕所革命"，对城管部门管理的城市公共厕所做好维护和管理工作。

（四）发挥多主体作用，完善制度设计

城市靠人民建设，人民依城市而立。无论是大城建设还是家园建设，在多主体的共同参与下，才能展现出不同的贡献作用，才能使一个城市不再是一种单一的色彩，而是大家共同建设的多彩的社会，充满希望和美丽。因此，为满足每一位民众的需求，需要完善对城市管理的制度设计，充分发挥多主体作用。就如，基于上述对交通问题和停车难问题的分析，停车难问题不仅仅是停车位缺乏的原因，从经济学角度看，其产生的实质是稀缺资源供需平衡的矛盾，即有限的车位资源和日益增长的汽车需求之间的矛盾。因此，解决思路可以在需求侧与供给侧两种模式切入，也可以借鉴国际或者国内成功的经验。

（五）规范预约秩序，探索第三方网络预约渠道

从根本上解决看病难的问题，一方面要靠政府、医院的共同努力；另一方面，部分患者也需要调整心态，无需专家治疗的病症不必要挂专家号。同时，也可以采用实名制、限制挂号名额、跟踪用户挂号信息等措施，能基本避免号贩子；以家庭为单位，既避免重复注册又解决了老人不会上网的困扰；建立用户信用记录，杜绝患者爽约现象；网络为主，电话、短信为辅的多渠道预约方便市民。

（六）法治手段明权责，技术创新提效能

城管要加强监管，要对井盖问题进行排查，对于无法确定权属单位的井盖设施按"属地管理"原则进行清理整治；建立综合维修管理体系，集中信息源和维管队伍，减少中间环节；对于已经损坏的井盖，要及时立上警示牌。

附录三

调查问卷

尊敬的市民朋友您好：

重庆市正大力开展城市治理的"大城三管"（大城智管、大城众管和大城细管）工作，为更深入全面地找准重庆城市短板，更精准有效地提升城市治理工作，重庆市城市管理局特组织此次"大城三管"问卷调查，就您的"身边事"说说"心里话"。衷心感谢您对重庆城市治理工作的热心支持！

主体问卷情况

1. [单选题]您了解重庆市城市管理局推行的"大城三管"的工作吗？
○非常了解
○比较了解
○一般了解
○不太了解
○完全不了解

2. [单选题]您是通过什么途径了解"大城三管"工作的？
○电视
○收音机
○报刊
○电子媒体
○社区宣传
○其他＿＿＿＿＿＿＿＿

3.[单选题]您了解"大城三管"中的哪一项？

○大城智管

○大城众管

○大城细管

○以上都了解

○都不了解

4.[多选题]您希望"智慧城市"在建设过程中能解决以下的哪些问题？

□管理：社区（校区）管理低效率

□环境：绿化环保不到位

□交通：拥堵问题与事故处理低效

□就业：岗位不够

□家庭：空巢化，养老问题

□购物：商品单一，需求无法完全得到满足

□医疗：挂号难，医疗资源不平衡

□教育：教育资源不平衡

□其他_____

5.[多选题]您认为重庆市还应增加的公共服务功能有哪些？

□文化设施，如画室书房等

□休闲设施，如棋牌室等

□健身设施，如健身房、室外健身器材等

□安全设施，如警务站等

□卫生设施，如紧急医疗救护车等

□便民设施，如手机充电站等

□其他_____

6.[多选题]您居住的小区是否存在以下问题？

□无

☐管护不到位，基础设施缺失和破损严重
☐道路不平、路面破损、出行不便
☐管道不通畅，流水不畅，易内涝
☐室内外照明等破损、灯不亮
☐缺少便民设施，如自行车停车棚、充电桩
☐环境面貌差，卫生质量差，卫生设施不足
☐缺少停车位，乱停乱放
☐存在违章违规建设和改造
☐建筑结构和外貌破败，存在一定危险性
☐建筑保温、隔热或防水功能不完善
☐其他＿＿＿＿＿＿＿＿＿＿

7.[多选题]除了以上问题，您希望所在小区进行以下哪些提升？
☐无
☐增设分时、分类垃圾投放站
☐增设不限时垃圾分类投放站
☐进行建筑立面、阳台、屋顶美化
☐增设养老服务设施或社区便民综合服务设施
☐补建电动汽车充电设施
☐提升小区入口、围墙形象
☐其他＿＿＿＿＿＿＿＿＿＿

8.[多选题]您经常通过何种方式通勤？
☐步行
☐自行车
☐电动自行车
☐公共交通
☐轨道交通
☐出租车

☐单位班车
☐网约车
☐自己开车

9. [单选题]您日常出行单程一般多长时间？
○ 10min以内
○ 10～30min
○ 30～60min
○ 60min以上

10. [多选题]您认为重庆交通是否拥堵？造成拥堵的主要原因是什么？
☐不拥堵
☐城市中心缺乏快速疏散的干线系统，特别是南北方向无一条贯通的干线
☐城市布局忽略交通流的合理分配，城市的生产生活居住点分离过远
☐道路交通由于地形限制，以双向六车道为主流，堵车严重
☐轨道交通地形起伏大，覆盖范围小，框架大，中间空缺多，未打通重要节点
☐缺乏路边停车位，违规占道停车现象多
☐学校、医院等单位门前拥堵
☐小商贩占道经营，影响交通通畅
☐非机动车道建设不足
☐说明您的选项所指的位置或其他补充＿＿＿＿＿＿＿＿＿

11. [多选题]您建议从哪些方面缓解拥堵现象？
☐无需缓解
☐针对交通堵点进行道路优化
☐提升道路交叉路口通行效率
☐大力发展公共交通、轨道交通
☐通过限行措施，减少私家车数量

□提高城区停车收费标准，引导大家乘坐公共交通

□加强城市管理，杜绝乱停车现象

□规范小商贩营业区域，避免占道经营

□修建步行与自行车道，提倡健康绿色出行

□说明您的选项所指的位置或其他补充_____

12. [多选题]您认为做好城市管理重点抓哪些方面？

□大力开展"治乱拆违"

□扎实推进"街净巷洁"

□努力实现"江清水畅"

□真正体现"城美山青"

□务必确保"路平桥安"

□切实做到"灯明景靓"

□积极实施"整墙修面"

□其他_____

13. [多选题]为建设美好重庆市，您认为需要在哪些方面进行精细化管理？

□保证"城区道路"24小时动态保洁，垃圾不落地转运

□实现"路桥井盖"沉降及时修，破损及时换

□"建筑垃圾"全密闭运输，提升环境空气质量

□"非机动车"停放要有标准，改善城区市容市貌

□"老旧社区"拆迁要合规，严管违章私搭乱建行为

□增设"立体化节能公厕"，营造健康美丽城区

□建立"智慧垃圾桶"，方便群众更便捷地"管理"垃圾

□分时清理"地下管道"，保证城市"血管"畅通

□其他_____

14. [多选题]随着垃圾分类举措的推广，在垃圾分类中令你困扰的因素有哪些？

☐商家过度包装而产生过多非必要垃圾

☐未在垃圾回收箱标明特定种类垃圾分时回收标志

☐商品包装上未添加垃圾分类建议

☐处理过程复杂，给生活带来不便

☐非本地人员的剧增导致过多垃圾

☐其他_____

☐无

15. [单选题]在居民楼附近增设新改建的标准化垃圾收集站的举措您支持吗？

○非常支持

○支持

○无态度

○反对

○非常反对

16. [单选题]您同意您居住所在地的小区设立垃圾分类积分兑换的举措吗？

○非常同意

○比较同意

○一般同意

○不太同意

○完全不同意

17. [单选题]为了使城市更加美好，您对重庆市推行的"马路办公"的总体满意度如何？

○非常满意

○比较满意
○一般满意
○不太满意
○完全不满意

18. [多选题]您认为"马路办公"的工作重点应该有哪些？
□打造城市会客厅、入城第一眼
□提高街道美化及环境艺术水平
□整治建筑整体风貌
□加大公厕、垃圾站管理及保洁
□完善排水设施
□提升绿化管养技术水平
□改善路灯照明问题
□广告规范
□改善停车秩序
□制止占道经营不良行为
□其他＿＿＿＿＿＿＿＿＿＿

19. [单选题]您对美好重庆城市建设的整体进程满意吗？
○非常满意　　○比较满意
○一般满意　　○不满意
○很不满意

20. [填空题]从个人角度看，您对进一步推进"大城三管"的工作有哪些建议或意见？（可从居住环境、自然生态、水系环境、综合交通、医疗设施、文化体育、休闲娱乐、商业设施、产业发展、区域协同等方面说明）＿＿
＿＿＿＿＿＿＿＿＿＿＿＿＿＿＿＿＿＿＿＿＿＿＿＿＿＿＿。

个人信息

21. 您的性别?
○男　　○女

22. 您的年龄?
○18岁以下　　○18～25周岁
○26～35周岁　　○36～45周岁
○46～55周岁　　○56～65周岁
○66周岁以上

23. 您的学历?
○小学及以下　　○初中
○高中/中专　　○大学专科
○大学本科　　○硕士及以上

24. 您目前职业为?
○政府机关和事业单位管理人员　　○专业技术人员
○大中型企业高中层管理人员　　○私营企业主
○商业服务业从业人员　　○工业建筑业产业工人
○农业劳动者(农林牧渔)　　○自由职业者
○在校学生　　○家庭主妇
○无业人员　　○其他＿＿＿＿＿＿

25. 您目前居住地?
○万州区　　○涪陵区
○渝中区　　○大渡口区
○江北区　　○沙坪坝区
○九龙坡区　　○南岸区
○北碚区　　○綦江区

○大足区　　　　　　　○渝北区
○巴南区　　　　　　　○黔江区
○长寿区　　　　　　　○江津区
○合川区　　　　　　　○永川区
○南川区　　　　　　　○璧山区
○铜梁区　　　　　　　○潼南区
○荣昌区　　　　　　　○开州区
○梁平区　　　　　　　○武隆区
○城口县　　　　　　　○丰都县
○垫江县　　　　　　　○忠县
○云阳县　　　　　　　○奉节县
○巫山县　　　　　　　○巫溪县
○石柱土家族自治县　　○秀山土家族苗族自治县
○酉阳土家族苗族自治县　○彭水苗族土家族自治县
○非重庆居民　　　　　○两江新区
○高新区　　　　　　　○万盛经开区

本问卷到此结束，感谢您的大力支持！

参考文献

[1] 魏娜. 我国城市社区治理模式：发展演变与制度创新[J]. 中国人民大学学报，2003（1）：135-140.

[2] 杨敏. 作为国家治理单元的社区：对城市社区建设运动过程中居民社区参与和社区认知的个案研究[J]. 社会学研究，2007（4）：137-164.

[3] 巫细波，杨再高. 智慧城市理念与未来城市发展[J]. 城市发展研究，2010，17（11）：56-60.

[4] 夏建中. 中国城市社区治理结构研究[M]. 北京：中国人民大学出版社，2011.

[5] 郑思齐，万广华，孙伟增，等. 公众诉求与城市环境治理[J]. 管理世界，2013（6）：72-84.

[6] 竺乾威. 公共服务的流程再造：从"无缝隙政府"到"网格化管理"[J]. 公共行政评论，2012（2）：1-21.

[7] 戴亦欣. 中国低碳城市发展的必要性和治理模式分析[J]. 中国人口·资源与环境，2009（3）：12-17.

[8] 辜胜阻，杨建武，刘江日. 当前我国智慧城市建设中的问题与对策[J]. 中国软科学，2013（1）：6-12.

[9] 翟宝辉. 改革开放40年城市走向综合管理及变迁[J]. 城市管理与科技，2018（4）：15-22.

[10] 史璐. 智慧城市的原理及其在我国城市发展中的功能和意义[J]. 中国科技论坛，2011（5）：97-102.

[11] 田毅鹏. 城市社会管理网格化模式的定位及其未来[J]. 学习与探索，2012（2）：28-32.

[12] 冯玲，李志远. 中国城市社区治理结构变迁的过程分析：基于资源配置视角[J]. 人文杂志，2003（1）：133-138.

[13] 翟宝辉. 城市发展的"四化"方向[J]. 人民论坛，2017（S1）：50-51.

[14] 陈荣卓，肖丹丹.从网格化管理到网络化治理：城市社区网格化管理的实践、发展与走向[J].社会主义研究，2015(4)：83-89.

[15] 史云贵.当前我国城市社区治理的现状、问题与若干思考[J].上海行政学院学报，2013，14(2)：88-97.

[16] 阎耀军.城市网格化管理的特点及启示[J].城市问题，2006(2)：76-79.

[17] 陈家喜.反思中国城市社区治理结构：基于合作治理的理论视角[J].武汉大学学报(哲学社会科学版)，2015，68(1)：71-76.

[18] 卢汉龙.中国城市社区的治理模式[J].上海行政学院学报，2004(1)：56-65.

[19] 辜胜阻，王敏.智慧城市建设的理论思考与战略选择[J].中国人口·资源与环境，2012(5)：74-80.

[20] 赵大鹏.中国智慧城市建设问题研究[D].长春：吉林大学，2013.

[21] 刘娴静.城市社区治理模式的比较及中国的选择[J].社会主义研究，2006(2)：59-61.

[22] 翟宝辉.从"城市内涝"到"海绵城市"引发的生态学思考[J].生态学报，2016(16)：4949-4951.

[23] 田毅鹏，薛文龙.城市管理"网格化"模式与社区自治关系刍议[J].学海，2012(3)：24-30.

[24] 张平宇.城市再生：我国新型城市化的理论与实践问题[J].城市规划，2004(4)：25-30.

[25] 池忠仁，王浣尘，陈云.上海城市网格化管理模式探讨[J].科技进步与对策，2008(1)：40-43.

[26] 徐中振，徐珂.走向社区治理[J].上海行政学院学报，2004(1)：66-72.

[27] 罗小龙，张京祥.管治理念与中国城市规划的公众参与[J].城市规划汇刊，2001(2)：59-62.

[28] 赵燕菁.从城市管理走向城市经营[J].城市规划，2002(11)：7-15.

[29] 陈伟东.城市基层社会管理体制变迁：单位管理模式转向社区治理模式——武汉市江汉区社区建设目标模式、制度创新及可行性研究[J].理论月刊，2000(12)：3-9.

[30] 杨海涛.城市社区网格化管理研究与展望[D].长春：吉林大学，2014.

[31] 张步峰，熊文钊.城市管理综合行政执法的现状、问题及对策[J].中国行政管理，2014(7)：39-42.

[32] 陈天祥，杨婷. 城市社区治理：角色迷失及其根源——以H市为例[J]. 中国人民大学学报，2011（3）：129-137.

[33] 张丹明. 美国城市雨洪管理的演变及其对我国的启示[J]. 国际城市规划，2010（6）：83-86.

[34] 王俊豪，金暄暄. PPP模式下政府和民营企业的契约关系及其治理：以中国城市基础设施PPP为例[J]. 经济与管理研究，2016（3）：62-68.

[35] 顾朝林. 发展中国家城市管治研究及其对我国的启发[J]. 城市规划，2001（9）：13-20.

[36] 李德仁，姚远，邵振峰. 智慧城市的概念、支撑技术及应用[J]. 工程研究-跨学科视野中的工程，2012（4）：313-323.

[37] 文军. 从单一被动到多元联动：中国城市网格化社会管理模式的构建与完善[J]. 学习与探索，2012（2）：33-36.

[38] 严志兰，邓伟志. 中国城市社区治理面临的挑战与路径创新探析[J]. 上海行政学院学报，2014（4）：40-48.

[39] 翟宝辉. 关于新型城市管理模式的思考[J]. 城市管理与科技，2016，18（6）：17-19.

[40] 刘治彦，岳晓燕，赵睿. 我国城市交通拥堵成因与治理对策[J]. 城市发展研究，2011（11）：90-96.

[41] 康宇. 中国城市社区治理发展历程及现实困境[J]. 贵州社会科学，2007（2）：65-67.

[42] 张兵，林永新，刘宛，等."城市开发边界"政策与国家的空间治理[J]. 城市规划学刊，2014（3）：20-27.

[43] 翟宝辉. 认识城市管理"四性"特征贯彻管理创新"四原则"[J]. 城市管理与科技，2016（1）：20-21.

[44] 顾朝林. 论城市管治研究[J]. 城市规划，2000（9）：7-10.

[45] 林雪霏. 政府间组织学习与政策再生产：政策扩散的微观机制——以"城市网格化管理"政策为例[J]. 公共管理学报，2015，12（1）：153-154.

[46] 陈平. 数字化城市管理模式探析[J]. 北京大学学报（哲学社会科学版），2006（1）：142-148.

[47] 魏涛. 城市社区网格化管理模式研究[D]. 大连：大连理工大学，2011.

[48] 罗光华. 城市基层社会管理模式创新研究[D]. 武汉：武汉大学，2011.

[49] 宋弘,孙雅洁,陈登科.政府空气污染治理效应评估:来自中国"低碳城市"建设的经验研究[J].管理世界,2019(6):95-108.

[50] 饶常林,常健.我国城市街道办事处管理体制变迁与制度完善[J].中国行政管理,2011(2):85-88.

[51] 李强,葛天任.社区的碎片化:Y市社区建设与城市社会治理的实证研究[J].学术界,2013(12):40-50.

[52] 张磊."新常态"下城市更新治理模式比较与转型路径[J].城市发展研究,2015(12):57-62.

[53] 翟宝辉.新型城镇化的五大内生要求[J].经济,2014(4):85.

[54] 井西晓.挑战与变革:从网格化管理到网格化治理:基于城市基层社会管理的变革[J].理论探索,2013(1):102-105.

[55] 翟宝辉.通过标准化管理提高城市管理科学化水平[J].城乡建设,2013(4):50-51.

[56] 姜爱林,任志儒.网格化城市管理模式研究[J].现代城市研究,2007(2):4-14.

[57] 陈捷,卢春龙.共通性社会资本与特定性社会资本:社会资本与中国的城市基层治理[J].社会学研究,2009(6):87-104.

[58] 尤建新,陈强.以公众满意为导向的城市管理模式研究[J].公共管理学报,2004(2):51-57.

[59] 卫志民.中国城市社区协同治理模式的构建与创新:以北京市东城区交道口街道社区为例[J].中国行政管理,2014(3):58-61.

[60] 王佃利.城市管理转型与城市治理分析框架[J].中国行政管理,2006(12):97-101.

[61] 王芳,李和中.城市社区治理模式的现实选择[J].中国行政管理,2008(4):68-69.

[62] 骆小平."智慧城市"的内涵论析[J].城市管理与科技,2010(6):34-37.

[63] 陈鹏.城市社区治理:基本模式及其治理绩效——以四个商品房社区为例[J].社会学研究,2016(3):125-151.

[64] 杨再高.智慧城市发展策略研究[J].科技管理研究,2012(7):20-24.

[65] 余池明.进一步理顺城市管理领域综合执法体制的思路和建议[J].城乡建设,2022(11):64-65.

[66] 吴光芸.利益相关者合作逻辑下的我国城市社区治理结构[J].城市发展研究，2007(1)：82-86.

[67] 余池明.大城管体系的内涵、结构与运行机制[J].中国建设信息化，2021(24)：76-78.

[68] 赵守飞,谢正富.合作治理：中国城市社区治理的发展方向[J].河北学刊，2013(3)：154-158.

[69] 陈云,周曦民,王浣尘.政府网格化管理的现状与展望[J].科技管理研究，2007(5)：40-41.

[70] 李重照,刘淑华.智慧城市：中国城市治理的新趋向[J].电子政务，2011(6)：13-18.

[71] 莫于川.从城市管理走向城市治理：完善城管综合执法体制的路径选择[J].哈尔滨工业大学学报（社会科学版），2013(6)：37-46.

[72] 张吕好.城市管理综合执法的法理与实践[J].行政法学研究，2003(3)：42-48.

[73] 李鹏,魏涛.我国城市网格化管理的研究与展望[J].城市发展研究，2011(1)：135-137.

[74] 段进,杨保军,周岚,等.规划提高城市免疫力：应对新型冠状病毒肺炎突发事件笔谈会[J].城市规划，2020(2)：115-136.

[75] 王喜,范况生,杨华,等.现代城市管理新模式：城市网格化管理综述[J].人文地理，2007(3)：116-119.

[76] 刘娴静.重构城市社区：以治理理论为分析范式[J].社会主义研究，2004(1)：98-99.

[77] 彭继东.国内外智慧城市建设模式研究[D].长春：吉林大学，2012.

[78] 周利敏.韧性城市：风险治理及指标建构：兼论国际案例[J].北京行政学院学报，2016(2)：13-20.

[79] 葛天任,李强.我国城市社区治理创新的四种模式[J].西北师大学报（社会科学版），2016(6)：5-13.

[80] 韩福国.作为嵌入性治理资源的协商民主：现代城市治理中的政府与社会互动规则[J].复旦学报（社会科学版），2013(3)：156-164.

[81] 陈炳辉,王菁."社区再造"的原则与战略——新公共管理下的城市社区治理模式[J].行政论坛，2010(3)：8-13.

[82] 张永民.智慧城市总体方案[J].中国信息界，2011(3)：12-21.

[83] 袁政.城市治理理论及其在中国的实践[J].学术研究,2007(7):63-68.

[84] 余池明.基层综合行政执法改革的问题分析与对策建议[J].上海城市管理,2022(1):55-60.

[85] 王喜,杨华,范况生.城市网格化管理系统的关键技术及示范应用研究[J].测绘科学,2006(4):117-119.

[86] 潘小娟,白少飞.中国地方政府社会管理创新的理论思考[J].政治学研究,2009(2):106-112.

[87] 张平,隋永强.一核多元:元治理视域下的中国城市社区治理主体结构[J].江苏行政学院学报,2015(5):49-55.

[88] 踪家峰,王志锋,郭鸿懋.论城市治理模式[J].上海社会科学院学术季刊,2002(2):115-123.

[89] 宋刚,邬伦.创新2.0视野下的智慧城市[J].北京邮电大学学报(社会科学版),2012(4):1-8.

[90] 宛天巍,王浣尘,马德秀.网格化管理原则及网格结构模型研究[J].情报科学,2007(3):456-461.

[91] 余池明.以系统观念推进城市管理体系化建设[J].上海城市管理,2021(4):48-53.

[92] 杜春林,黄涛珍.从政府主导到多元共治:城市生活垃圾分类的治理困境与创新路径[J].行政论坛,2019(4):116-121.

[93] 何军.网格化管理中的公众参与:基于北京市东城区的分析[J].北京行政学院学报,2009(5):89-92.

[94] 孙中亚,甄峰.智慧城市研究与规划实践述评[J].规划师,2013(2):32-36.

[95] 顾丽梅.解读西方的公民参与理论:兼论我国城市政府治理中公民参与新范式的建构[J].南京社会科学,2006(3):41-48.

[96] 冷熙亮.国外城市管理体制的发展趋势及其启示[J].城市问题,2001(1):48-50.

[97] 费孝通.中国现代化:对城市社区建设的再思考[J].江苏社会科学,2001(1):49-52.

[98] 踪家峰,郝寿义,黄楠.城市治理分析[J].河北学刊,2001(6):32-36.

[99] 陈怡,潘蜀健.广州城乡结合部管理问题及对策[J].城市问题,1999(5):48-54.

[100] 陈平.解读万米单元网格城市管理新模式[J].城乡建设,2005(10):10-13.

[101] 余池明.党的十八大以来城市管理工作的成就与经验[J].城市管理与科技,

2021(4): 14-17.

[102] 李鹏. 我国城市网格化管理研究的拓展[J]. 城市发展研究, 2011(2): 114-118.

[103] 周平. 街道办事处的定位: 城市社区政治的一个根本问题[J]. 政治学研究, 2001(2): 76-82.

[104] 张小娟. 智慧城市系统的要素、结构及模型研究[D]. 广州: 华南理工大学, 2015.

[105] 张兆曙. 城市议题与社会复合主体的联合治理: 对杭州三种城市治理实践的组织分析[J]. 管理世界, 2010(2): 46-59.

[106] 叶敏. 城市基层治理的条块协调: 正式政治与非正式政治——来自上海的城市管理经验[J]. 公共管理学报, 2016(2): 128-140.

[107] 魏姝. 中国城市社区治理结构类型化研究[J]. 南京大学学报(哲学·人文科学·社会科学版), 2008(4): 125-132.

[108] 汪波. 城市社区管理体制创新探索: 行政、统筹、自治之三元复合体制[J]. 新视野, 2010(2): 40-43.

[109] 徐晓林, 刘勇. 数字治理对城市政府善治的影响研究[J]. 公共管理学报, 2006(1): 107-108.

[110] 唐婧娴. 城市更新治理模式政策利弊及原因分析: 基于广州、深圳、佛山三地城市更新制度的比较[J]. 规划师, 2016(5): 47-53.

[111] 唐皇凤. 我国城市治理精细化的困境与迷思[J]. 探索与争鸣, 2017(9): 92-99.

[112] 李林. 智慧城市建设思路与规划[M]. 南京: 东南大学出版社, 2012: 363.

[113] 陈平. 依托数字城市技术 创建城市管理新模式[J]. 中国科学院院刊, 2005(3): 220-222.

[114] 李晓壮. 城市社区治理体制改革创新研究: 基于北京市中关村街道东升园社区的调查[J]. 城市发展研究, 2015(1): 94-101.

[115] 张京祥. 城市与区域管治及其在中国的研究和应用[J]. 城市问题, 2000(6): 40-44.

[116] 李迎生, 杨静, 徐向文. 城市老旧社区创新社区治理的探索: 以北京市P街道为例[J]. 中国人民大学学报, 2017(1): 101-109.

[117] 周诚君, 洪银兴. 城市经营中的市场、政府与现代城市治理: 经验回顾和理论反思[J]. 改革, 2003(4): 15-22.

[118] 徐巨洲. "城市经营"本质是对公共物品和公共服务的管理[J]. 城市规划, 2002(8): 9-12.

[119] 赵光勇. 治理转型、政府创新与参与式治理[D]. 杭州: 浙江大学, 2010.

[120] 陈迅, 尤建新. 新公共管理对中国城市管理的现实意义[J]. 中国行政管理, 2003(2): 38-43.

[121] 张大维. 中国共产党城市社区建设的理论与实践研究[D]. 武汉: 华中师范大学, 2010.

[122] 叶林, 宋星洲, 邵梓捷. 协同治理视角下的"互联网+"城市社区治理创新: 以G省D区为例[J]. 中国行政管理, 2018(1): 18-23.

[123] 张鸿雁, 殷京生. 当代中国城市社区社会结构变迁论[J]. 东南大学学报(哲学社会科学版), 2000(4): 32-41.

[124] 邵任薇. 中国城市管理中的公众参与[J]. 现代城市研究, 2003(2): 7-12.

[125] 余池明, 曾永光. 中国城市管理工作方针的演变与发展趋势[J]. 中国名城, 2021(5): 14-22.

[126] 李德仁, 彭明军, 邵振峰. 基于空间数据库的城市网格化管理与服务系统的设计与实现[J]. 武汉大学学报(信息科学版), 2006(6): 471-475.

[127] 宋刚, 张楠, 朱慧. 城市管理复杂性与基于大数据的应对策略研究[J]. 城市发展研究, 2014(8): 95-102.

[128] 陈雪莲. 从街居制到社区制: 城市基层治理模式的转变——以"北京市鲁谷街道社区管理体制改革"为个案[J]. 华东经济管理, 2009(9): 92-98.

[129] 黄珺, 孙其昂. 城市老旧小区治理的三重困境: 以南京市J小区环境整治行动为例[J]. 武汉理工大学学报(社会科学版), 2016(1): 27-33.

[130] 吴晓林. 治权统合、服务下沉与选择性参与: 改革开放四十年城市社区治理的"复合结构"[J]. 中国行政管理, 2019(7): 54-61.

[131] 陈易. 转型期中国城市更新的空间治理研究: 机制与模式[D]. 南京: 南京大学, 2016.

[132] 莫于川, 雷振. 从城市管理走向城市治理:《南京市城市治理条例》的理念与制度创新[J]. 行政法学研究, 2013(3): 56-62.

[133] 吴晓林. 中国的城市社区更趋向治理了吗: 一个结构—过程的分析框架[J]. 华中科技大学学报(社会科学版), 2015(6): 52-61.

[134] 徐晓林, 周立新. 数字治理在城市政府善治中的体系构建[J]. 管理世界,

2004（11）：140-141.

[135] 姜杰,周萍婉.论城市治理中的公众参与[J].政治学研究,2004(3):101-106.

[136] 翟宝辉,李婵,杨芳.现代城市综合管理的本质、功能与体系再认识[J].上海城市管理,2011(6):17-21.

[137] 英厄马尔·埃兰德,项龙.伙伴制与城市治理[J].国际社会科学杂志（中文版）,2003(2):20-33.

[138] 韩福国,张开平.社会治理的"协商"领域与"民主"机制：当下中国基层协商民主的制度特征、实践结构和理论批判[J].浙江社会科学,2015(10):48-61.

[139] 高红.城市基层合作治理视域下的社区公共性重构[J].南京社会科学,2014(6):88-95.

[140] 张丙宣,周涛.智慧能否带来治理：对新常态下智慧城市建设热的冷思考[J].武汉大学学报（哲学社会科学版）,2016(1):21-31.

[141] 李友梅.我国特大城市基层社会治理创新分析[J].中共中央党校学报,2016(2):5-12.

[142] 李舒.城市网格化管理的运行机制研究[D].上海：复旦大学,2008.

[143] 彭勃.国家权力与城市空间：当代中国城市基层社会治理变革[J].社会科学,2006(9):74-81.

[144] 杨代福.我国城市社区网格化管理创新扩散现状与机理分析[J].青海社会科学,2013(6):77-85.

[145] 冯玲,王名.治理理论与中国城市社区建设[J].理论与改革,2003(3):25-27.

[146] 杨君,徐永祥,徐选国.社区治理共同体的建设何以可能：迈向经验解释的城市社区治理模式[J].福建论坛（人文社会科学版）,2014(10):176-182.

[147] 王佃利.城市治理体系及其分析维度[J].中国行政管理,2008(12):73-77.

[148] 曾峻.相对集中行政处罚权与中国行政执法体制的改革：以城市管理为例[J].政治学研究,2003(4):85-94.

[149] 黄琴.论政府在城市社区治理中的应然角色[J].理论与改革,2007(4):63-65.

[150] 王毅.相对集中行政处罚权制度发展研究：以城市管理领域为例[J].法学,2004(9):35-42.

[151] 黄光宇,张继刚.我国城市管治研究与思考[J].城市规划,2000(9):13-18.

[152] 田莉.论我国城市规划管理的权限转变:对城市规划管理体制现状与改革的思索[J].城市规划,2001(12):30-35.

[153] 李琦,罗志清,郝力,等.基于不规则网格的城市管理网格体系与地理编码[J].武汉大学学报(信息科学版),2005(5):408-411.

[154] 张文礼.多中心治理:我国城市治理的新模式[J].开发研究,2008(1):47-50.

[155] 王佃利,沈荣华.城市应急管理体制的构建与发展[J].中国行政管理,2004(8):68-72.

[156] 沈体雁.加快推进中国城管领域信用体系建设[J].城乡建设,2022(12):34-37.

[157] 祁毓,卢洪友,吕翅怡.社会资本、制度环境与环境治理绩效:来自中国地级及以上城市的经验证据[J].中国人口·资源与环境,2015(12):45-52.

[158] 尹浩.城市社区微治理的多维赋权机制研究[J].社会主义研究,2016(5):100-106.

[159] 马立,曹锦清.社会组织参与社会治理:自治困境与优化路径:来自上海的城市社区治理经验[J].哈尔滨工业大学学报(社会科学版),2017(2):1-7.

[160] 刘娴静.城市社区治理模式的比较及中国的实践[J].云南行政学院学报,2004(6):106-108.

[161] 黄晓春,周黎安."结对竞赛":城市基层治理创新的一种新机制[J].社会,2019(5):1-38.

[162] 耿云.治理理论视角下的中国城市社区公共服务研究[D].北京:中国政法大学,2008.

[163] 唐斯斯,张延强,单志广,等.我国新型智慧城市发展现状、形势与政策建议[J].电子政务,2020(4):70-80.

[164] 陈伟东,吴恒同.论城市社区治理的专业化道路[J].华中师范大学学报(人文社会科学版),2015(5):21-28.

[165] 徐勇,贺磊.培育自治:居民自治有效实现形式探索[J].东南学术,2014(5):33-39.

[166] 王雪梅.社区公共物品与社区治理:论城市社区"四轮驱动、一辕协调"的治理结构[J].北京行政学院学报,2005(4):60-63.

[167] 曹海军,霍伟桦.城市治理理论的范式转换及其对中国的启示[J].中国行政管理,2013(7):94-99.

[168] 吴缚龙.市场经济转型中的中国城市管治[J].城市规划,2002(9):33-35.

[169] 甄峰，简博秀，沈青，等.城市管治、区划调整与空间整合：以常州市区为例[J].地理研究，2007(1)：157-167.

[170] 孙柏瑛.我国政府城市治理结构与制度创新[J].中国行政管理，2007(8)：9-12.

[171] 李海金.城市社区治理中的公共参与：以武汉市W社区论坛为例[J].中州学刊，2009(4)：104-108.

[172] 韩志明.技术治理的四重幻象：城市治理中的信息技术及其反思[J].探索与争鸣，2019(6)：48-58.

[173] 杨宏山.转型中的城市治理[M].北京：中国人民大学出版社，2017.

[174] 陈燕，郭彩琴.中国城市社区治理：困境、成因及对策[J].苏州大学学报（哲学社会科学版），2016(6)：36-41.

[175] 胡祥.城市社区治理模式的理想型构：合作网络治理[J].中南民族大学学报（人文社会科学版），2010(5)：101-105.

[176] 张京祥，吴缚龙，崔功豪.城市发展战略规划：透视激烈竞争环境中的地方政府管治[J].人文地理，2004(3)：1-5.

[177] 陈进华.中国城市风险化：空间与治理[J].中国社会科学，2017(8)：204-205.

[178] 陈柏峰，吕健俊.城市基层的网格化管理及其制度逻辑[J].山东大学学报（哲学社会科学版），2018(4)：44-54.

[179] 张大维，陈伟东，孔娜娜.中国城市社区治理单元的重构与创生：以武汉市"院落自治"和"门栋自治"为例[J].城市问题，2006(4)：59-63.

[180] 杨开忠.习近平生态文明思想实践模式[J].城市与环境研究，2021(1)：3-19.

[181] 沈体雁，肖雪.推进国家城市治理基础设施建设[J].中国信息界，2021(6)：45-48.

[182] 翟宝辉.城市综合管理的概念与内涵[J].经济，2011(7)：74.

[183] 余池明.论城市治理的人民立场——习近平城市治理思想对北京疏解整治促提升的启示[J].前线，2018(7)：67-69.

[184] 陈朋.把握市域社会治理现代化的基础性问题[N].中国社会科学报，2022-04-20(5).

[185] 伍洪杏.无缝隙行政问责制：生成逻辑、理论内涵与实施路径[J].中国行政管理，2016(9)：45-49.

[186] 徐振强，房伯南，刘景，等.青年发展型城市试点实施路径研究[J].中国名

城，2022（3）：8-15.

[187] 翟宝辉.城市综合管理模式的探索与实践[J].经济，2011（4）：84.

[188] 陈朋.让大数据在政府治理中发挥积极作用[N].中国社会科学报，2021-10-27（8）.

[189] 沈体雁.城市更新引擎模型及其应用[J].中国房地产，2021（26）：14-18.

[190] 余池明.新时代我国城市治理的新任务和新方略[J].前线，2018（1）：49-50.

[191] 李洪克，孙建丽.无缝隙政府理论视角下部门间数据共享研究[J].改革与开放，2016（17）：3-4.

[192] 温锋华，沈体雁，邢江波，等.城市突发公共卫生事件的循证治理机制研究[J].中国管理科学，2022（9）：1-12.

[193] 孙雪梅，翟宝辉.物业企业参与城市社区治理路径初探[J].上海城市管理，2021（4）：20-25.

[194] 余池明.城市精细化管理在我国的产生和新时代的发展[J].中国名城，2020（1）：12-19.

[195] 张有坤，翟宝辉.新中国70年城市管理的巨变[J].城市管理与科技，2019（6）：16-21.

[196] 尚虎平，韩清颖.我国"无缝隙政府"建设的成就与未来——以无缝隙政府工具为标准的评估[J].中国行政管理，2014（9）：75-80.

[197] 黎智洪.从管理到治理：我国城市社区管理模式转型研究[D].重庆：西南大学，2014.

[198] 何依，邓巍.从管理走向治理：论城市历史街区保护与更新的政府职能[J].城市规划学刊，2014（6）：109-116.

[199] 齐卫平，陈朋.协商民主：城市基层治理的有效模式：基于上海H社区的个案分析[J].理论与改革，2008（5）：9-13.

[200] 潘修华，龚颖杰.社会组织参与城市社区治理探析[J].浙江师范大学学报（社会科学版），2014（4）：79-84.

[201] 王佃利.政府创新与我国城市治理模式的选择[J].国家行政学院学报，2005（1）：31-34.

[202] 何艳玲，汪广龙，高红红.从破碎城市到重整城市：隔离社区、社会分化与城市治理转型[J].公共行政评论，2011（1）：179-180.

[203] 黄建.城市社区治理体制的运行困境与创新之道：基于党建统合的分析视角

[J].探索,2018(6):102-108.

[204] 周坤,翟宝辉."大城管"视野下的政府协调与公务协助机制[J].上海城市管理,2010(3):17-21.

[205] 顾朝林.南京城市行政区重构与城市管治研究[J].城市规划,2002(9):51-56.

[206] 张京祥,黄春晓.管治理念及中国大都市区管理模式的重构[J].南京大学学报(哲学·人文科学·社会科学版),2001(5):111-116.

[207] 李国平,孙铁山.网络化大都市:城市空间发展新模式[J].城市发展研究,2013(5):83-89.

[208] 沈建法.城市政治经济学与城市管治[J].城市规划,2000(11):8-11.

[209] 重庆:深化"马路办公"[J].城乡建设,2019(18):45.

[210] 余池明,罗承福.重庆市北碚区创新工作机制 深化"大城三管"[J].城乡建设,2021(11):22-23.

[211] 唐于渝,彭劲松."大城三管":提升城市治理水平的实践与对策研究——重庆例证[J].中国西部,2021(5):39-48.

[212] 夏志强,谭毅.城市治理体系和治理能力建设的基本逻辑[J].上海行政学院学报,2017(5):11-20.

[213] 金浩然,翟宝辉.城市综合管理服务平台的框架探究[J].城市发展研究,2018(6):135-140.

[214] 张有坤,翟宝辉.构建城市综合管理的标准化支撑体系[J].上海城市管理,2014(4):16-22.